Fallada | Warnung vor Büchern

Hans Fallada

Warnung vor Büchern

Erzählungen und Berichte

Herausgegeben von Carsten Gansel

Reclam

RECLAMS UNIVERSAL-BIBLIOTHEK Nr. 14081
2021 Philipp Reclam jun. Verlag GmbH,
Siemensstraße 32, 71254 Ditzingen
Gestaltung: Cornelia Feyll, Friedrich Forssman
Druck und Bindung: Eberl & Koesel GmbH & Co. KG,
Am Buchweg 1, 87452 Altusried-Krugzell
Printed in Germany 2022
RECLAM, UNIVERSAL-BIBLIOTHEK und
RECLAMS UNIVERSAL-BIBLIOTHEK sind eingetragene Marken
der Philipp Reclam jun. GmbH & Co. KG, Stuttgart
ISBN 978-3-15-014081-9

Auch als E-Book erhältlich

www.reclam.de

Inhalt

I Ich übe mich im Dialog

II Ansehen kostet ja nichts

III Das Medusenantlitz des Lebens

IV Der heimliche Dichter

V Das Todeshaus formt einen Dichter

Anhang

1 Ich übe mich im Dialog

Ich übe mich im Dialog

Ich weiß, ich kann keinen Dialog schreiben. Ich möchte aber auch gern solch witzigen, überraschenden, schlagfertigen Dialog schreiben können, wie ihn alle Leute in allen Zeitungen schreiben. Ich muss mich üben. Also:

Ich wunderte mich gleich über ihn. Im Café waren ein Haufen Tische frei, er kam aber direkt auf meinen Tisch zu und setzte sich daran. Indes ich eifrigst mit der Zeitung beschäftigt tat, sah ich doch, dass er seinen Hut, einen steifen schwarzen Hut, aufbehalten hatte, was in deutschen Kaffeehäusern nicht üblich ist.

»Ist das Berliner Tageblatt frei?« fragte er.

Dies war stark, ich las gerade die erste Seite.

»Wie Sie sehen, nein«, antwortete ich.

»Ich muss dringend etwas nachsehen«, sprach er weiter, ohne auf meine Antwort zu achten.

»Nein«, sagte ich beharrlich.

»Vielleicht steht nämlich etwas von Charlotta drin« – und nahm mir die Zeitung aus der Hand.

Nun hätte ich aufspringen müssen und ihn ohrfeigen, ich gebe das zu. Was wurde dann aus meinem Dialog? Eine Schlägerei. Nein.

»Ober, bringen Sie dem Herrn zu seiner Zeitung einen Kognak«, rief ich und lehnte mich zurück.

Er warf die Zeitung wutbebend auf die Erde und sah mich zornfunkelnd an: »Sie wollen mich beleidigen?« rief er. »Mein Herr!« rief er.

»Ich will Ihnen einen Kognak bezahlen«, sprach ich.

»Hier ist meine Karte!« schrie er und warf sie auf den Tisch.

Gerade kam der Ober mit dem Kognak. »Lesen Sie das Dings vor«, sagte ich zum Ober.

Der Ober stellte den Kognak vor den Herrn mit der Melone, nahm die Karte, kniff einen Klemmer auf die Nase und las mir vor wie folgt: »Eberhard, Graf von Waldelfingen, Oberst der Reserve, Ritter vieler Orden, pe – pe –«

»Es ist gut«, sagte ich, »geben Sie dem Herrn sein Eigentum zurück.«

Der Ober legte die Karte neben den Kognak vor den Oberst und entfernte sich. Mein Gegenüber lächelte plötzlich: »Ich sehe, Sie sind ein starker Gegner. Sie haben natürlich gleich gemerkt, dass ich mit Ihnen Streit anfangen wollte. Es war mir, weil ich mich über Charlotta geärgert hatte …«

»In der Tat …?« fragte ich höflich. Ich wusste nichts anderes zu bemerken.

Er redete nicht weiter. Er nahm seinen steifen schwarzen Hut ab und sah starr hinein. Er seufzte tief und setzte den Hut neben sich auf die Erde. Der Ober glitt rücklings auf Gummi heran und hing den Hut an den Ständer.

»Denken Sie«, nahm er die Unterhaltung wieder auf, »als ich heute nach Hause komme, liegt diese Karte im Entree.«

Er deutete auf das Kartonblättchen vor sich.

»Ihre Karte«, sage ich.

»Nein, die Karte vom Oberst.«

»Sie sind doch der Oberst, Ritter vieler Orden, pp.«

»Der Oberst stand in meinem Salon.«

»Dann haben Sie mir eine falsche Karte gegeben …?«

»Lassen Sie mich die Sache von Anfang erzählen«, bat er flehend. »Es wird sich alles klären. Zuerst der Hut …«

Er sah auf die Erde neben sich: der Hut war nicht da. Er saß erstarrt.

»Der Hut hängt am Garderobenständer hinter Ihnen«, sagte ich freundlich.

»Zum Teufel auch!« rief er, sprang auf, ergriff den Hut, sah hinein und kehrte an meinen Tisch zurück. Er setzte den Hut wieder auf die Erde, sah ihn zweifelnd an, hob ihn von neuem empor und legte ihn auf seine Knie.

Ich hatte all das mit interessiertem Auge verfolgt. »Auch der Hut ist in die Sache verwickelt?«

»Eingelocht ist er!« rief er dumpf. »Sehen Sie!«

Er wies ihn. Es musste ein teurer Hut sein, eine feine englische Firma stand drin. »Haarhut?« fragte ich.

Er nahm seinen Finger und stieß oben gegen die Höhe der Wölbung. Es war ein dreieckiges Loch durch Haar und Seidenfutter, wie von einem Säbel gestochen, nun öffnete sich's.

»Der Oberst?« fragte ich voll Teilnahme.

»Derselbe«, antwortete er düster.

»Er stand in Ihrem Salon?«

»Als ich seine Karte las.« Er raffte sich auf. »Ich will es Ihnen von Anfang an erzählen. Charlotta.«

»Ihre Frau Gattin?« erkundigte ich mich.

»Nein, seine.«

»Des Obersten?«

»Richtig. Also Charlotta rief mich heute früh an. Was sie eigentlich wollte, verstand ich ...«

»Halten Sie ein!« rief ich. Er sah mich bestürzt an. »Sie beabsichtigen, eine Geschichte zu erzählen?, Ein Erlebnis?«

»Ein schmerzliches«, sagte er voll Wehmut.

»Das geht nicht«, sprach ich entschlossen. »Ich ließ mich

mit Ihnen nur ein, mich in witzigem, überraschendem, schlagfertigem Dialog zu üben. Für Erzählungen bin ich leider nicht zuständig. Ober, bitte zahlen!«

»Aber ich versichere Sie, es würde Sie namenlos interessieren!«

»Können Sie es in Dialogform erzählen? Mit verteilten Rollen?«

»Nein«, sagte er traurig.

»So bedauere ich ungemein«, sprach ich und verschwand.

Witziger, überraschender, schlagfertiger Dialog, wie ihn alle Leute in allen Zeitungen schreiben, ist furchtbar langweilig.

Stimme aus den Gefängnissen

Ich habe vor kurzem nahezu fünf Monate Gefängnis in einer mittleren Strafanstalt Deutschlands verbüßt. Dabei habe ich eine Reihe von Beobachtungen gemacht, deren Mitteilung vielleicht nicht allein von dem Gesichtspunkt aus, dass jeder jeden Tag in Untersuchungshaft oder Strafhaft geraten kann, interessant erscheint. (Für Heuchler, die sich diese Gefahr leugnen, schreibe ich nicht.) Ich fühle mich ein wenig wie ein Reisender, der aus einem unbekannten Weltteil zurückgekehrt ist. Ich bin dort gewesen, wo die Seele seltsame Veränderungen erleidet oder, nach längerer Haft, schon erlitten hat, jene Veränderungen eben, die dem »Gebildeten« den »Gewohnheitsverbrecher« unverständlich machen. Den Verbrecher, der stiehlt, wie ein anderer arbeitet, ohne Erregung, selbstverständlich, wird man in der Literatur nicht finden. Er ist noch nicht entdeckt. Die Frage, ob er geworden ist oder von je so war, ist noch unentschieden.

Das Publikum beschäftigt sich kaum mit dieser Frage, es überlässt sie den Fachgelehrten: den Juristen und allenfalls noch den Psychiatern. Der Theologe, der sie auch für sein Arbeitsgebiet hält, geht von der sentimentalen Seite an die Sache heran, er spricht vom »Standpunkt des Lebens«, das »gerettet« werden muss. In seiner Ahnungslosigkeit für Seelisches wird er nie verstehen, dass solche Rettung unmöglich ist: psychische Veränderungen lassen sich nicht rückgängig machen, wie auf physischem Gebiete kein Arzt einem Arm, den ein Zahngetriebe verkrüppelte, seinen früheren Zustand zurückgeben kann. Man soll Schutzvorrichtungen am Getriebe anbringen, da liegt es.

Ich bemerke noch, dass sich meine Beobachtungen und Angaben auf eine Strafanstalt mit einer Belegungsfähigkeit von etwa 130 Mann beziehen, in der im Allgemeinen nur Strafen bis zu einem Jahr vollstreckt wurden. Straf-, Haft- und Untersuchungsgefangene waren nicht in voneinander abgeschlossenen Abteilungen untergebracht.

1

Der Untersuchungsgefangene ist ein Gefangener, dessen Schuld erst bewiesen werden soll, bis zum Termin noch zweifelhaft ist. Die Haft soll ihn an der Flucht, an einer Verdunkelung des Tatbestandes hindern. Man sollte danach annehmen, dass solch, in der Gefängnissprache kürzer gesagt, Untersucher, außer der Beschränkung seiner Freiheit jedes nur mögliche Entgegenkommen findet, denn seine Haft ist ja immerhin möglicherweise unverdient.

Ich beweise: dem Untersucher geht es schlechter als dem Strafgefangenen!

Der Untersucher liegt fast stets auf Einzelzelle. Er sitzt Monate und Monate allein, mit keinem Menschen kann er ein Wort wechseln. Früh morgens wird er aus seiner Zelle gelassen und darf eine halbe Stunde in streng vorgeschriebenem Abstande von Vor- und Hintermann im Freihof spazieren gehen. Zwei Beamte passen dabei scharf auf, dass nicht ein Wort gewechselt wird. Wagt es jemand, wird er abgeführt und streng bestraft. Will der Untersucher arbeiten, so kann er auf seiner Zelle Taue mit den Fingern zu Werg zerzupfen, die tötendste, langweiligste Arbeit, die es gibt. Darf der Untersucher rauchen? Jawohl, Erlaubnis kann ihm erteilt werden, ich habe aber nur in zwei Fällen erlebt, dass sie erteilt wurde. Wenn er Geld hat, darf er sich Lebensmittel besorgen lassen, aber welche Schwierigkeiten werden ihm dabei bereitet! Wie oft muss er erinnern, wie lange warten! Vor allem aber: Männer, von denen sich doch mancher unschuldig glaubt, müssen um jede Kleinigkeiten bitten, bitten, bitten, die ihnen ohne weiteres gewahrt werden müsste.

Der Strafgefangene ist dagegen den ganzen Tag mit seinen Gefährten zusammen, er arbeitet draußen in der frischen Luft auf dem Holzhof, in Gärtnereien, auf Gütern, er schwatzt mit den andern, er sieht die Welt: Bäume, Straßen, Menschen. Der Untersucher hat die vier weißen Zellenwände und die blinde Scheibe seines Fensters, er hört das Schlüsselbund klappern, das ist seine Welt. Der Strafgefangene raucht fast täglich, auf den Gütern bekommt er reichlichere Kost, in der Anstalt häufig Zusatzportionen. Der Untersucher kann hungern.

Wenn die Untersuchung wenigstens schnell ginge, beschleunigt würde! Aber dieses endlose Verschleppen gehört zu den größten Unbegreiflichkeiten und Grausamkeiten, die denkbar sind. Es vergehen Wochen und Wochen von einer Vernehmung zur andern, Monate geschieht nichts, der Gefangene muss warten. Nur warten. Ich weiß schon: Sicher geschehen unterdes ungeheure Dinge mit den Akten, sie werden von Prenzlau nach Potsdam geschickt. Eine kommissarische Vernehmung. Frist bis da und da. Frist überschritten. Anmahnen. Der Gefangene wartet.

Der Strafgefangene weiß, den und den Tag werde ich frei sein, der Untersuchungsgefangene grübelt: Wer weiß? Er wartet.

Mich selbst hat ein gnädiges Geschick vor der Untersuchungshaft bewahrt, aber wenn ich an manchen mir bekannten Untersucher denke, der nun schon im zehnten oder elften Monat seiner Haft lebt, packt mich eine grenzenlose Erbitterung gegen jene Herren Untersuchungsrichter, die vollständig vergessen zu haben scheinen, dass es Menschen sind, die dort warten, verzweifelnd und verzagend warten. Genügt es denn nicht, dass er pünktlich seinen Haftverlängerungsbescheid bekommt, der ihm mitteilt, wieviel Wochen er vorläufig weiter warten darf? Der Untersuchungsrichter denkt, es genügt.

Dann tritt das ein, was man in der Gefängnissprache »Spinnen« heißt: »X fängt an zu spinnen.« Beim Vorbeigehen hört man ihn reden in seiner Zelle, restlos, immerzu, nur um seine Stimme zu hören, er weint dazwischen, er bekommt Wutausbrüche. Der Gefangene wird verwarnt, er wird vorsichtig behandelt. Eines Tages ist er dann stumm geworden. Er spricht nicht mehr, er liest nicht einmal mehr sein eines Bibliotheksbuch in der Woche. Oft weigert er sich sogar, zur Freistunde zu gehen, er stellt seine Arbeit ein. Nun sitzt er allein oben in seiner Zelle, monatelang. Was tut er? Was denkt er?

Es geschah, dass ein Untersucher, der so zehn Monate in Einzelzelle gelegen hatte, in eine neu eingerichtete Gemeinschaftszelle für Untersuchungsgefangene verlegt wurde. Man glaubte, er würde glücklich sein. Er flehte, in seine Zelle zurückzudürfen. Er konnte die Gesichter der Menschen nicht mehr ertragen, ihr Sprechen nicht, nicht ihren Geruch. Wird er je wieder »draußen« unter anderen Menschen leben können? Welche Veränderungen sind in ihm vorgegangen!

Jeder kann jeden Tag verhaftet werden. Aller Sache ist es, von der ich schreibe, nicht die einzelner, fremder Menschen. In den Gefängnissen die Leute sind nicht anders wie du, sie leiden wie du, sie möchten leben wie du. All dies hat, so umgrenzt, gar nichts mit den großen Worten wie Gerechtigkeit zu tun. Es ist eine rein praktische Frage, die jeden angeht.

2

Doch auch das Leben des Strafgegangenen ist schwer und dunkel genug. Gewiss, es gibt eine kleine Gruppe, die sich wohl fühlt, für die Strafe überhaupt keine Strafe ist. Es sind das in der Hauptsache junge Burschen vom Lande mit wenig entwickelter Intelligenz und geringem Trieb zum andern Geschlecht, ihre ganze Sorge konzentriert sich darauf, dass sie auch genug zu essen bekommen.

Zu ihnen treten die Walzenbrüder, die meist wegen Bettelei ihre sechs Wochen »abreißen«. Sie, die teilweise sehr oft vorbestraft sind (ich lernte einen kennen, der seine 43. oder 44. Strafe verbüßte), stehen der Strafhaft mit heiterer oder brummiger Gelassenheit, jedenfalls mit Gelassenheit gegenüber. Für ihre Einstellung scheint mir eine Frage kennzeichnend, die der eben erwähnte Rekord-Vorbestrafte an einen Untersucher, einen halb verzweifelnden älteren Beamten richtete: »Na, du bist wohl auch ein bisschen zur Erholung hier?« Das war kein Witz, ihm war es ernst mit dieser Frage. Für den Stromer ist das Gefängnis eine Erholung.

Aber das ist die Minderzahl, die andern leiden schwer genug. Und auch hier machen, wie bei den Untersuchungsgefangenen, sinnlose, gedankenlose Grausamkeiten des Reglements das Schwere unnötig schwerer.

Warum darf ein Strafgefangener nur alle vier Wochen einen Brief absenden und empfangen? Ausnahmen sind statthaft, müssen aber in jedem einzelnen Fall erbeten werden, ihre Bewilligung ist ungewiss.

Warum darf er nur ein Bibliotheksbuch in der Woche bekommen? Gewiss, er soll arbeiten, aber, wenn er seine Arbeit getan hat, warum soll er da nicht lesen dürfen? Da sitzt er nun mit einem Kriegsecho, einem Roman von der Mahler oder gar einem jener elenden Traktätchen, die ein völlig verlogenes Hirn geschrieben haben muss, und liest es nun zum dritten Mal Wort für Wort, Satz für Satz, Seite für Seite – muss sein Hirn da nicht revoltieren?

Die lyrischen Dichter haben Unrecht: Kein Gefangener in einer preußischen Strafanstalt darf, das Gesicht gegen die Stäbe seines Gitters gepresst, dem Zuge der Wolken nachschauen oder sein Herz an Baumwipfeln erfreuen. Das Reglement verbietet das. Zum ersten ist sein Fenster aus geripptem, milchigem Glase, durch das kein Gegensand zu unterscheiden ist, dann aber darf er gar nicht auf sein Bett klettern und oben durch den freien Raum des Klappfensters spähen. Das wird streng bestraft. Ich habe selbst erlebt, dass ein Gefangener für diese Sünde mit drei Tagen schweren Arrests belegt wurde. Fluchtversuche werden mit schwerem Arrest bestraft. Die Beschädigung von Bibliotheksbüchern wird mit schwerem Arrest bestraft. Unbegründete Beschwerden werden mit schwerem Arrest bestraft.

Was schwerer Arrest ist? Eine Zelle im Keller, 1,80 m lang und breit, der meiste Raum wird von einer Holzpritsche eingenommen. Wasser und Brot. Keine Bewegungsmöglichkeit. Keine Wärme. Am zweiten bis dritten Tag hat sich der Gefangene schon wund gelegen, das Frostgefühl verlässt ihn nicht mehr.

Strafe? Ja, Strafe, er hat ja aus dem Fenster gesehen.

Hier scheint das Missverhältnis so groß, dass ich beim Schreiben zögere. Sätze fallen mir ein, die ich von Beamten gehört habe: »Frieren sollt ihr ja.« – »Es soll ja eine Strafe sein.« – »Es soll ja schwer sein.«

Ich verstehe nichts mehr.

Wie ist das eigentlich? Jemand wirft in der Betrunkenheit ein paar Scheiben ein und prügelt eine Frau: neun Monate Gefängnis. Jemand schlägt aus Eifersucht seine Liebste tot: acht Jahre Zuchthaus. Jemand bittet einen anderen um zehn Pfennige: sechs Wochen Gefängnis.

Ich werde eifrig, ich beginne zu rechnen: Sechs Birnen weniger sechs Äpfel, was macht es? Ah, ich beginne zu begreifen, Strafe, Bestrafung, das ist etwas Überliefertes, etwas, von dem längst der Sinn verloren ging. In der Kirche singen sie ja auch Lieder und sagen Gebete auf, ohne dass sie sich etwas dabei denken: Der Sinn ist verloren gegangen, die Einrichtung besteht noch.

Wer denkt an Sühne, Reue, Buße? Wird es gut, bist du wieder der Alte, wenn du nach neun Monaten frei wirst? Gar nicht.

Heute ist es so, dass es gewisse Spielregeln gibt. Man kann sie außer Acht lassen, dann muss man bezahlen mit acht Jahren oder neun Monaten, je nachdem. Fünf Mark sind auch nicht das Buch, das du dafür kaufen willst, Geld und Buch sind etwas ganz Verschiedenes, aber unter gewissen Umständen sind fünf Mark eben doch das Buch.

Eine der ersten Fragen, die der Strafgefangene an den Ankömmling richtet, lautet: »Hast du auch etwas davon gehabt?« Er will wissen, ob du deine Ware fürs Geld bekommen hast, denn er hat gelernt, dass man auch unwissentlich die Spielregeln verletzen kann. Doch nur von der wissentlichen Verletzung hat man etwas. Er grinst über das Gerede von Strafe, Reue, Besserung. Das ist es ja gar nicht. Und er hat sicher recht. Man gibt Geld für das Buch, man gibt Lebenszeit für die Tat. Alles andere ist unwahres Gerede, diese kalte, klare Tatsache zu umnebeln.

Darüber sei man sich klar. Und ist man so ehrlich, so grenze man auch den Begriff Strafe reinlich ab. Sie ist eine Freiheitsberaubung mit Arbeitszwang. Alles andere lasse man fort. Was soll das, dass der Gefangene keine Briefe schreiben soll? Er soll keine Ablenkung haben, zur Besinnung kommen, Reue verspüren? Glaubt man, dass ausgerechnet der Gefangene dazu da ist, das Rätsel von Gut und Böse zu lösen oder von der Willensfreiheit des Menschen?

Das ist alles Unsinn. Auch hier Reinlichkeit. Dies und dies ist deine Strafe, sonst nichts, damit ist es gut. (Damit ist es noch lange nicht gut.)

3

Ein toller Unfug wurde in unserer Strafanstalt mit der Bewährungsfrist (B.-F.) getrieben. Nehmen wir ein Beispiel: Ein Gefangener, der eine halbjährige Strafe zu verbüßen hat, tritt an. »So«, wird ihm gesagt, »Sie sind noch nicht vorbestraft? Führen Sie sich nur gut, dann können Sie nach der Hälfte der Strafzeit B.-F. bekommen.«

Der Gefangene hat erwartet, an dem und dem Tage entlassen zu werden, nun hört er, dass es vielleicht ein ganzes Vierteljahr früher sein kann. Nur drei Monate, wenn er sich nur gut führt? Er wird sich schon gut führen! Drei Monate, das scheint ihm nichts, übermorgen, denn er war ja auf sechs Monate eingestellt. Hoffnung beseelt ihn, wann – –?

Er beginnt sich einzuleben, er begreift, dass drei Monate im Gefängnis eine endlose Zeit, dass sie gar nicht gar nichts sind, er schaudert bei dem Gedanken, noch weitere drei Monate … Er arbeitet bis zum Äußersten. Nur das Wohlwollen jedes Beamten erwerben. Ein böses Wort kann alles zerstören.

Er ist vereinzelt worden. Die Mitgefangenen sind eine geschlossene Schar, er muss besser sein als sie alle, damit er seine Bewährungsfrist bekommt.

Er beginnt sich zu erkundigen. Es scheint sicher zu sein, dass es zwecklos ist, ein Gesuch um B.-F. einzureichen, ehe er die Hälfte seiner Strafzeit verbüßt hat. Früher gestellte Gesuche werden erfahrungsgemäß abgelehnt. Aber dann kann er ja sein Gesuch erst nach Ablauf eines Vierteljahres stellen? Wie lange dauert die Beantwortung? Vier Wochen? So können ihm also im besten Falle nur zwei Monate geschenkt werden, vielleicht nur sechs Wochen, vielleicht gar nur ein Monat?

Er gibt sich auch damit zufrieden. Er hat gelernt, dass ein Monat eine endlose Zeit ist, er wird auch damit zufrieden sein. Er verdoppelt seine Anstrengungen. Er ist glücklich, wenn er einem Beamten eine Gefälligkeit erweisen kann. Er belauert die anderen, um Ungehörigkeiten melden zu können, sich als der Vertrauensmann zu beweisen, der er sein muss, um eine Befürwortung seines Gesuchs durch die Anstaltsleitung zu erreichen.

Das weiß er so auch schon, wie wichtig diese für ihn ist. Von den andern erfuhr er, dass die Gerichte ganz verschieden mit der Zubilligung von B.-F. verfahren. Manche sind »freigebig« damit, andere, die Mehrheit, lehnen es ab, immer. Wenn dann sein Gesuch von der Anstalt befürwortet ist, geht es trotz der Ablehnung durch das verurteilende Gericht an das Ministerium weiter. Das entscheidet dann.

Und wie lange dauert das? Man zuckt die Achseln. Man erzählt ihm lächelnd den Fall, dass ein Gefangener ein Gesuch einreichte. Es wurde befürwortet, vom verurteilenden Gericht abgelehnt, es ging ans Ministerium. Da lag es. Es kam keine Antwort, das Gesuch wurde vergessen. Nach Monaten reichte der Gefangene – er hatte eine lange Strafe zu verbüßen – ein zweites Gesuch ein. Dieses Gesuch hatte sofort Erfolg, der Gefangene wurde entlassen. Als er schon Wochen auf freiem Fuß ist, trifft die Antwort des Ministers auf das erste Gesuch ein: Das Gesuch ist abgelehnt. Verzweiflung der Leitung: Was soll man tun? Der Entlassene ist zu Unrecht frei und zu Recht frei, er hat B.-F. Ich weiß nicht, was daraus geworden ist, es scheint dies eine juristische Frage mit immerhin menschlichem Hintergrund zu sein.

Schließlich ist unser Beispiels-Gefangener so weit, dass er die Hälfte seiner Strafe verbüßt hat, er wird beim Sekretär vorgeführt, sein Gesuch wird aufgenommen und er bittet demütig darum, es zu befürworten. Das ist es, er bittet demütig. Es wird ihm zugesagt. Er dankt, aber er ist nicht sicher, dass es auch wirklich geschieht. Er durchschaut schon dies System. Er erlebt an jedem Montag, wenn die

Kolonnen zur Außenarbeit abrücken, die Ansprachen des Anstaltleiters. Er hat gemerkt, je höher bestraft der Gefangene, je aussichtsloser seine Sache ist, umso größere Hoffnungen werden ihm gemacht. »Führe dich nur gut, mein Sohn.« Der Gefangene soll abgehalten werden, einen Fluchtversuch zu machen.

Und trotzdem er dies durchschaut, trotzdem glaubt er daran. Denn sein Fall liegt auch anders wie die andern, nicht wahr, sein Fall ist ein ganz besonderer Fall.

Aber es ist auch gefährlich, grübelt der Gefangene, zu tüchtig zu sein. Dann ist man unentbehrlich, wird ungern fortgelassen, solch Gesuch wird gar nicht befürwortet. Und dann hat die Leitung ja auch ein Interesse daran, den Gefangenenbestand möglichst hochzuhalten. Seit die Strafen der Inflationszeit größtenteils verbüßt sind, ist der Bestand der Gefängnisse teilweise unter 50 v. H. der Normalbelegung gesunken. Das hat Beamtenentlassungen, Zusammenlegungen etc. zur Folge. Nein, sicher ist es mit dem Befürworten ganz und gar nicht.

Schon ein paar Wochen nach der Stellung seines Gesuches ist eine Antwort da. Der Gefangene soll angeben, wo er in der Zwischenzeit seit Begehung seiner Tat gearbeitet hat. Der Gefangene ist Beamter, Angestellter; man wird also an seinen früheren Arbeitsstellen anfragen, wie er sich dort geführt hat. Er hat schon so schwere Sorgen, wie er nach der Entlassung Arbeit bekommen wird, nun sieht er es beinahe unmöglich werden, da das Gericht so eifrig für Bekanntwerden seiner Verschuldung sorgt. Nach Verbüßung der Strafe wird erst die wahre Schädigung beginnen.

Vielleicht bekommt der Gefangene dann schließlich sechs Wochen B.-F. zugebilligt. (In den meisten Fällen nicht.) Aber wie oft hat er unterdes die Stunde verflucht, da er von dieser B.-F. hörte. Er kam her, er hatte sich mit sechs Monaten abgefunden. Dann machte man ihm Hoffnungen, er lebte die ganze Strafzeit darin. Es waren peinigende, quälende Hoffnungen. Sie zwangen ihn zu erschöpfender Arbeitsleistung. Sie brachten ihn zur tiefsten, feigsten Demut. Er wurde von den andern isoliert, er wurde ihr Spion, ihr Aufpasser, ihr Verräter. Dann zerstörte man ihm auch noch die spärlichen Aussichten für seine Zukunft.

Man glaubt doch nicht, dass der einzelne Beamte daran Schuld trägt. Der Beamte ist in weitem Maß dafür verantwortlich, dass der Gefangene nicht flieht, sich anständig benimmt usw. Die Behandlung durch die Beamten ist gut. Gewiss, es sind fast nur Subalternbeamte, die zudem im jahrzehntelangen Strafanstaltsdienst stumpf geworden sind. Aber was sie tun können, die Lage nicht unnütz zu erschweren, das tun sie. An ihnen liegt es nicht.

Es liegt an dem System, der Gesamtheit des Strafvollstreckungsdienstes, der längst ein toter Körper, versteinertes Gerippe ist. Was vielleicht einmal sinnvoll war, hat längst seinen Sinn verloren. Und es ist zwecklos, an dieser Leiche Kuren zu versuchen. Man sehe doch, wie ein an sich menschlich gewolltes Gesetz, wie das über die B.-F. sich in sein Gegenteil verkehrt, hässliche Quälerei wird.

Tot ist tot, ein anderes muss werden.

Tscheka-Impressionen

1

Ich komme wieder einmal heim aus den Verhandlungen des Staatsgerichtshofs gegen die Tschekaleute, angewidert, halb krank, aus dem seelischen Gleichgewicht gebracht: erledigt. Ist etwas Besonderes geschehen? Gar nicht. Zwar: es hat Ordnungsrufe ohne Zahl gegeben; zwar: Wortentziehungen sind nicht eben selten erfolgt; zwar: Zeuge und Angeklagter haben sich gegenseitig »Lump, Lügner, Meineidiger« geschimpft; zwar: Zeugen und Angeklagte, am Ende ihrer Nervenkraft, haben Geschlechtskrankheiten, Weiberbekanntschaften, Betrunkenheiten mit allen (körperlich schmierigen) Folgen einander ins Gesicht geschrien – aber ist das etwas Besonderes? Das hören, das sehen wir seit vier Wochen alle Tage.

Ein Verteidiger beginnt zu reden. Vorsitzender: »Herr Rechtsanwalt, ich entziehe Ihnen das Wort.« – »Ich erbitte das Wort zu einem Antrag.« – »Sie können den Antrag später stellen. Ich entziehe Ihnen das Wort.« – »Ich verlange Protokollierung dieser Verweigerung.« – »Ich lehne diese Protokollierung ab.« – »Nach § X der Strafprozessordnung …« – »Herr Rechtsanwalt, ich entziehe Ihnen das Wort!«

Auf der Anklagebank sitzen rund ein Dutzend Männer, seit über einem Jahre in Untersuchungshaft, durch die endlose Voruntersuchung zermürbt, seit vier Wochen auf der Marterbank dieses Prozesses, sie werden von Tag zu Tag blasser, gereizter, kränker. Immer wieder meldet sich einer:

»Mir wird schlecht.« – »Ich kann nicht mehr folgen!« – »Ich habe Hunger. Ich muss erst was zu essen haben.« Ist es ihnen zu glauben. Man sehe sie an. Doch, es ist ihnen zu glauben.

Dieser Gerichtshof ist – wie jeder Gerichtshof – dazu eingesetzt, die Wahrheit zu finden. Es geht bei den meisten Beteiligten um Strafen, die ihr ganzes Leben vernichten werden. Menschlichstes wird verhandelt? Ich höre immer: Nach § ... Wortentziehung ... Gerichtsbeschluss ... Protokollierung ...

Wer noch einen Beweis braucht, dass dieser Staatsgerichtshof nicht in der Lage ist, seine Aufgabe – sie besteht nicht in Verurteilung, sondern in Wahrheitsfindung – zu lösen, der höre diese Verhandlungen an. Hier vernimmt man – am Richtertisch – eine sinnlose, überreizte Schärfe des Tons, eine fast persönlich zu nennende Feindschaft wird sichtbar, eine überpäpstliche Unfehlbarkeitspose verhindert jede weichere Tönung –: all dies war bei dem Reichsgericht, das der Stamm war, aus dem auf höheren Befehl die Frucht Staatsgerichtshof reifte (nein, nicht reifte), – all dies, sage ich, war vor wenigen Jahren hier noch nicht möglich. Solche Verhandlungen müssen das Ansehen des obersten deutschen Gerichtshofes in nie wieder gutzumachender Weise erschüttern.

Die Wahrheit finden? O nein. Zwischen Vorsitz und Verteidigung wird ein Beutestück hin und her gezerrt (der Reichsanwalt sitzt in seinem Winkel und schweigt), und es gehört keine Prophetengabe dazu zu sagen, wer in diesem Prozess Sieger sein wird: der Vorsitz.

Und die Zerrupften zahlen die Zeche.

2

Von einer Reihe von Angeklagten wird behauptet, in der Voruntersuchung seien Erpressungen an ihnen versucht oder verübt, Geständnisse seien belohnt, größere Belohnungen seien in Aussicht gestellt.

Margies, ein herzlich unsympathischer Typ, sehr wenig Mensch und sehr viel Tier, aber was tut das zur Sache? Er gibt an, dass er, als er auch beim zweiten Verhör während der polizeilichen Voruntersuchung die Aussage verweigert habe, nicht in seine frühere Zelle, sondern in eine Dunkelzelle zurückgeführt sei, in der er acht Wochen habe zubringen müssen. Während acht Wochen habe er keine frische Wäsche erhalten, der Zukauf von Lebensmitteln aus eigenem Gelde, der den anderen Gefangenen erlaubt gewesen sei, sei ihm trotz Erlaubnis des Untersuchungsrichters nicht gestattet worden, die Freistunde-Bewegung in frischer Luft – sei ihm verweigert.

Die Wahrheit dieser Angaben wird nicht bestritten. Der Kriminalbeamte, der seinerzeit die Vernehmungen vornahm, erklärt unter seinem Eid, er habe diese Strafmaßnahmen nicht veranlasst. Dies ist ihm zu glauben, ist damit aber die Sache erledigt? Wer hat dies denn veranlasst? Weiß man so wenig vom Innenbetrieb der Gefängnisse, dass es noch der ausdrücklichen Versicherung bedarf, ein Kriminaloberinspektor habe diese Maßnahmen nicht veranlasst? Er wird sich hüten! Es ist ja auch gar nicht nötig, man weiß doch, wie rasch in einem Gefängnis das Ergebnis solcher Vernehmung durchsickert. Er hat nicht gestanden! Wir werden es dem Bruder schon zeigen!

Das Gegenstück: Poege. O welcher Glanz! Er hat den wahren Bekenntniseifer gezeigt, sogar dem Oberinspektor ist er mit seinen ewigen Vorführungswünschen, seinem Enthüllungsfieber ein wenig auf die Nerven gefallen. Aber immerhin hat ihm dieser Oberinspektor doch als Gegenleistung einige Versprechungen gemacht, über deren Tragweite natürlich die Aussagen des Verhörführers und des Beschuldigten ein wenig auseinandergehen.

Immerhin leugnet dieser Beamte nicht, dass er dem Poege, in Anbetracht seiner Verdienste um Rettung des Staates, eine weitgehende Strafermäßigung, vielleicht gar Strafaussetzung in Aussicht gestellt hat. Sogar von der Verhandlung dieses Prozesses in Stuttgart statt in Leipzig soll die Rede gewesen sein, damit Held Poege nicht den Blicken seiner Leipziger Genossen im Gerichtssaal ausgesetzt wird. Und natürlich hat Poege in keiner Dunkel-, in keiner Einzelzelle gelegen, man hat ihn in Gemeinschaftszelle gelegt, wo er andere Untersuchungsgefangene ausgehorcht und ihre Geständnisse brühwarm hinterbracht hat, man hat ihm diese »häufigen Spaziergänge in frischer Luft zum Polizeipräsidium gerne gegönnt«, er hat gutes Essen und Zigaretten bekommen, mit späterer Anstellung im Polizeidienst hat man gewinkt, am Horizont erscheinen undeutlich die Umrisse eines Auslandspasses.

All dies lebt, all dies kommt täglich vor, und wir wundern uns nicht einmal darüber. Es ist eben so, wer soll es ändern? Der Untersuchungshäftling, der sich seiner Haut wehrt, im Dunkelarrest, der Untersuchungshäftling, der sein eigen Nest beschmutzt, beim Spazierengehen.

Wir zahlen Prämien für die schuftigste Gesinnung.

3

In diesem Prozess kann man melancholische Betrachtungen über »die Macht der Presse« anstellen. Über ihre Macht, die Wahrheit zu verbergen. Einige wenige Blümlein aus einem vollen Strauß.

Eines Tages erschienen in einer Reihe der größesten Tageszeitungen Berichte und Bilder, die die Abführung des Rechtsanwalts Samter aus dem Gerichtssaal durch Schupoleute zeigten. Auf diesen Bildern sah man einen Herrn in Robe mit von Schreien verzerrtem Gesicht und gekrallten Fingern, den rechts wie links je ein kerniger Schupomann gepackt hatte. Am anderen Tage erklärte der Vertreter der Verteidigung, dass Samter keineswegs abgeführt sei, sondern von selbst den Gerichtssaal verlassen habe. – Welche von all diesen Zeitungen hat eine Berichtigung gebracht?

Bei seiner Vernehmung hat der Angeklagte Skoblewsky erklärt: »Ich habe mich nie Hellmut, Gorew, Wolf genannt, sondern nur Skoblewsky.« Eine Reihe von Blättern berichtet getreulich: »Ich habe mich nie Skoblewsky, Gorew, Wolf genannt«, wodurch ein Skoblewsky zu einem geheimnisvollen Niemand umfrisiert wurde.

Als der Angeklagte Poege in der Hauptverhandlung einen Teil seiner Geständnisse aus der Voruntersuchung mit der Begründung widerrief, er habe sie nur wegen der ihm von der Polizei in Aussicht gestellten Belohnungen gemacht, und diese Belohnungen des Genaueren angab, dachte ich: »Nun, dies wird wie eine Bombe einschlagen.« Ein Teil der Rechtspresse meldete lakonisch: »Der Angeklagte Poege widerruft seine Geständnisse.« Punktum. Streusand.

Diese drei Beispiele zeigen die drei Wege der Macht: vollkommen Neues erfinden, Geschehenes verfälschen, Gehörtes unterdrücken. Alle drei Wege werden eifrig benutzt.

Dies wären Kleinigkeiten? Bitte schön, im Zuhörerraum des Staatsgerichtshofs haben rund hundert Personen Platz, die ausschließlich Rechtsblätter lesen – nun, wie viele Personen?

4

Heute sind die Sachverständigen vernommen worden. Welche Änderung! Welche Sanftmut! Milde wie ein Vater gestattete der Vorsitzende den Anwälten, ihrem Fragedrang Genüge zu tun, und, als es doch einmal bei einer Frage des Rechtsanwalts Samter zu einem Zusammenstoße zu kommen drohte, war alles im Handumdrehen in den verbindlichsten Formen erledigt. Wo sind die rauen Töne von gestern? Des Winters scharfe Winde wehen nicht mehr, ist der Frühling im großen Sitzungssaale eingezogen? Ach, es ist, als ob in einer arg neurasthenischen Familie ein hoher Besuch angekommen ist, alles benimmt sich, niemand zankt sich mehr, morgen, o morgen werden wir wieder unter uns sein!

Das Publikum zerfällt in zwei Parteien. Die eine seufzt: Der arme Vorsitzende hat es so schwer! Die andere: Die unseligen Anwälte sind zu bedauern. Der unparteiische Beobachter schwankt zwischen einem einerseits, andererseits, zwischen sowohl, als auch, und ihm fällt bei näherem Zuhören auf, dass in diesem Prozess die Verteidigung eine besondere Taktik anwendet.

Gewiss, da ist noch ein junger Anwalt, der mit unendlichem Eifer dicke Bücher wälzt, Reichsgerichtsentscheidung auf Reichsgerichtsentscheidung zitiert und immer wieder erleben muss, dass all dies für die Leitung der Verhandlungen gar keine Verbindlichkeit besitzt. Der Reichsjustizminister hat ihr ja eben erst bestätigt, dass sie völlig nach eigenem Ermessen zu entscheiden hat.

Doch andere Verteidiger haben längst eingesehen, dass auf dem formalen Wege nicht zum Ziel zu kommen ist. Es handelt sich ja nicht so sehr um die Straftat der Angeklagten, die ziemlich klar zutage liegen, da alle nach ihren ersten Verbrechen zusammengeklappt sind und wissentlich oder unwissentlich Komödie gespielt haben, es handelt sich hier darum, wie diese einzelnen Taten zu einer allgemeinen Gefahr ausgerufen worden sind, wie dieser ganze Prozess inszeniert worden ist, seine Aufbauschung, seine einseitig parteipolitische Frisierung, um den ganzen Fragenkomplex: Wie ist dieser Prozess »gemacht« worden? (Und: wer hat ihn gemacht?)

Von Zeit zu Zeit gelangt der Verteidigung in dieser Hinsicht ein Vorstoß. Da taucht plötzlich eine seltsame Broschüre auf. Ist sie Poege von der Polizei zugesteckt worden und hat er aus ihr seine Aussagen abgeschrieben? Er behauptet es. Ist sie erst aufgrund der Aussagen von Poege verfasst worden? Ein Polizeibeamter behauptet es. Wie aber sind dann die Aussagen Poeges in die Hände des Broschürenverfassers gekommen?

Das taucht auf aus dem Wust, entschwindet ferner, versinkt.

Da wird die Abschrift einer Krankengeschichte des Rausch aus dem Lazarus-Krankenhause vorgelesen. Und plötzlich stellt die Verteidigung fest, dass in dieser Abschrift an entscheidender Stelle Abschwächungen und Streichungen dem Urtext gegenüber vorgenommen sind. Der Kriminalinspektor Koppenhöfer hat eines Tages Rausch die Lichtbilder seiner Mörder vorgelegt, er hat ein mindestens dreiviertelstündiges Verhör mit ihm angestellt. Von diesem Tage an ist eine entschiedene Wendung zum Schlechten eingetreten, vier oder fünf Tage danach starb Rausch, selbst den Ärzten überraschend. Und gerade in dem Text der Krankengeschichte von diesem Tage finden sich redaktionelle Änderungen. Seltsam. Sehr seltsam!

Es wäre von Interesse, einmal das Buch zu schreiben: Wie inszeniert man politische Prozesse, A. gegen rechts, B. gegen links. Es würde ein sehr phantastisches Buch abgeben, völlig romanhaft.

5

Richten die Angeklagten ihre Blicke auf das ihnen gegenüberliegende Fenster, so lesen sie in einem Wappen die Inschrift »Fidelitas«. Sie werden dies als eine wenig angebrachte Aufforderung zum Frohsinn ansehen. Und gibt es einmal wirklich Gelegenheit zum Lächeln, achtet niemand ihrer. Der Vorsitzende sagte: »Der Gedanke liegt allerdings

nahe, dass der Getötete, als ihm die Bilder der Täter vorgelegt wurden, diesen Ausspruch aus Rache getan hat.«
Unbemerkt vorübergegangen.

Stahlhelm-Gemüs

1

Es ist nicht ganz leicht, mit dem ostelbischen Adel in Verkehr zu kommen. Er sitzt in seinen ländlichen Katen, die, sind sie zweistöckig, stets Schloss heißen, und verkehrt mit den Versippten und Verschwägerten. Und mit allen adligen ländlichen Kateninhabern ist er versippt und verschwägert. Kommt aber einer von außen und nun gar aus Mitteldeutschland, oh weh!

Mein Lieber, dort ist doch alles rot! Und wenn Herr Bomst auch nicht rot sein mag, es muss ja auf ihn gewirkt haben, dass er immer solche Ansichten hat anhören müssen. Nichts für uns, mein Verehrter. Besser ist besser.

Herr Bomst hat also umsonst seinen Zylinder aufgesetzt und umsonst den Frack angezogen. Man zeigte ihm die kalte Schulter. Aber Herr Bomst ist nicht umsonst aus Mitteldeutschland, speziell aus Sachsen. Herr Bomst ist helle. Da er nun einmal vergeblich auf die hochherrschaftlichen, herkömmlich mit Aloë geschmückten Rampen vorfuhr, denkt er: Nun müssen sie mir kommen.

Und Bomst, der natürlich Offizier gewesen ist, entdeckt, dass die ländliche Jugend dringend nach Zusammenschluss lechzt. Er gründet eine Ortsgruppe des Stahlhelm. Das ist eine sehr einfache Geschichte. Er hängt sich zwei Stunden ans Telefon und klingelt alle großen Güter der Gegend an. Wozu gibt es landwirtschaftliche Beamte? Er lädt sie freundlich zu einer Vorbesprechung zwecks Gründung einer Ortsgruppe des Stahlhelm ein. Etwaige nationale Bauernsöhne sind mitzubringen. Kann er den Herren nicht haben, nimmt er's Gescherr.

Und welcher landwirtschaftliche Beamte könnte solcher Lockung widerstehen? Bei einem Rittergutsbesitzer eingeladen! Kann man's denn überhaupt riskieren, wegzubleiben? Weiß der Himmel, wie der Bomst mit dem eigenen Chef steht! Vierzehntägige Kündigung ist bei landwirtschaftlichen Beamten noch sehr Mode.

So kommen sie alle. Und es lohnte sich wirklich. Es war, es war, nun, einfach kameradschaftlich herzlich. So ein gemütlicher Ton. Und die ältesten Feldzugsgeschichten, die kein Aas mehr hören wollte, an Bomst waren sie loszuwerden. Und es gab Wein. Und es gab Zigarren mit Leibbinde. Alle unterschrieben.

Das dringende Bedürfnis war gestillt und die Ortsgruppe X des Stahlhelm gegründet.

Die nächste Versammlung sah bereits anders aus. Erstens fand sie nicht mehr bei Herrn Bomst, sondern in irgendeinem Gasthof statt, wo jeder sich seinen Topp Bier selber kaufen musste, und zweitens erhob sich Herr Bomst und bat die Herren dringend, doch ja recht pünktlich zu sein. Jawohl, pünktlich auf die Minute. Es sei ein Unding, ihn eine ganze Viertelstunde wie heute warten zu lassen. Man sei hier zur Pflege des kameradschaftlichen Geistes, vor allem aber des militärischen Geistes. In diesen verrotteten Zeiten ...... Und unser oberster Kriegsherr ....

Es war wunderbar. Und Herr Bomst konnte sich nun hinsetzen und dem Großgrundbesitz (mit Adel) Briefe schreiben, die Ortsgruppe sei gegründet und der Geehrte Herr Major oder Oberst oder General werde gebeten, als Mitglied.. Unterstützung.. nationale Pflicht ....

Herr Bomst kann ruhig schlafen, er hat den Anschluss gefunden.

2

Auch schlichtere Gemüter hegen die Ansicht, dass solche Stahlhelmortsgruppe noch weitere Aufgaben hat, als diese allwöchentlichen Zusammenkünfte in der Hinterstube eines Bierlokals. Ernste Pflichten liegen ihr ob. Die gewonnenen Feldzugserfahrungen sind zu erhalten und auszubauen. Das Wort Nachtübung fällt.

Nun, warum eigentlich nicht Nachtübung? Die sämtlichen Ortsgruppen der Gegend werden mobil gemacht. Und damit die Sache für die jungen Leute abenteuerlicher sei, wird ausgesprengt, dass die Arbeiter der Kreisstadt – eine verworfene rote Band, ein Blutgeschwür (Blutgeschwür ist gar nicht übel, denkt mancher versonnen) – dass diese Rotte also beabsichtigt, die Leitung der Stadt zu ergreifen, das Rathaus mit Gewalt zu stürmen – in der kommenden Nacht. Pflicht sei ... Erhaltung des Bestehenden ....

Es war ein göttlicher Nachtmarsch. Sie marschierten 20 Kilometer und kamen vor die Stadt und standen in Büschen, denn die Arbeiter durften ja nichts merken. Und dann stellte es sich heraus, dass diese Gruppe auf die andere Seite der Stadt gehörte. Also marschierten sie wieder 10 Kilometer und standen wieder in Büschen und besahen die Stadt von der anderen Seite. Sie tat, was Landstädte nächtens tun: sie schlummerte. Da suchten sie Anschluss an die Nebengruppe und fanden sie nicht. Und dann fanden sie die Nebengruppe und dann war es die falsche Nebengruppe. Und dann begann es zu dämmern und Herr Bomst teilte ihnen mit, dass die Arbeiter von der Aktion des Stahlhelm Kenntnis bekommen und sofort aus Angst ihre Aktion eingestellt hatten. Ein voller Erfolg!

Die Brust schwellte Stolz. Und dann wanderten sie wieder 20 Kilometer nach Haus. Lieb Vaterland, magst ruhig sein!

3

Das war in den Tagen des Küstriner Putsches, von dem man später so seltsam Weniges hörte. Große Dinge geschahen. Motorräder durcheilten die Ortschaften, in Leder gekleidete Herren, denen zum vollständigen Anzug nur das Monokel fehlte, gaben Weisungen aus und es kamen andere Belederte und gaben andere Weisungen aus. Und niemand wusste etwas und alle ahnten etwas. Und es würde ein großer Schlag sein und das Vaterland .....

Man machte Siedehitze und, die sie machten, waren ganz gutgläubig und darum siedete es auch so. Jeder Eleve der Landwirtschaft sah sich als Retter des Vaterlandes. Und der Chef gab natürlich Urlaub und man machte sich bei ihm einen weißen Fuß.

Nur, sein Auto gab der Chef nicht. Als Herr Bomst anrief und um Zur-Verfügung-Stellung des Autos bat, da sagte der Chef natürlich zu. Durfte man es denn mit diesen verderben? Wer weiß, morgen waren sie (sprich wir) die Herren. Aber dann traf es sich so vorzüglich, dass grade zu diesem Tage das Auto kaputtging. Sicher ist sicher. Und des

Müllers Satz, dass es Richter in Berlin gibt, hat auch manchmal sehr seine zwei Seiten.

Aber die Jungen, die marschierten natürlich los. Sie wären nicht nur gegen Küstrin, sie wären gegen Berlin, sie wären gegen die ganze Welt marschiert. Sie marschieren streng national in jedes Debakel. Sie wissen nichts, wenn nicht dies, dass sie die andern hassen. Jene, die immer ändern wollen, die immer vorwärts wollen, die nie beharren können. Es war doch früher so schön bei uns. Sie marschieren zu der Spielerei ihrer Nachtübungen, sie marschieren zu jedem Mord und Totschlag, sie marschieren heute noch. Und sie werden immer marschieren – gegen den Geist.

Was liest man eigentlich so auf dem Lande?

Ostelbien liegt nicht nur östlich von der Elbe. Dieses Land, dessen Name nicht nur für eine politische Denkart Symbol ward, erstreckt sich überall dort, wo Menschen pflügen, Korn nach Kartoffeln bauen und Schweine mästen.

In die Bücherschränke vieler Besitzer sah ich auf mancher Reise. Mir graute. Die politische Einstellung des Ostelbiers hieß konservativ, damit sollte ein Festhalten am Hergebrachten bezeichnet werden. Die Bücherschränke der Väter heutiger Agrarier haben anders ausgesehen wie die von meinem Blick entweideten, die der Großväter waren wiederum anders. Es ist nicht Konservativität, nicht Festhalten am Hergebrachten und es ist doch stets das Gleiche: Bequemlichkeit, Denkfaulheit, Seichtheit, stures Ablehnen alles Andersseins. Wie der Gott Mosis formt der Landwirt noch immer die Welt nach seinem Bilde und Anderssein heißt Schlechtsein.

Geben Sie einem Agronomen, sagen wir aus Hinterpommern, ein Buch in die Hand, so hören Sie von ihm häufig die Frage: »Liest sich das Buch gut?« (Andere Gegenden bevorzugen die Wendung: »Geht das Buch scheene?«) Eine Frage, die auf den Mund schlägt und ein kribbliges Gefühl erregt, dem Gegenüber das Buch wieder zu entreißen. Sie merken, Sie sind in einer andern Welt. Sie sehen, wie die gebräunten, oft rassigen Hände das Buch in der Mitte öffnen, zwei, drei Zeilen oder auch nur Wörter werden gelesen, zwei Seiten weiter dasselbe, am Schluss noch ein Blatt. (Dem Titelblatt wurde kein Blick geschenkt.) Man hört die Versicherung: »Ich werde das Buch mal lesen.« Und nun die Krönung: »Eigentlich lese ich ja keine Romane.«

Eigentlich liest er nur Romane. Bloß eben anders. Es ist ein Irrtum zu glauben, dass sich das Publikum der Courths-Mahler, Werner, Wothe, Eschstruth nur von der Hintertreppe rekrutiert: den Dienstmädchen, Köchinnen, Waschfrauen nebst körperlichem und seelischem Anhang. Auch der reckenhafte Militarist versinkt in Träumen über den sylphenhaften Schleiergestalten der Kolportage.

Es fragt sich nur warum. Was man auch sage: die Welt in der er arbeitet, lügt nicht. Korn, das wächst, lügt nicht, Vieh, das geboren und milch wird, lügt nicht, das Wetter lügt nicht, die gute Erde lügt nicht.

Und am Ende: ein Dorf ist so klein, auch die Menschen können sich nie lange umlügen, hier wird alles beobachtet, da nichts geschieht, ist das Zehntel eines Geschehens schon von Wichtigkeit. Man errät aus Bewegungen, Andeutungen, aus der Richtung eines abendlichen Ganges, aus der Veränderung einer Stimmung mit Genauigkeit das Entscheidende.

Ist es nicht seltsam, dass dieser Beruf, der wie kein anderer in all seinen Verrichtungen von naturhafter Wahrhaftigkeit umgeben ist, in seiner Politik und in dem Zeitvertreib seiner Mußestunden die Lüge liebt? Und nur die Lüge? Auf dem Lande jedenfalls muss der Satz erfunden worden sein: Die Kunst soll erfreuen.

Zwei Gründe scheinen mir entscheidend zu sein.

Der Landwirt, der den ganzen Tag auf dem Felde ist und der, selbst wenn er nicht mit Hand anlegt, durch den zehnstündigen Aufenthalt in frischer Luft, durch das bloße Gehen in neu gepflügtem Land aufs äußerste körperlich ermüdet ist, findet es unbequem, abends noch denken zu sollen. Er will eine Welt, in der etwas geschieht; auf eine unkomplizierte und übersichtliche Weise müssen Ereignisse eintreten, die ihn fesseln, spannen, kurz, bis zur Schlafensstunde wach halten.

Und dann: Die Welt, in der er lebt, ist eine sehr einfache Welt. Die Liebe, die einen Knecht und ein Hofgängermädel zusammenbringt, ist auf die primitivsten Anlässe rückgeführt, sagen wir, auf den Anlass. Hier fehlt völlig das versteckende Spiel der Redensarten, der Ideale, keine Mäntelchen, alles ist nackt. Keine Umwege, jedes kennt sein Ziel.

Das aber ist seine Sünde, dass der lesende Agrarier, vielleicht von der Schule, vielleicht von der Religionsstunde her, an eine andere Welt glaubt. Diese Welt lebt er, aber ein bisschen glaubt er doch an die andere. Er schlägt das Buch auf und nun ist sie um ihn, diese andere Welt. Hier erlebt er unfassbare Verzichtleistungen, einen Edelsinn, den er bewundert, eine Treue an das Ideal, die er nie besessen hat (und selbst nie haben möchte). Er, der am Tage einfach sein muss, auf kotigen Landwagen, unter wind- und regengerüttelten Bäumen, am Abend ist er in der lauen Luft der Ballsäle, sein kupferrotes Gesicht, nun von bleicher Blässe neigt sich über eine schmale Hand ....

Armer Ostelbier! Die Phantasie, die du nie hattest, deine Romanciere muss sie für dich haben! (Die schlichten Erdruchgeschichten liest man nicht auf dem Lande.)

Wie diese Leute nie denken gelernt haben und nie denken lernen wollten, so haben sie auch nie lesen gelernt. Wir wissen, wie wir uns von unsern ersten Jungenstagen weiterlasen, von Buch zu Buch, wie wir eindrangen in diese Geheimgänge, wie wir allen Verwandten unbegreiflich trostlos erschienen, da wir jeden neuen Tag die Götter vom vorigen lachend entthronten, bis wir schließlich vordrangen bis zum Blute des Buches selbst, dem Stil, seinen Verästelungen nachspürten, wie uns die leise Hebung einer Zeile entzückte, ein Beiwort, das ein wenig aus dem Gefüge herausgerückt war und das schlicht und unaufdringlich für sich stand, zu Tränen verführte.

Was wissen diese von alledem? Sie lesen Bücher, um die Leere ihrer Abendstunden zu füllen. Ich weiß nicht, ob die Anekdote schon bekannt ist, von jenem Landwirt, dem ein Buchhändler Maeterlinks Leben der Bienen vorlegte. Der Landwirt blättert eine Weile in dem Buch und fragt dann den Buchhändler: »Haben Sie vielleicht ein solches Buch auch über Rindvieh?«

Gibt es eine Brücke? Es gibt keine Brücke.

Sicher, da sind Ausnahmen. Den Freund meines Lebens erwarb ich dadurch, dass ich bei einem viertelstündlichen Aufenthalte auf seinem Gut in seiner Hand Sternes Tristram Shandy sah. Da ließen wir das Gespräch über Lichtschachtdrillung bei Hafer und hatten zu sprechen. Aber das war die eine Ausnahme, die ich erlebte.

Diese »schöne« Literatur im Bücherschranke des Landwirts führt über die Brücke von Dinters Sünde wider das Blut in jenen Werken, die der Weltkrieg oder Der Große Krieg heißen, und ihre letzte Ergänzung in den Memoirenwerken großer Feldherrn und in Regimentsgeschichten fanden. Friedlich daneben steht die Schweinezucht und Kellners Fütterungslehre.

Künstler Deutschlands, hier liegt eine große Provinz, die zu erobern euch vorbehalten ist! (Ihr werdet sie nicht erobern.)

II Ansehen kostet ja nichts

Liebe Ordensgeschwister!

Mitte September hielten in Hamburg die Naturforscher eine Tagung ab. Und im Rahmen dieser Veranstaltung zog der Verein abstinenter Ärzte einen Vortragsabend auf, an dem auch unser Großtempler, Professor Dr. Strecker, sprach. Natürlich waren wir Guttempler uns einig darüber, dass wir unsern Großtempler hören müssten. Und so ist denn auch der Besuch dieses Vortragsabends durch die Guttempler ein sehr guter gewesen. Aber dieser Abend sollte ja mehr sein. Er sollte für den Abstinenzgedanken werben und war nicht ohne Vorbedacht in das Hamburger Studentenheim verlegt worden. Die abstinenten Ärzte hatten gehofft, dass die Studentenschaft in großen Scharen kommen würde. Gerade unter den Studenten mit ihrem Verbindungs- und Korpswesen wurzelt ja ein Gutteil unserer deutschen Trinksitten, und man hatte da von der Leitung der Tagung gehofft, werbend und aufklärend wirken zu können.

Leider hat man sich in dieser Hoffnung getäuscht. Die Studentenschaft ist, trotzdem die Vorträge in ihrem eigenen Heim veranstaltet wurden, ferngeblieben. Es scheint so, als ob diese Kreise jede Aufklärung von vorneherein ablehnen. Wenn sich auch gegen früher manches gebessert haben mag, so will die Studentenschaft – die farbentragende wenigstens –, nichts davon wissen, ihre alten Trinksitten, oder richtiger Trinkunsitten, aufzugeben.

Ein Fehlschlag also, aber nicht der *erste* Fehlschlag: Grade unser Großtempler, Bruder Strecker, erzählte unter dem Thema »Alkohol und Studentenschaft« von einem Mann, der schon früher den Kampf gegen das unsinnige Trinken der Studenten aufgenommen hatte und der ebenfalls nichts erreichte.

Dieser Mann war der erste Rektor der 1811 gegründeten Berliner Universität und war der Philosoph und Vorkämpfer der Deutschen gegen die damalige französische Bedrückung: Johann Gottlieb Fichte.

Als Fichte 1811 in seiner Rektoratsrede den Kampf gegen den Alkohol mit wissenschaftlichen Waffen forderte, hatte er schon bittere Gelegenheit gehabt, die Frage Alkohol in Verbindung mit der Studentenschaft zu studieren.

1794 war Fichte auf Goethes Veranlassung an die Universität Jena berufen worden, dort sah er die Trinkgelage der Studenten, ihre Händel, ihre Mensuren, ihre Schlägereien. Er erkannte, dass dies alles unvereinbar mit den Zielen der Studentenschaft war, der Student sollte einmal, sei es als Gelehrter, als Richter, als Arzt, als Theologe, Führer und Beraten seines Volkes werden, es war ein Unding, dass diese künftigen Führer sich in ihren wichtigsten Entwicklungsjahren systematisch an den übermäßigen Alkoholgenuss gewöhnten. Gewöhnungen, deren Nachwirkungen viele von ihnen in ihrem ganzen Leben spüren würden.

Fichte wandte sich nun mit flammendem Aufruf an die Studentenschaft und er erreichte, dass die begeisterten Musensöhne die Auflösung ihrer Trinkverbände beschlossen.

Nun musste Fichte als Professor über diese wichtige Änderung an seiner Universität Jena seiner vorgesetzten Behörde berichten und deren Billigung und Weisung für seine weiteren Schritte einfordern. Damals, 1794, war Deutschland ja noch viel zerrissener als heute, 12 thüringischen

Landesregierungen gemeinsam gehörte die Universität Jena, an 12 Stellen hatte sich Fichte zu wenden, von 12 Stellen hatte er Antwort zu erwarten.

Diese Antworten kamen nicht sehr rasch, blieben teilweise ganz aus. Und unterdes verrauchte das erster Feuer der Begeisterung. Wie es immer bei derartigen Gelegenheiten geschieht, wagten sich nun die Freunde des studentischen Trinkwesens wieder hervor, sie hetzten gegen Fichte, beschuldigten ihn, er wolle nur die akademischen Freiheiten der Studentenschaft beschneiden – die kostbare Freiheit, sich zu besaufen, nämlich –.

Und diese Herren erreichten, dass Demonstrationen gegen Fichte vorgenommen wurden, ihm wurden die Fenster seiner Wohnung eingeworfen, ein nächtlicher Einbruch wurde in diese Wohnung versucht, an deren Folgen später sein erschreckter Schwiegervater stirbt, und schließlich musste Fichte noch 1795 ein Semester lang seine Lehrtätigkeit unterbrechen, bis sich die erregten Gemüter wieder ein wenig beruhigt hatten.

Das war Fichtes erster Angriff gegen den Alkohol, auch sein Angriff 1811 hat keine sichtbareren Erfolge gehabt, und Sie haben gehört, dass auch an jenem Vortragsabend abstinenter Ärzte, von dem ich Ihnen erzähle, der Erfolg gleich Null war. Die Studentenschaft fehlte.

Woran liegt das? Woher kommt es, dass das Interesse der breiten Öffentlichkeit, des Gebildeten wie des Einfachen, so unendlich schwer auf diese Dinge zu lenken ist? Woher kommt es, dass man immer wieder schlankweg ablehnt, uns auch nur anzuhören?

Vielleicht ist die Antwort richtig, die ein anderer Redner jenes Abends, Professor Dr. Delbrück, der ehemalige Leiter der Bremer Irrenanstalten, auf diese Frage gab. Vielleicht, ich weiß es nicht.

Professor Delbrück ist ein alter Mitkämpfer unsers Ordens. Mit feinem Humor erzählte er, wie allmählich Schritt für Schritt der Gedanke der völligen Enthaltsamkeit vom Alkohol an Boden gewann. Noch als er in den achtziger Jahren des vorigen Jahrhunderts zum medizinischen Examen paukte, las er in seinen Lehrbüchern, das beste Mittel, dem Volk den Schnapsgenuss abzugewöhnen, sei die Verbreitung des Biertrinkens. Damals gab es auch schon eine Trinkerheilstätte in Deutschland, wie es in ihr aber zuging, kann man daraus ersehen, dass dort auch noch regelmäßige Bierabende für die Insassen veranstaltet wurden.

Auch Professor Forel, unser mutiger Vorkämpfer, war nicht von vorneherein für den Gedanken der Totalabstinenz eingenommen. Delbrück erzählt von einem Erlebnis, das ihn bekehrte.

Forel hatte Ende der 80er Jahre in seiner Irrenanstalt einen Alkoholkranken, der seine Anstalt ungeheilt verließ. Später schrieb dieser Patient einen Brief an Forel, in dem er spöttisch mitteilte, dass seine Heilung, die den hochgelehrten Herren Ärzten nicht geglückt sei, einem einfachen Schuster vom blauen Kreuz gelungen wäre, und das einzig wirksame Heilmittel hieße völlige Abstinenz.

Als dann Anfang der 90er Jahre die Engländer ihre Irrenanstalten zum Teil abstinent machten, folgte Forel ihrem Beispiel. Nur zögernd, unter ständigen Kämpfen, schlossen die übrigen Anstalten sich an. Noch heute wird ja in vielen Krankenhäusern den Patienten zur »Stärkung« Kognak oder Wein gegeben, den werdenden und stillenden Müttern Bier. Denn alle diese Getränke enthalten Kalorien und heute wird eben alles, was Kalorien enthält, für nahrhaft angesehen.

Ich darf an dieser Stelle vielleicht einen Augenblick abschweifen und eine kleine Anekdote erzählen, die der dritte Redner jenes Vortragsabends, Dr. Bornstein-Berlin, uns erzählte.

Also: Dr. Bornstein sitzt mit irgendeinem hohen Tier aus einem Ministerium in einer Berliner Gastwirtschaft. Der hohe Herr hat zwei Glas Kognak bestellt und kann ganz und gar nicht begreifen, dass Dr. Bornstein den Kognak verschmäht. »Aber mein lieber Herr Doktor«, sagt er schließlich, »Kognak ist nahrhaft, Kognak hat Kalorien!« – »Jawohl«, antwortet Dr. Bornstein schlagfertig, »und Benzin hat auch Kalorien. Ober, ein Glas Benzin für den Herrn Geheimrat!« –

Ich sprach Ihnen davon, dass nur sehr langsam der Gedanke der Totalabstinenz an Boden gewann. Damals wurden schwere Kämpfe zwischen den sog. Mäßigen und den Total-Abstinenten – vor allem den Guttemplern – ausgefochten. Unser Orden war noch jung in Deutschland und stieß überall auf heftigsten Widerstand.

1905 verschickte Professor Delbrück Fragebogen an sämtliche Irrenanstalten des deutschen Sprachgebietes betr. Abstinenz. Die Hauptfragen lauteten: Bekommen die Patienten noch Alkohol? Bekommen die von der Anstalt beköstigten Ärzte und Pfleger noch Alkohol? Befindet sich in Apotheke und Küche der Anstalten noch Alkohol? Der Berichterstatter fasste das Ergebnis dieser Umfrage optimistisch dahin zusammen, dass die Tendenz auf Abstinenz hinginge.

Die damaligen Hoffnungen haben sich aber nicht erfüllt. Seit 1905 sind keine wesentlichen Fortschritte erzielt worden. Nach Professor Delbrücks Ansicht liegt der Grund vor allem darin, dass die Abstinenzler, die Guttempler, wesentlich duldsamer geworden sind, seitdem sie gewissermaßen offiziell anerkannt wurden. Sie haben an Kampfkraft verloren.

Man darf nicht vergessen, dass unser Orden in seinen ersten Anfängen sehr schwer zu kämpfen hatte. Nicht nur das Alkoholkapital, nein, auch die breite Masse der Bevölkerung, ja, selbst unsere Kampfgenossen, die Mäßigen, übergossen den Orden und jedes Ordensmitglied mit Hohn und Spott. Unsere Ziele galten als verstiegenes, laienhaftes, unwissenschaftliches Idealistentum; wer damals dem Orden beitrat, musste ein ganzer Kerl sein, um dem Spott und Hohn in Familie, Freundeskreis und Arbeitsstätte zu trotzen. Es ist dem Orden unter diesen Verfolgungen nicht schlecht ergangen, es ging ihm ähnlich wie der sozialistischen Partei, die sich, in den 80er Jahren des vergangenen Jahrhunderts aufgelöst, immer fester zusammenschloss. Die Lauen, die Mitläufer zogen sich ängstlich zurück, die Spreu wurde vom Weizen gesondert, und was übrigblieb, waren aufrechte Männer und Frauen, die kein Hohn und Spott, keine Verfolgung ihren Idealen untreu machen konnte.

Allmählich erkannten die Behörden, die breite Masse, dass der Orden nicht ganz so verstiegen und weltfremd war, wie sie geglaubt hatten. Kein Mensch mit offenen Augen konnte die Erfolge der Guttempler in der Trinkerrettung und Bewahrung übersehen. Die menschenkundige, weltkluge Idee seines Gründers, dem Trinker nicht nur die

Last seines Abstinenzgelübdes aufzuerlegen, die allein zu tragen er doch zu schwach wäre, sondern ihm im Familienleben, in der Anteilnahme der Loge einen Ersatz für das abendliche Kneipenleben zu bieten, – diese Idee siegte.

Immer mehr wurde der Orden von Wohlfahrtsorganisationen, von Behörden zur Trinkerrettung herangezogen. Wo eine Frau über ihren Mann, der Woche für Woche seinen Lohn in der Kneipe vertrank, ganz verzweifelt war, fand sich sicher eine Nachbarin, die schon vom Orden gehört hatte und ihn als Retter empfahl. Der Orden wurde groß und kräftig, er war anerkannt, nur noch Dummköpfe spöttelten über seine Arbeit.

Aber in dieser Anerkennung lag jene Gefahr, der dann der Orden auch nicht entgangen ist. Ja, dort, wo ein Familienleben vor dem Ruin stand, wo ein vertrunkener Mensch sich und die Welt verzweifelnd aufgab, dort waren wir gut zur Hilfe. Wir sollten die Wunden heilen, die der Alkohol schlug, sie immer von neuem heilen, aber die Hand, die sie schlug, den Alkohol selbst, sollten wir nicht bekämpfen.

Was würde man wohl zu einem Arzte sagen, der sich nicht darum kümmern wollte, wie eine Krankheit entstanden ist, der sich nur um ihre Heilung bemüht? Ein Typhuskranker kommt zu ihm, er heilt ihn, aber es kümmert ihn nicht, wo die Brutstätte der Typhusbazillen sitzt, er lässt hundert andere erkranken, und begnügt sich mit der Heilung der einzelnen, die den Weg zu ihm finden. Wir würden sagen, das ist ein Pfuscher, das ist ein gewissenloser Arzt, und würden ihn wegjagen.

Ist es unserm Orden nicht ähnlich ergangen? Die dort draußen, die einzelnen, die Brauer, die Gastwirte, die Schnapsfabrikanten, die Wohlfahrtsstelle, alle, alle, jeder einzelne, der draußen herumläuft, sagt: Sei zufrieden, Guttempler, wir schicken dir die Lahmgeschlagenen des Lebens, die Kranken, die Vergehenden, du darfst sie heilen. Mehr nicht. Aber du darfst sie heilen.

Unmerklich ist der Orden immer mehr in die einseitige Arbeit der Trinkerrettung gedrängt worden.

Und so verdienstvoll das ist, was er auf diesem Gebiete geleistet hat und noch leistet, so ist das doch nur ein Teil seiner Arbeit. Wichtiger als die Heilung der Wunden ist es, ihre Entstehung zu verhindern. Grade in den Kreisen der Jugend wird das heute immer stärker empfunden. So mancher Wehrtempler hat mir gesagt: »Wir empfinden es bitter, dass ihr Grundtempler so wenig Zeit für uns habt. Wenn ein Wehrlogenwart gesucht wird, wenn die Stelle der Leiterin einer Jugendloge besetzt werden soll, seid ihr Grundtempler schwer dazu zu bekommen. Ist es aber nicht wichtiger, uns alle vorm Trunke zu bewahren als einen schon Gefallenen zu retten?«

So spricht die Jugend. Und mag diese Einstellung neben manchem zweifellos Berechtigten auch Übertriebenes enthalten, eines ist sicher: Die breite Masse draußen, das Volk, hat kein Interesse mehr für die über die Trinkerrettung herausgehenden Ziele unserer Arbeit. Sie finden, dass wir Guttempler ihnen eigentlich nichts zu sagen haben, sie singen: »Brüderlein trink!«, sie betrinken sich mit Maßen, sind also keine Trinker, und haben darum auch nichts mit uns zu tun. Trotzdem nach dem Kriege eine starke Zunahme der Alkoholkranken zu verzeichnen ist, will das Volk daraus nichts lernen, ja, nicht einmal etwas davon hören.

Wenn also nach Ansicht von Professor Dr. Delbrück die Frage der Abstinenz niemanden praktisch mehr interessiert, so ist dafür eine andere Frage in den Vordergrund gerückt: die für und gegen das Alkoholverbot.

Es erscheint auf den ersten Blick seltsam, dass nicht wir Abstinenten es sind, die diese Frage zum Gegenstand heftigster öffentlicher Diskussion gemacht haben, sondern dass es das Alkoholkapital ist, das diese Frage immer von neuem anschneidet. Wir Guttempler kennen unsere Volksgenossen und wir wissen nur zu gut, dass bei der Einstellung der meisten deutschen Landesbrüder ein Prohibitionsgesetz, wie es Amerika kennt, zur Zeit in Deutschland nicht die geringste Aussicht auf Annahme hat.

Wer am vergangenen Mittwoch Gelegenheit hatte, zu hören, wie unser Bruder Hartung aus Kiel in der Loge Triumph von der immer größer werdenden Vormachtstellung des Alkoholkapitals berichtete, das ständig in andere Industrien eindringt und sie sich dienstbar macht, der weiß, dass der einzelne heute kampflos, ganz ohne es zu merken, den Einflüsterungen dieses allmächtigen Königs Alkohol erliegt. Der weiß, dass diese raffiniert durchgeführte Propaganda, die mit allen Fortschritten der Technik, mit der Presse, dem Radio, der Operette, dem Tanzschlager, der Dirnenbedienung, der Animiermusik arbeitet, seinen Opfern unmerklich das Gift der Gewöhnung einflößt.

Warum hat nun das Alkoholkapital die Frage der Prohibition in den Vordergrund des Interesses gerückt, sie zu einer persönlichen Frage für jeden einzelnen gemacht, während wir Guttempler, deren Sache es doch eher wäre, davon schwiegen?

Der Kampf des Alkoholkapitals gegen die Prohibition erfolgt nur aus Unehrlichkeit und Verlogenheit. Es weiß ebenso gut wie wir, dass der Deutsche noch nicht reif für dieses Gesetz ist, aber es sieht die Erfolge in den Vereinigten Staaten und es will vorbeugen, will für alle Zukunft vorbeugen. Dieser Kampf wird auf lange Sicht geführt. Alle jene Zeitungsberichte aus Amerika, die jeder von Ihnen alle Augenblicke in einem Blatt findet, über Alkoholschmuggel, Bestechlichkeit der Polizei, Betrunkenheit ganzer Städte in der Neujahrsnacht, Kampf der Nassen gegen die Trockenen, – all diese Artikel sind bestimmt, dem Leser die ganze Prohibition von vorneherein lächerlich und verächtlich zu machen, in ihm das Gefühl zu erwecken: Getrunken wird ja doch, warum erst solche Gesetze erlassen? Immer wieder soll ihm eingehämmert werden: »Du bist ein freier Mann. Du kannst tun, was du willst. Niemand darf dir verbieten, zu trinken, wenn du Lust hast. Sieh nach Amerika. Dort haben sie es verboten und doch trinkt dort jeder. Lass es also gar nicht erst zu einem so lächerlichen Verbot kommen. Lass dir nichts verbieten, du bist frei.«

So spricht das Alkoholkapital und, wir werden es alle zugeben müssen, es findet sehr offene Ohren.

Lassen Sie mich Ihnen in diesem Zusammenhang aus dem Vortrag unsers Großtemplers einige Zahlen nennen, die die heutige Situation beleuchten, die darüber aufklären, ob die Alkoholnot in unserm Volke z. Z. wirklich nicht so dringend ist, wie von interessierter Seite immer wieder behauptet wird.

Der Alkoholverbrauch ging vor dem Kriege ständig aufwärts, von 1860–1900 vervierfachte sich der Konsum pro Kopf der Bevölkerung. Der Krieg brachte eine scharfe Unterbrechung dieser Entwicklung, der Verbrauch fiel auf ein Fünftel der Vorkriegszeit. Professor Kräpelin-München, der große Irrenarzt, zog damals die Folgerung: je weniger

Alkohol, desto weniger Trinkerfürsorge, Kriminalität, Familienelend. Die Unglücksziffern sinken, die erfreulichen steigen. Der Krieg hat also gewissermaßen ein Riesenexperiment am Menschen durchgeführt und uns bewiesen, dass Mäßigkeit schon in der lebenden Generation eine außerordentliche Besserung erzielt. Wieviel mehr noch wäre in einer Generation zu erreichen, die den Alkohol überhaupt nicht kennenlernt.

Nach dem Kriege steigt aber wieder der Alkoholkonsum und zwar so stark, dass selbst die Presse, die im Allgemeinen eine gefügige Dienerin des Alkoholkapitals ist, sich hie und da beunruhigt. So brachte die Berliner 12 Uhrzeitung einen Artikel unter der Schlagzeile: »Für 6 Milliarden Volksvermögen vertrunken.«

Aber die Brauerzeitung, das Fachblatt des Alkoholkapitals, ist zufrieden. Sie stellt fest, dass ¾ des Vorkriegsverbrauchs bereits wieder erreicht sind, und hofft, auch das letzte Viertel bald wieder aufholen zu können.

Doch das ärmere und kränkere deutsche Volk darf sich heute keineswegs die Ausschreitungen leisten, die noch vor dem Kriege möglich waren. Wir seufzen unter den Daweslasten, die in diesem Reparationsjahr erstmalig die volle Höhe von 2½ Milliarden erreichen. Wie aber können wir von unsern Vertragsgegnern Milderung erwarten, wenn wir zur gleichen Zeit in einem Jahr für Alkohol 6 Milliarden Mark verausgaben?

Und diese 6 Milliarden Mark sind nur die direkten Aufwendungen der Deutschen für Alkohol, dahinter steht eine sehr viel größere Summe, für Aufwendungen für Krankheiten, Elend, Verbrechen, die eine Folge des Alkoholgenusses sind.

Aber von solchen erschreckenden Zahlen wollen die Draußenstehenden nichts hören, man hört lieber auf die Geschichtchen des Braukapitals über Prohibition, amüsiert sich und ist streng gegen ein Alkoholverbot als gegen einen Eingriff in die persönliche Freiheit jedes Einzelnen.

Nun weist Professor Delbrück mit Recht auf eine Tatsache hin, die manchem von uns entgangen ist, dass wir nämlich in Deutschland schon eigene Erfahrungen mit dem Alkoholverbot gemacht haben, dass es hier schon Stätten gibt, in denen das Verbot seit einer Reihe von Jahren strikte durchgeführt ist, das sind die deutschen Irrenanstalten.

Und Delbrück meint, dass wir aus nichts besser als aus diesen Versuchen lernen können. Ich habe Ihnen vorhin von dem Fragebogen gesprochen, den er an die einzelnen deutschen Irrenanstalten betr. Abstinenz versandt hat. Sie sahen schon aus den Hauptfragen betr. Alkoholabgabe an Ärzte und Pflegepersonal, wie außerordentlich schwierig dieses ganze Problem ist. Sicher ist es für den Leiter einer solchen Anstalt leicht, mit einem Federstrich dem gesamten Personal, wie selbstverständlich auch den Kranken, den Alkoholgenuss zu verbieten. Aber Verbote werden übertreten und die wachsamste Kontrolle kann nicht davor schützen, dass Alkohol eingeschleppt wird.

Professor Delbrück ist aufgrund seiner langjährigen Erfahrungen zu der Ansicht gelangt, dass man von Verboten nichts zu erwarten hat, was allein helfen kann, ist Belehrung und freiwilliger Verzicht. Von ihnen erwartet er sich alles. Er hat grade auch bei dem Pflegepersonal mit dem freiwilligen Verzicht die besten Erfahrungen gemacht.

Freiwilliger Verzicht – das ist stets auch unsre stärkste

Guttemplerwaffe gewesen. Im Kampf, den das Alkoholkapital um die Prohibition aus verlogenen, eigensüchtigen Motiven entfesselt hat, ist unsre Gegenwaffe die Belehrung. Und da uns, von ganz wenigen, nicht ins Gewicht fallenden Ausnahmen abgesehen, die Tagespresse verschlossen ist, so bleibt für uns als stärkstes Kampfmittel ein aufrechtes Beispiel und Aufklärung im eigenen Kreise. Nichts wirkt stärker. Gezwungen Abstinente, Abstinente aus einem Verbot heraus, sind wertlos, sie werden jede Gelegenheit, in den Sumpf zurückzukehren, eifrig nutzen. Aber jeder, der freiwillig verzichtet, dem es ernst um unsere Sache ist, wird ein Glied in unserer Reihe, die endlich über die vergifteten Waffen unsers Feindes triumphieren wird.

Professor Delbrück sagte sehr richtig zum Schlusse seiner Ausführungen, dass, je größer die Schwierigkeiten des einzelnen bei der Durchführung seiner Abstinenz sind, um so größer aber auch die Wirkungen dieser Abstinenz werden.

Wenn ich das bisher Berichtete in wenigen Worten zusammenfassen darf, so stellt sich die augenblickliche Situation so dar: Ein ständig steigender Alkoholverbrauch findet infolge der rührigen Propaganda des Braukapitals keinerlei Bedenken im Deutschen Volke. Der Guttemplerorden ist von der Öffentlichkeit auf ein Teilgebiet seiner Bestrebungen, die Trinkerrettung, zurückgedrängt, seine Kampfkraft und seine Werbefähigkeit ist gesunken.

Es ist notwendig, dass er in Zukunft in erster Linie der *Verhütung* von Alkoholschäden seine ernste Aufmerksamkeit schenken muss, damit vor allem auch der Jugendbewegung. Er darf aber keinesfalls den ihm vom Alkoholkapital angebotenen verlogenen Kampf um die Prohibition annehmen, denn für dieses Verbot ist das deutsche Volk noch nicht reif.

Seine Waffen müssen Belehrung und freiwilliger Verzicht sein. Den Weg, den diese Sätze dem Orden weisen, kann und muss jedes Ordensmitglied gehen, es begnüge sich in Zukunft nicht damit, Trinker und Gefährdete dem Orden zur Rettung zuzuführen, sondern jeder wirke im eigenen Kreise, dass alle Lauen und Gleichgiltigen davon überzeugt werden, dass die Abstinenz nicht ein Steckenpferd von ein paar Eigenbrödlern ist, sondern eine, nein, *die* Lebensfrage des deutschen Volkes.

Die Verkäuferin auf der Kippe

Fräulein! Ja, Fräulein! Hansa 8576 bitte. 8576, ja doch! Könnte ich wohl Frau Eschwege sprechen? Selbst? Tag, Trudel. Bist du allein? Dein Chef ist zum Mittag – ? Na also!

Nein, ich rufe vom Automaten. Ich musste dich durchaus gleich sprechen. Also, Trudel, vor allen Dingen, wenn der Hans heute zu euch kommt, erzähl ihm, ich war gestern Abend bei euch. Sag's auch deinem Mann, dass er sich nicht verquatscht.

Was? War schon da? Gestern Abend? Und du konntest gar nicht schwindeln? Ach, Trudel, Trudel, wie ich das finde! Ich zittere am ganzen Leibe. Erzähle doch bloß. Jedes Wort muss man dir …

Blass ist er gewesen? Aufgeregt? Kunststück! Ich bin auch aufgeregt. Ob er Verdacht hat? Dir hat er kein Wort gesagt?

Natürlich hat er Verdacht. Er hat mich doch neulich mit Max aus dem Café kommen sehen. Ich hab' ihm vorgeschwindelt, es wär' ein Vetter auf der Durchreise gewesen. Aber geglaubt hat er's nicht, ich hab's ihm gleich angemerkt. Wenn ein Mann schon rücksichtsvoll wird und beim Sprechen 'nen Rührungskloß in der Kehle hat, steht's allemal flau.

Gott, Trudel, ich hab' auch immer Pech. Du kannst sicher sein, die Verlobung mit Hans fliegt auch wieder auf. Die Eltern …

Ich soll solide sein? Du hast gut reden. Du hast deinen Oskar und 'nen Trauschein. Wenn du mal einen Seitensprung machst … Ich – für uns Mädel sorgt keiner. Was mache ich denn mit den 90 Mark, die Bremer im Monat gibt? 45 Mark kriegt Mutter und die Abzüge für Krankenkasse un so, es bleiben keine 20 Mark für Kleidung und Schuhe und Ausgehen. Und das ewige Haarschneiden und Nackenrasieren und Ondulieren. Ja, man will sich doch auch nicht ausstechen lassen!

Bei Karstadt ist ein fabelhaftes Crêpesatinkleid, gar nicht teuer, 59 Mark, aber wie soll unsereins dazu kommen? Es ist ein Jammer. Und so gerne ich den Max habe, auf die Dauer wird's ja mit dem Jungen auch nichts, wenn er mal in der Bar 10 Mark ausgegeben hat, ich bin sicher, er schiebt die ganze Woche Kohldampf.

Ich soll mich mit Hans aussöhnen? Ach was, daraus wird nichts. Der mit seinem ewigen Misstrauen! Eigentlich bin ich ganz froh, dass es so gekommen ist. Noch vier, fünf Jahre verlobt sein und dann Kammer und Küche oder bei den Schwiegereltern wohnen, man kommt nicht raus aus der Vormundschaft.

Neulich habe ich die Minna Lenz getroffen. Du weißt doch! Wir nannten sie auf der Schule immer den Ölgötzen, weil sie so doof war. Jetzt heißt sie Mia! Und einen Blaufuchs trägt das Geschöpf, ich bin fast geplatzt vor Neid. Die hat's raus. 90 Mark im Monat, ich hab' es ihr gar nicht sagen mögen, ich hab' mich so geschämt vor ihr in meinem Konfektionsfähnchen. Die verdient manchmal an einem Abend mehr.

Ich soll mich was schämen? Schmutzgeld? Dass ich nicht lache! Wenn Mia nachher Auto fährt, riecht keiner, woher das Geld stammt. Und einen Mann kriegt sie auch noch, wenn sie zur rechten Zeit aufpasst. Es gibt immer welche, die grade auf so eine fliegen, und es braucht gar nicht immer ein alter Daddi zu sein.

Was du redest! Sie geht gar nicht auf die Straße. Sie ist Tanzdame auf der Freiheit. Erstklassiges Lokal. Ich hab' neulich mit dem Max davor gestanden, aber wir konnten's uns nicht leisten. Sie hat nur mit den Herren zu tanzen und an ihrem Tisch mitzutrinken. Davon hat sie keine 90 Mark am Abend? Sie kriegt doch Prozente vom Wein!

Und wenn schon! Sie kann sich doch aussuchen! Die geht lange nicht mit jedem. Sie hat mir gesagt, ich soll mal hinkommen und es mir ansehen. Ich weiß noch nicht, aber vielleicht gehe ich mal hin. Ihr Chef stellt mich jeden Tag ein, sagt sie.

Gott, Fräulein, unterbrechen Sie doch nicht immer! Nein, wir sind noch nicht fertig. Der wird auch warten können mit seinen Trikotagen.

Bist du noch da, Trudel? Ein Kunde wollte euch. Na, der kommt auch noch früh genug zu seinen Netzhemden!

Sag mir nur, was mache ich heut Abend bloß mit dem Hans? Das gibt eine schreckliche Szene. Und ich hasse Szenen. Gewalttätig? Das wollte ich ihm nicht raten! Nee, Hans ist schlapp. Der heult höchstens. Natürlich tut er mir leid, aber was soll ich dabei machen?

Wenn er zu Vater läuft, der ist imstande und verhaut mich. Vater hat keine Ahnung von uns Mädels heute, das muss doch alles so sein wie auf seiner Landstelle in Mecklenburg. Hätt' er doch besser aufgepasst in der Inflation, dann müsste ich heute nicht für 90 Mark …

Mutter hilft mir ja, aber wenn Vater mich schlägt, lauf ich fort. Ich darf doch zu dir kommen? Auf der Chaiselounge. Warum soll ich mich schämen? Dein Mann? Ach, dein Mann hat nichts zu melden, den kriegen wir schon rum.

Was ich nun eigentlich will? Max? Hans? Oder –? Ja, Trudel, ich weiß es doch selbst nicht, wie soll ich denn das wissen? Ich warte eben ab, was heute Abend passiert. Und kommt gar keiner, gehe ich zu dir. Oder auch mal zur Freiheit, Ansehen kostet ja nichts.

Nee, nur das nicht. Ewig warten und hinter dem Ladentisch stehen. Und die andern tanzen und fahren dicke im Auto? Das habe ich nicht nötig. Na, wir werden ja sehen.

Also schön, Fräulein, wir machen jetzt Schluss.

Und sieh dir das Crêpesatinkleid an. Goldig, sage ich dir. Diese Woche kriege ich's noch, wetten? Trudel! Trudel!!

Schon weg. Na, denn nicht. Verkaufen wir also wieder Trikotagen. –

Rache einer Hamburgerin

Ich habe Tredup, Wilhelm Tredup, seit zwanzig Jahren nicht mehr gesehen. Gestern traf ich ihn wieder, im D-Zug Travemünde – Hamburg. Ich hätte ihn nie erkannt, er aber rief mich sofort beim Namen, half meinem schlechten Gedächtnis nach und ein paar Minuten später schwelgten wir schon in den schönsten Jugenderinnerungen.

Was hat sich in den letzten zwanzig Jahren nicht alles ereignet – heimlich mustere ich Tredup von der Seite: Was wohl aus ihm geworden ist, was er wohl heute ist? Eigentlich sieht er ein bisschen bequem geworden, salopp aus – und er war doch der Geck des Christianeums. Und sein Braun macht einen so bauerhaften Eindruck, das ist sicher nicht das Braun von vier Wochen Travemünde oder Niendorf.

In einer gedankentiefen Pause – wir haben gerade den griechischen Pauker durch – frage ich beiläufig: »Sag einmal, bist du nun wirklich Exportkaufmann geworden, wie du wolltest?«

Er ist sichtlich gekränkt: »Exportkaufmann? Hab ich nie gewollt! Offizier wollte ich doch werden!«

»Und du bist Offizier geworden?«, frage ich weiter.

»Ja – nein – es ging schief …«

Er versinkt in Erinnerungen. Ich habe auf einen kranken Nerv getippt und lenke ab: »Übrigens, siehst du brillant aus. Warst du in Niendorf?«

»Ich kann dir die Geschichte erzählen. Sie ist –«, er lächelte mühsam, »– ganz nett. Ich wollte Offizier werden und ich wurde es, so sehr der alte Herr vom Burstah schimpfte. Ich war bei den Wandsbeker Husaren und bekannt im ganzen Nest. Auch bei den Mädchen, gerade bei den Mädchen. Nun war da eine angehende Lehrerin, Hamburgerin ... Die Hamburgerinnen, sage ich dir, wir erzählen immer von Sizilien und den Spanierinnen, von der Rachsucht der Weiber dort, nun, meine Mieke, ich sage dir, die hat mich ruiniert ...«

Er sah nicht sehr ruiniert aus. Ich sagte es ihm.

»Doch! Doch! Ich werde es dir erzählen. Also es kam, wie es kommen musste ... Heiße Liebe, ich weiß wirklich nicht mehr, was ich ihr alles erzählt habe. Kurz und gut, eines Tages habe ich die Sache über, schreibe ihr das Übliche von den Leuten, die schon reden, von ihrem guten Ruf, es müsste aus sein.«

»Und sie?«

»Ja, siehst du, sie. Ich habe mancherlei Mädel erlebt, die einen toben, die andern schweigen, die dritten betteln. Sie schrieb mir kühl und ruhig, wenn es aus sein sollte, müsste es ganz aus sein. Donnerstag, Nachmittag 4 Uhr, würde sie bei mir in der Lindenstraße sein und mich erschießen. Ich überlege mir die Sache hin und her. Der Kampf mit einem aufgeregten Frauenzimmer um einen geladenen entsicherten Revolver ist eine heikle Sache. Der Schuss kann losgehen. Sie vielleicht verletzt, Skandal, Gerichtsverfahren. – Endlich gebe ich der Polizei einen Wink.«

»Das Klügste, was du tun konntest.«

»Du bist genauso ein Idiot wie ich! (Er war schon wieder im Ton der Penne.) Das Dümmste. – Donnerstagnachmittag 4 Uhr kommt sie die Treppe herauf, bleich, entschlossen. Ich machte ihr auf. Gleich im Vorplatz fassen sie zwei Schutzleute, sie wehrt sich wild, wird untersucht. Sie hat überhaupt keinen Revolver. Hat mich geblufft. – Ich war blamiert. Die Geschichte, gerade gegenüber der Kaserne passiert, spricht sich rum, ich bekomme einen Wink von oben, Feigheit und so, du verstehst schon. Das Ergebnis: schlichter Abschied.«

Er sah trübe vor sich hin. »Traurig«, bemerke ich höflich. »Aber dass gerade die Rachsucht der Hamburgerin schuld sein soll ...«

»Höre weiter«, sagte er, »meine Geschichte ist noch nicht zu Ende. In Deutschland war ich natürlich unmöglich, mein Alter verfrachtet mich nach Südwest auf Export. Ich bin da ein Jahr, ungestört, fange wieder an, aufzuleben, da läuft mir in Swakopmund eine Schwester über den Weg: Mieke. Der Blick, der mich von der Seite traf – ich wusste Bescheid. Und richtig, eine Woche später, nach dem Frühstück, bekomme ich Erbrechen, bin sterbenskrank. Der Arzt wird geholt: Vergiftung. Täter unbekannt. Ich erhole mich wieder. Da erfahre ich, dass Mieke in einer Farm, zehn Minuten ab, Wochenpflege verrichtet. Der Zusammenhang war klar.«

»Na, erlaube mal«, bemerke ich.

»Höre weiter. Seitdem ging alles schief. Ich konnte nicht mehr schlafen gehen, ohne mein ganzes Zimmer umgedreht zu haben, ewig waren da Schlangen, Skorpione ... mit der ganzen schwarzen, braunen und gelben Bande steckte sie unter einer Decke. Keine Stunde war ich meines Lebens sicher. – Dann kam der Krieg. Ich ging auf Patrouille gegen die Engländer. Wollte aus der Nähe dieses Weibes. Wir werden entdeckt, verfolgt, zerstreuen uns, fliehend, im Dornbusch. Eine ganze Horde Hereros ist auf meiner Spur. Ich fliehe in ein alleinstehendes Farmhaus, wo ich auf Hilfe hoffte. Alles leer und verlassen. Die Hereros auf meiner Ferse. Ich verstecke mich hinter einer Schranktür. Die Hereros brechen ins Zimmer, suchen nach mir. Ich halte den Atem an. Plötzlich berührt etwas Kaltes meine Stirn. Ich erschauere, drehe mich zur Seite. Im Halbdämmern sehe ich neben mir Mieke, sie hat einen Revolver auf meine Schläfe gesetzt. Vor mir die tobenden Hereros, Miekes Revolver auf der Stirn: mir schwindelt, meine Sinne schwinden …«

»Und –? Und –?«, dränge ich.

»Wir haben jetzt ein gutgehendes Geschäft«, sagte er trocken. »Ich habe sie *natürlich geheiratet.*«

Eine vom Mädchenklub

Änne Eich, 28 Jahre alt, in der »Statistik« bei Katz und Kitz, gehört dem Mädchenklub »Stern ohne Herrn« an. Jeden Mittwochabend tagt der Klub dieser Sitzengebliebenen, und jede Mittwochnacht macht Änne von Barmbeck nach Horn den Heimweg.

Alleingehende Mädchen der Großstadt sind es gewohnt, von alleingehenden Herren angesprochen zu werden, sie nehmen das nicht tragisch. Die Arten zu reagieren sind verschieden, *Änne reagiert überhaupt nicht*, sieht nicht, hört nicht, geht im gleichen Schritt weiter.

In der Ritterstraße um 1 Uhr erreicht sie diesmal ihr Schicksal: Ein Schlapphut quasselt sie an mit dem üblichen: »Na, so allein unterwegs? Fürchten Sie sich denn gar nicht? Begleitung gefällig?«

Aenne reagiert nicht.

Der Schlapphut ist hartnäckig, er bleibt neben ihr, redet ununterbrochen weiter, Änne reagiert nicht. Von der Marienthaler- bis zur Mittelstraße ist er schon neben ihr, macht liebenswürdige Konversation und bleibt Luft.

Plötzlich bricht er in den wütenden Aufschrei aus: »*Oh, du verfluchte Gans, kannst du denn gar nicht hören!?*«, macht kehrt und stürmt den Weg, den er gekommen, zurück.

Änne ist so verblüfft, dass sie ihre Taktik vergisst, stehen bleibt und ihm sprachlos nachstarrt.

Eine Woche später ist das Renkontre längst vergessen und Änne wieder auf dem Heimweg. In der Ritterstraße spricht sie ein Schlapphut an, mit denselben Worten, mit derselben Hartnäckigkeit, derselben liebenswürdigen Konversation.

Änne bleibt ihrer Taktik getreu, *amüsiert sich aber königlich*, dass er sie *nicht wiedererkennt*. Wieder an der Mittelstraße derselbe Ausbruch mit der Variation: »*Oh, du verdammtes Kamel, kannst du denn gar nicht Piep sagen?*«

Er stürmt zu rasch davon, sonst hätte sie diesmal Piep gesagt.

Seitdem ist es um Änne Eich geschehen; zu jeder Nachtstunde irrt sie durch die Ritterstraße, ihn wiederzusehen. Sie sehnt sich danach – ihm ihre Meinung zu sagen.

Sie hat ihn nie wiedergesehen. Und ist redlich unglücklich.

Wer kann da Richter sein?

Nun wird sich ja wohl über kurz oder lang in Berlin jener Prozess abspielen, in dem eine Tochter gegen ihren Vater wegen Körperverletzung, denke ich, klagen wird. Man erinnert sich gut: Zwei Töchter des Kommunalbeamten Weber gingen mit einer Freundin ins Wasser, ersauften sich, weil ihnen das Leben untragbar, schmutzig hässlich geworden schien. Die dritte der Schwestern, unsäglich erschüttert, will gegen den Vater vortreten, der die Schuld an diesen vertanenen Leben tragen soll.

Manchmal, wenn ich nicht einschlafen kann, spiele ich mir diesen Prozess vor, mit fingierten Personen, ohne Detailkenntnis, einen Dutzendprozess, mir durch die Schwere des Opfers von unzähligen gleichgearteten unterschieden. Leicht, nicht wahr, scheint es zu erraten, welche Beweggründe die Schwester zu ihrem Schritt getrieben: Die tausendmal Gedemütigte, die Stille, die dem Kampf auswich, die von dem Vater, der neuen Mutter wegzog, ein neues Leben für sich zu beginnen, sie musste schrecklich aufhorchen, als die Nachricht von jenem dreifachen Tod sie erreichte. Hatte sie nicht eine Pflicht versäumt? Sie hatte gemeint, nur für sich stille zu sein, nur für sich auszuweichen, nun erwies es sich, dass sie für die Schwestern mit geschwiegen hatte. Nun, wenn sie für sich klagt, klagt sie für die schweigenden Toten, klagt sie gegen den Vater, entsühnt die Schwestern, entschuldet sie.

Mehr im Hintergrunde, eine halbdunkle Gestalt, dieser Vater. Man weiß so wenig von ihm, es liegt so nahe, gegen ihn Partei zu sein. Die Jugend gegen das Alter, drei tote Mädchen gegen einen lebenden Beamten. Was hat er denen getan? Er hat erwachsenen Mädchen eine neue Mutter gegeben, seine Tochter ›liederlich‹ und ›verseucht‹ geschimpft, sie geschlagen.

Nein, hier weiß man nichts, alles dunkel. Alles Vorhergegangene müsste aufgerollt werden und man würde kaum anderes finden als dieses: Scheltworte, Schläge. Irgendeinmal war es dann zu viel. Wer soll da Richter sein? Wer entscheiden, ob gerade aus des Vaters Hand der Tropfen kam, der über den Rand des Gefäßes lief?

Zwar: ein Kriminalbeamter … Kaum wird dieser Mann ein Verehrer der Frauen, ein Freund der Menschen gewesen sein. Dies war sein Schicksal, dass sein Beruf auf ihn abfärben musste. Wer tagaus, tagein sein Leben hindurch, sein ganzes Leben hindurch, Dirnen und Zuhältern, Diebinnen und Einbrechern Fallen stellen, sie einschüchtern, überlisten, erraten muss, wer sein Lebtag im Elend und Verbrechen zu wühlen hat, er wird zu sehr geneigt sein, leichte, auch leichtsinnige, tänzerische Schritte junger Menschen für das zu nehmen, was sie nicht sind, doch sein könnten: Vergehen, Verbrechen, Vorboten dieser beiden.

Auch er hatte gemeint, das Rechte zu tun, einem alle Verachtenden war es nicht gegeben, Halt zu machen in seiner Verachtung vor dem eigenen Kinde.

Doch nun schiebt sich in meinem nächtlichen Schattentheater – man erinnert sich doch, in einer fingierten Welt, mit Durchschnittsfiguren, spiele ich mir eine Dutzendgeschichte ab, man erinnert sich doch? –, nun schiebt sich zwischen die Parteien eine dritte Figur, wächst, wird riesengroß, von ihr wird die Lösung erwartet, muss sie kommen: der Richter.

Alles ist ja so einfach. Da ist ein Amtsgericht mit so und so viel Richtern für so und so viel Bezirke, und der und der Richter ist von Scheines wegen zuständig in dieser Sache, er hat zu entscheiden.

Wenn es auch Nacht ist, der Schlaf noch immer nicht kommt, ins Ungemessene wollen wir darum doch nicht phantasieren.

Keine Furcht! Wir wissen zu gut, derartig unwägbare Dinge sind erst recht in keinem Prozess zu wägen, es ist auch gar nicht Sache eines Prozesses, sie zu wägen. Der Richter hat festzustellen, ob eine Körperverletzung stattgefunden hat oder nicht, das ist alles.

Nein, die Klägerin wird wohl doch nur für sich handeln, nie für die toten beiden Schwestern. Nein.

Aber etwas anderes ereignet sich nun, ein grotesker Gedanke kommt mir, nach so viel Schwulst etwas sehr Triviales: ein Bedenken. Ja, sage ich in mir, wird man denn, kann ich denn dieser Tochter völlig glauben? Der Vater hat ihr Liederlichkeit vorgeworfen, sie wird also einen Liebhaber haben, sie ist nicht verheiratet, davon ist nichts bekannt, also –? Sie ist mündig, zweifelsohne, den Vater ging das eigentlich nichts mehr an, sicher, aber schließlich ist er doch der Vater. Das kann man am Ende verstehen, so ein Mädchen, gestern war sie unmündig, da durfte ich sie noch schlagen, heute ist sie mündig, wenn da die Hand noch einmal ausrutscht …

Sie ist unsittlich, und wer unsittlich ist, der lügt auch. Ihre Glaubhaftigkeit ist vermindert, ihre Angaben sind mit Vorsicht aufzunehmen, sie will sich entlasten.

Nun spricht wieder etwas anderes: Manches Jahr ist es schon her, dass Alfons Kerr sagte, die Zeiten des geschlechtlichen Alleinbesitzes gingen vorüber, seien beinahe schon vorbei, es mehrten sich die Anzeichen ... Mancher ist seiner Ansicht geworden. Aber hundert Jahre dauert das noch, bis es anerkannt wird, in den Kreis offizieller Betrachtungen einbezogen.

Wir, wir sind noch hundert Jahre zurück. Wir halten immer noch bei der Virginität des jungen Mädchens. Ein Mädchen, das keinen Liebhaber gehabt hat, ist anständig (und glaubwürdig), aber ein Mädel, das einen Liebhaber gehabt hat, ist unanständig (und vermindert glaubwürdig). Wer illegitim besessen worden ist, ist im Wert herabgesetzt.

Alte Geschichten? Uralte! Und doch sehen wir immer wieder und werden es auch diesmal wieder sehen, unsere ganze Umwelt steht auf und schreit: Unsittlich! Recht ist ihr geschehen!

Wer kann da richten –? Einer jener, die auf Moral schwören, täte der Tochter Unrecht, und einer von denen – muss ich der Probabilität halber sagen, die auf Unmoral schwören –? – dem Vater!

Eine Sackgasse, nicht wahr, hier geht es nicht weiter, wenn der Urfall dieses Falls entschieden werden soll, so kann er eben nicht entschieden werden.

Dieser Dutzendfall für alle Fälle. Richter, die wie Kaufleute waren, entrüsten sich über einen, der einen Wechsel unterschreibt, für den noch keine Deckung da ist, der erst aus späteren, immerhin nicht mathematisch sicheren Einnahmen gedeckt werden soll, Richter, die politisch entschieden Partei sind, entscheiden politische Prozesse, Richter, deren künstlerische Bedürfnisse sich nicht über das Ullsteinbuch erheben, urteilen über Kunst. Wie kann das sein? Sind sie keine Menschen? Werden sie nicht ihre Töchter zu verteidigen meinen gegen jene Tochter?

Und: es ist nun einmal nicht anders, für den Richter gibt es eine rein fiktive Welt, eine Welt der festgesetzten Normen, dort ist die Jungfräulichkeit des Mädchens festgesetzt, das normale Schamgefühl urteilt über Kunst und Kredit beansprucht nur, wer Deckung bereits hat. Eine irreale Welt, eine Welt, die nichts, nichts mit dem Leben gemein hat.

Wenn dem aber so ist, warum erregen wir uns so, warum haben wir noch immer nicht gelernt, diese irreale Welt als etwas Gegebenes hinzunehmen? Warum schreien wir nach Gerechtigkeit?

Es sitzt in uns – mit anderen Lügen – von der Kindheit, von der Schule her, dass Recht und Gerechtigkeit sich decken, sich wenigstens decken sollen. Ach, sie decken sich nicht, sie haben nicht einmal etwas miteinander gemein. Wir müssen von unsren ungerechten Ansprüchen ablassen.

Kein Urteil, das gefällt wird, wird endgiltig gefällt. Es kommt eine andere Generation, mit ihr ein anderes Denken. Und jede Generation hat ihre Hexenprozesse gehabt und jede kommende wird sie haben. Doch bleibt zu wünschen, dass der Richter nicht gar zu hartnäckig seine Welt gegen das Leben verteidige. Urteilen, verwerfen ist nichts, verstehen alles.

Doch auch dann noch kann kein Richter gerecht sein und kein Urteil irgend etwas entscheiden.

Geschlagene Pferde, gehetzte Menschen

Eine Lehrerin wohnt gegenüber einem Neubau. Erde wird angefahren. Der Boden ist weich. Sie sieht beim Vorbeikommen ein Pferd, das über die Deichsel getreten, in der Kette verwirrt ist, der Kutscher schlägt roh auf das hilflose Tier ein. Sie erstattet Anzeige. Der Kutscher bekommt 30 Mark Geldstrafe. Sie war empört über seine Rohheit, sie konnte das Pferd nicht misshandelt werden sehen.

Was sie nicht sah, kam in der Berufung zur Sprache. Das Pferd ist nicht grade fromm. Hat schon einmal den Vorderwagen zerschlagen, der Kutscher wurde dabei verletzt, hat wochenlang krank gelegen. Ist der Freund des Tieres nicht.

Das Pferd hat sich nun eine Spielerei angewöhnt, beim Halten tritt es mit einem Vorderbein über die Deichsel, der Kutscher muss nach vorn laufen, das Pferd befreien, ehe er losfahren kann. Das Pferd tut das öfters. Und der Kutscher hat nicht viel Zeit. Hinter ihm drängt sein Kollege, der auch abladen, weiterfahren will. Hinter ihm steht der Fuhrherr, der eine bestimmte Menge Arbeit getan haben will. Steht die Familie, Frau, Kinder, die zu essen haben wollen. Droht, wie hinter jedem Arbeitenden heut, die erhobene Peitsche der Arbeitslosigkeit.

Eben hat der Kutscher sein Pferd befreit, macht drei Schritte zur Leine, will losfahren, da hat der Gaul das Bein schon wieder über die Deichsel. Nun, wir sind Menschen, keine Lagerhäuser der Geduld. Er vertobackt das Pferd.

Wir sind zu hart und zu fein. Wenn wir ein Pferd geschlagen sehen, treten uns die Tränen in die Augen, sehen wir einen Menschen gehetzt, sagen wir: »So ist das Leben«, und drehen die Daumen.

Die Strafe wird auf zehn Mark ermäßigt.

(Anmerkung zur Sprachentwicklung: Der amtierende Richter nahm Anstoß daran, dass der Kutscher sein Kranksein als Krankspielen bezeichnete. »Ich musste ein paar Wochen krank spielen.« Tiefer Sinn, dass bei unsern lausigen Zeiten in Arbeiterkreisen Kranksein ganz allgemein als Krankspielen bezeichnet wird. Arbeit ist Hatz, Arbeit ist Angst, aber Krankheit, schwere Krankheit selbst, Ausruhen, Spiel. Soviel zur Geschichte der Sprache.)

Mein Freund, der Ganove

Ich traf ihn im Wartesaal Vierter, nach Mitternacht, gegen Morgen schon. Er sortierte aus einem Fetzen Zeitungspapier Kippen. Jeder Zigarettenstummel wurde sorgsam aufgepult und der Tabak in eine Blechschachtel getan. Dies Geschäft war gut gegangen, die Schachtel wurde voll.

Doch stand es mit den andern Geschäften nur faul. Er hatte keinen Pfennig in der Tasche und noch nicht zu Abend gegessen. Erinnerte er sich recht, hatte er schon länger Kohldampf geschoben.

»Was wollen Sie? Die Leute haben eben alle heute kein Geld. Dann geht es uns Ganoven auch schlecht. Nicht, dass ich schon etwas anfassen möchte. Ich bin erst eine Woche aus dem Knast. Immerhin, wenn ich so fünfhundert Em hätte ... Ich habe nämlich eine Idee –«

Während des Sprechens entging kein Passant seinem wachen Blick. Er sah sie alle, schätzte sie blitzschnell ein, brachte ihre Erscheinungen in Beziehung auf sich wie ein jagdbares Waldtier. – »Die vollgefressene Brillenschlange da, mit der Seehundsfranse unter der Nase, ist von der Schmiere. Nun, meine Flebben sind rein. Was sich solche Leute einbilden! Werde mich hierher setzen, wenn ich Lampen habe. Aber er hat wen auf dem Strich ...«

Wir sahen den Mann an, der beim Glase Bier am Büfett lehnte. Für mich war das ein kleinbürgerlicher Restaurateur, ein Glasermeister, der ein bisschen mit der kalten Mamsell schäkerte. »Er sucht wen«, murmelte Otsche, der Ganove, »und es muss ein Grünling sein, der ihn nicht kennt, sonst stellte er sich nicht so an die Theke.«

Was es für eine Idee sei, zu der er fünfhundert Mark brauche?

»Dreihundert täten es auch, zur Not. Ich kann es Ihnen ja sagen, Sie können doch nichts damit anfangen. Übrigens habe ich den Film schon einmal gedreht, in Frankfurt Main. Ein kleines Inserat in der Zeitung: ›Reitpeitsche mit silbernem Griff verloren. Abzugeben Schulgasse 3 bei Frau Masoch.‹« Er sah mich erwartungsvoll an.

»Nun –?« fragte ich verständnislos.

»Prügel –«, meinte er lakonisch. »Sie kamen und holten sie sich und zahlten dafür. Alles bestes Publikum mit dicker Marie. Sie ahnen ja nicht, was für eine Nachfrage danach herrscht.«

Er lachte. Für ihn gab es keine Bedenken, was die Menschen wollten, mussten sie haben. Seine Sache war es, herauszufinden, wo die Nachfrage saß. »Aber natürlich ging das nur ein paar Tage, bis die Polente dahinterkam.«

Der Greifer am Büfett schäkerte noch immer. »Wer es nur sein mag? Von uns ist es keiner, ich kenne alle Jungen, die hier kommen.«

Wieder: »Aber man muss in Schale sein. Ich will Ihnen etwas sagen: Ihr Ponim kann sein, wie es mag, wenn Ihre Hosen nur gebügelt und Ihre Hände manikürt sind. Und dann müssen Sie natürlich richtig deutsch sprechen, für unsereinen gar nicht so leicht bei den vielen Fremdwörtern. Da haben die Leute gleich Zutrauen zu Ihnen. Wenn Sie denen erzählen, Sie sind Doktor und können Diathermie und Arteriosklerose sagen, ohne zu stolpern, und lassen ihre Weiber merken, Sie haben ein weites Herz, wenn es in Punktus Punkti mal schiefgegangen ist, dann dürfen Sie ruhig Ihre Brieftasche vergessen, jeder hilft Ihnen aus.

Aber der Greifer dort macht mich nervös. Mir wäre nicht so mies, wenn er was von mir wollte.« Er suchte den ganzen Saal ab. Die Birnen schienen trübe durch die Rauchschwaden. Traumverlorenes, dumpfes Gefangensein hing über den Verschlafenen, Zerknüllten. »Wer es nur sein mag?« Er suchte wieder, pfiff durch die Zähne. »Ein Mädel ist's! Darum konnte ich in dem Mist nicht klarkommen. Sehen Sie die Kleine dort in der Ecke, die den Kopf auf den Arm gelegt hat und tut, als ob sie pennt? Die pennt nicht! Sie hat den Fuß auf dem Handkoffer, dadrin ist die Sore.«

»Irren Sie sich nicht, Otsche? Der Kriminal steht mit dem Rücken nach ihr.«

»Und am Büfett hängt ein Spiegel, in dem er die Ecke sehen muss. Warten Sie mal.« Er hatte eine Zigarette gedreht, nun schlenderte er, die Hände in den Taschen, zu einem Tisch, an dem ein paar Arbeiter verdrossen vor ihrem Kaffee saßen. Er ließ sich Feuer geben, begann stehend eine Unterhaltung, bewegte sich hin und her und war so stets zwischen Spiegel und Mädchen. Der am Büfett tat einen Schritt nach rechts, und der Ganove folgte, auch ein Schritt nach links gab die Aussicht nicht frei, so zahlte der Schnurrbärtige und trat an einen Automaten, von wo sein Blickfeld unbehindert war.

Nach ein paar Minuten kam Otsche zurück. »Sie haben recht gehabt«, sagte ich. »Er will was von ihr, und sie weiß es. Vorhin, als Sie einen Augenblick die Aussicht verdeckten, sah sie nach der Tür, als wollte sie fliehen.«

»Vielleicht weiß sie's. Sicher aber ist, dass sie verschütt geht. Der ist nicht mehr zu helfen.« Er war jetzt entschieden mürrisch und kaute an seiner Zigarette herum.

»Die Sache gefällt Ihnen nicht, Otsche, Sie möchten's verhindern.«

»Und ich tät's, fressen Sie einen Besen drauf!« brach er wütend los. »Sie sind ja auch so ein Seidener und haben keine Ahnung, was unsereins für eine Wut im Bauch hat, wenn er die Greifer sieht und an Verhöre, Verhandlung und Knastschieben denkt. Eine Woche bin ich jetzt draußen, und wenn ich mich hier einmische, geht's nicht ab für mich unter ein, zwei Jahren. Nein, ich lasse die Finger davon, ich fasse nichts an in den ersten drei Monaten.«

Er schwieg wieder und sah nach dem Mädel hin. Sie schien zu schlafen, und der von der Schmiere ging auf und ab wie einer, dem das Warten auf seinen Zug lang wird.

»Sie wissen, ich hab keine Angst. Aber dann, solche noblen Geschichten sind immer fies. Wenn ich so dumm wäre und griffe was an hier, dass er auf mich los müsste und die Kleine könnte stiften gehen, was hätte ich davon? Sie kennt mich gar nicht, und wenn sie mich auch kennte, keine wartet zwei Jahre Knast auf einen. Lassen Sie mich in Ruh mit den Weibern.«

»Aber ich will ja gar nicht, dass Sie was tun, Otsche. Ich finde es sehr vernünftig, dass Sie solide bleiben wollen.«

»Quatsch!« sagte er kurz. »Sie haben natürlich auch Detektivromane gelesen und finden, dass unsereins zu seinesgleichen edel zu sein hat. So ein Blech! Ihr Schreiber seid froh, wenn ihr euern Kerl im Kittchen habt, und das Verbrechen ist glänzend aufgedeckt. Für uns aber fängt die Sache mit dem Qualmschieben erst an. Was habe ich davon, wenn ich jetzt nobel bin? Zwei Jahre Bunker! Und Sie wollen das!«

Er war immer aufgeregter geworden. Die Schläfrigen an den Nebentischen drehten schon die Köpfe nach uns.

»Beruhigen Sie sich doch, Otsche«, sagte ich. »Ich will das gar nicht. Seien Sie solide und –«

»Da!« sagte er kurz. »Jetzt geht's los. Noch einer von der Schmiere!«

Ein Langer, Blonder, Bartloser stand neben dem Glasermeister, und die beiden sahen ganz ungeniert nach dem Mädel. Das saß da, das Gesicht möglichst weit nach der Wand gedreht, den Koffer griffbereit.

»Wir brauchen uns das ja nicht anzusehen, Otsche«, sagte ich. »Kommen Sie. Irgendwo wird schon ein Lokal offen sein. Ich zahle Ihnen ein Essen.«

»Ich kaufe mir einen Dreck für Ihr Essen«, schrie er. »Fressen Sie es alleine!«

Die beiden Kriminaler drehten uns ihre Gesichter zu.

»Kommen Sie doch«, versuchte ich zu beruhigen. »Wir fallen ja auf.« Ich legte meine Hand auf seine Schulter, um ihn zum Gehen zu bewegen.

»Fassen Sie mich nicht an!« heulte er förmlich. »Fassen Sie mich nicht …«

Der Glasermeister machte einen Satz auf uns zu. Es war zu spät. Alles wurde rot, dann schwarz, ich hatte noch ein Gefühl, als fiele ich.

Es muss ein wundervoller Faustschlag gewesen sein, technisch ganz einwandfrei: Ich kam erst auf der Rettungswache zu mir. Und es dauerte eine lange Weile, bis mein erschüttertes Hirn begriff, dass mein guter Freund Otsche mir ein ganz klein wenig etwas unter die Weste geschoben hatte. Ich hatte einen sonst aussichtslosen Rückzug decken helfen, und das Mädelchen mit dem Schmuck im Handkoffer war entwischt.

Und auch Otsche, der weder Dame noch Schmuck ganz

so fern stand, wie er angegeben, auch Otsche war dahin. »Wissen Sie, in dem Tumult …« meinte der noch schwitzende Glasermeister.

Ich finde das erklärlich. Und es ist mir aufrichtig gesagt angenehm, dass ich in meinem jetzigen Zustand Otsche nicht bei irgendeinem Verhör gegenübertreten muss. Es würde ihn betrüben, wie wenig schön ich aussehe.

Der Strafentlassene

Sagen Sie mir nicht, dass Sie ihn noch nicht gesehen haben. Vielleicht haben Sie ihn nicht erkannt, das ist möglich, aber gesehen haben Sie ihn ein Dutzend Mal – was sage ich? – hundertmal, tausendmal! Denn er ist überall, Jahr für Jahr werfen ihn die Gefängnisse zu Zehntausenden auf die Straße.

Der junge Mann, der Ihren Autoschlag zuwarf und sich nur verlegen fortwandte, als der erwartete Groschen nicht kam – das war er. Der Reisende mit einer unmöglichen Zeitschrift (inklusive Versicherungspolice), der Ihre Frau eine halbe Stunde mit seinem aufgeregten Geschwätz langweilte und sich befangen fortdrückte, als sie gerade abonnieren wollte – das war er.

Vielleicht hatten Sie ein Zimmer zu vermieten, und ein junger Mann kam, erledigte forsch alle Fragen wegen Heizung, Stiefelputzen, Licht, Miete, und plötzlich, als er die sieben Mark für die erste Woche anzahlte, sagte er bedrückt: »Das Leben ist nicht leicht«, und gleich darauf ohne den rechten Glauben: »Es wird schon gehen.«

Vor den Aushängebogen der Zeitungen mit dem Stellenmarkt können Sie ihn jeden Tag sehen, und vielleicht sind Sie einmal nachts über den Rathausmarkt gekommen und haben ihn in der Wartehalle dort schlafen gesehen. Unter der verdrückten Heilsarmeemütze, der man die Wanderung über viele Köpfe ansieht, ist er ebenso zu finden wie an den Heizkörpern der Wartesäle, in den Museen und vor den Steckbriefanschlägen der Polizei.

Er ist überall, er treibt im gesunden Blut des Volkskörpers, ein kranker Tropfen, der bald wieder ausgeschieden sein wird.

Als er aus dem Gefängnis entlassen wurde, 25 Jahre alt, nach zweijähriger Haft wegen Unterschlagung, mit 82 Mark Arbeitsdienst in der Tasche, war er entschlossen, »keine Dummheiten« zu machen. Nicht, dass er sich gebessert fühlte. Bei dem Gedanken grinste er bloß. Aber er hatte eingesehen, dass sein Einsatz in diesem Spiel viel zu hoch gewesen war, kein möglicher Gewinn konnte solchem Verlust die Waage halten.

Er hatte sich ausgerechnet, dass er mit seinen 82 Mark einen Monat leben könnte, in dieser Zeit musste er Arbeit finden. Seine erste Enttäuschung erlebte er, als er in die Wohnung kam, in der er vor seiner Haft gelebt hatte. Er war dort wie ein Kind im Hause gehalten worden, mit der Tochter hatte er ein kleines, harmloses Gspusi gehabt.

Jetzt machte man ihm kaum die Tür auf, Verhandlung durch die Spalte, mit der Kette davor. Natürlich seien seine Sachen noch da, eigentlich müsste man Lagergeld verlangen, aber man wolle nicht so sein.

Als er dann im eilig gemieteten Zimmer seinen Koffer auspackte, sah er, dass man wirklich nicht so gewesen war: Die beiden besten Anzüge fehlten, Wäsche und Schuhe waren um die Hälfte vermindert. Noch einmal hingehen, kämpfen? Aber was konnte er beweisen? Und dann – war ihm nicht geschehen, was er andern getan? Nur Ruhe!

Aber er hatte keine Zeit zur Ruhe. Bei den Aushängen war der Stellenmarkt einzusehen, möglichst rasch waren Bewerbungsschreiben fortzuschicken, und trotzdem musste die Schrift erstklassig sein. Zu jeder Briefseite nahm er eine neue Feder. Und dann das Porto – alles lief ins Geld.

Zu Anfang hatte er noch geglaubt, eine warme Mahlzeit am Tage müsse sein, dann sah er, dass er sie sich nicht leisten konnte, Brot, Butter und Aufschnitt, Brot, Margarine und ein Bückling, Brot und Margarine, Brot ... Schritt für Schritt ging es zurück. Und doch flog das Geld. Kein Tag, an dem er nicht etwas ausgeben musste. Wäsche, Fahrgeld, Stiefelsohlen, Porto ...

Ein paar Male wurde er auf seine Bewerbungen hin zur Vorstellung aufgefordert, aber irgendetwas in seinem Wesen ... etwas Scheues, Sprunghaftes ... die Lücke in seinen Zeugnissen ... gewiss, er ist seit zwei Jahren selbständig gewesen, es wird ihm schon geglaubt, aber hat er nicht vielleicht doch einen Nachweis, einen kleinen Ausweis des Gemeindevorstehers aus dem Kaff, von dem er erzählt? So viele warten vor der Tür, und er startet später als alle andern, fühlt er.

Vierzehn Tage ist er solide gewesen, dann spricht ihn nachts eine Frau an. Zwei Jahre hat er von Frauen nur geträumt, in quälenden Träumen seine Erinnerungen immer wiederholt, er kann nicht widerstehen. Als er am nächsten Morgen sein Geld nachzählt, merkt er, dass er eine Woche früher Arbeit finden muss, in einer Woche muss er Arbeit haben.

Er überwindet seinen Stolz, er geht zum Wohlfahrtsamt, zur Gerichtshilfe. Ja, Arbeit. Für körperliche Arbeit ist er wohl zu schwächlich? Natürlich. Auch gibt es so viele Nichtvorbestrafte, die körperliche Arbeit tun möchten. Aber vielleicht Adressenschreiben? Es gibt irgendeine Organisation, die so etwas vergibt; er geht hin, ja, man wird ihn beschäftigen.

Nun sitzt er dort Tag für Tag und schreibt Adressen. Im Anfang bringt er es nur auf 2 Mark den Tag, aber dann steigert er es auf 3, 4, ja, sogar 5 Mark an ganz günstigen Tagen.

Abends ist er wie tot, sein Hirn öde, die Hand verkrampft. Aber er kann weiterleben, von heute auf morgen, gerade das Leben hat er, das nackte Leben.

Dann hört er flüstern. Die Arbeit wird knapp. »Heute nur jeder Mann 500 Adressen«, sagt der Bureauvorsteher. »Morgen werden ein paar aufhören müssen.« Er zittert; aber dann darf er noch drei, vier Tage kommen.

Was hilft es? Der Verdienst reicht nicht mehr. Der Groschen, so fest er um ihn die Hand schließt, das Leben dreht ihn heraus. Er trägt die Wäsche, die Kleidung fort, einzeln, zum Pfandhaus. Auch sein Zimmer ist zu teuer, nun er nur noch die Sachen hat, die er auf dem Leibe trägt, genügt eine Schlafstelle. Schließlich kann man auch bei der Heilsarmee schlafen, im Asyl, in Wartehallen.

Das Adressenschreiben ist vorbei, keine Aufträge mehr. »Ich schreibe Ihnen eine Karte, wenn wieder was ist«, sagt der Bureauvorsteher. »Wo wohnen Sie?« »Ich komme mal vorbei, da sparen Sie noch das Porto«, und er versuchte zu lachen.

Nun geht es reißend schnell bergab. Wozu sich noch mühen, er hat eben kein Glück. Einer auf der Schreibstube hat mal eine Mark gefunden, nun bringt er die Tage damit zu, verlorenes Geld zu suchen auf der Straße. Er sieht die Frauen nicht mehr, nicht mehr die Auslagen der Delikatessenläden, nicht mehr die Autos, das Flimmern, den Glanz der Lampen, die Wolken, frohe Gesichter.

Alles ist Geld. Sein Traum ist Geld. Sein Wachen ist Geld. Diese runden Markstücke, diese vollen Fünfmärker, deren Druck er durch den Stoff auf dem Körper fühlte wie eine Lust, sie sind überall, in jedermanns Hand. Abends, in den dunklen Straßen – könnte er es nicht wagen, ein Griff nach einer Handtasche, ein paar Sprünge um die nächste Ecke?

Und der rote Bau mit den vergitterten Fenstern baut sich wieder vor ihm auf; hat er je geglaubt, das Leben war dort schlimm? Leicht war es, er hatte zu essen, keine Geldsorgen, niemand verachtete ihn. Er war unter seinesgleichen. Und das ist ja nur die schlimmste Möglichkeit, die wahrscheinlichste heißt Geld, schönes, rundes Geld.

Vielleicht, vielleicht, vielleicht wird er es heute Abend wagen …

Otsches Fluchtbericht

Mein Freund Otsche, der Ganove erzählt:

In Hamburg hatten sie mir acht Jahre Knast aufgebrummt, noch dazu Zet, nun sollte ich nach Kassel auf Termin, wegen Bettels mit der Waffe. Besser war, ich ging vorher stiften.

Unterwegs über Nacht lag ich mit noch zweien auf der Zelle, einer war stikum, der andre ein richtiger Stubben von der Portokasse, nichts für unsereinen. Ich brach ein Stück Eisenbeschlag vom Bett los, mit dem Ganoven bog ich's zurecht, dass es über der Hüfte auf dem bloßen Leib von selbst festsaß. Dann rissen wir dem Schemel ein Bein aus, ich brauchte einen Hebel. Der Halbseidene wurde getrampelt, dass er uns nicht verpfiff, und der Wachtmeister pennte halb bei der Filzerei, ich bekam die Sachen mit auf die Bahn. Den ganzen Tag hielt unser Express in jedem Kaff, erst um zehn sollten wir in Kassel sein. Nach vier war also die beste Zeit zum Türmen, dann wurde es dunkel. Es war übrigens kalt draußen, zwei, drei Grad, manchmal schneite es auch. Der Halbseidene muckste nicht, es war auch egal, ob er mitmachte oder nicht, wenn er nur das Maul hielt. Übrigens war ich ganz ruhig, ich wusste bestimmt, die Sache würde klappen.

Kurz vor fünf hielten wir irgendwo endlos. Ich zog mich aus, nahm Brechstange und Schemelbein vom Leib und blieb erst mal in Hemd, Hose und Strümpfen. Als der Zug anfuhr, hatte ich schon die Scheibe aus dem Fenster, es war ohne Laut abgegangen.

Die verdammte erste Gitterstange brachte mich in Schweiß, ich hatte keinen rechten Raum, mein Brecheisen anzusetzen. Es krachte ein paar Mal schrecklich, wir hörten die Transporteure auf dem Zellengang reden, aber uns hatten sie nicht gehört.

Als die erste Stange einmal los war, brachen die andern weg wie Harzer Käse. In fünf Minuten hatte ich das Fenster frei und hing mit dem halben Leibe draußen. Der Wind pfiff mich an, es war dunkel, bitterkalt. Ich wollte grade zurück, als ich merkte, dass der Zug langsamer fuhr, in der Ferne sah ich die Lichter einer Station.

Mit dem zertrümmerten Gitterfenster konnte ich unmöglich auf einen Bahnhof, ich fuhr rein ins Abteil, schrie dem andern zu: »Ich hau ab. Station!«, und turnte, diesmal mit den Beinen zuerst, aus dem Fenster. Einen Augenblick hing ich am linken Arm, der Wind biss unsinnig in mein Gesicht, die Stationslichter kamen erschreckend nah, dann warf ich mich mit aller Gewalt nach rechts, um nicht unter die Räder zu kommen.

Der Zug schrie mit Geknatter und Steinspritzern an mir vorbei, ich lag auf dem scharfen Schotter im Nachbargleis. Als ich aufstand, waren die Knochen heil, aber die Hose hing in Fetzen, an den Beinen lief mir das Blut herunter und die Handflächen waren bloßes Fleisch.

Vorne fing Geschrei an, der Zug stand, Schatten liefen. Ich machte, dass ich von der Bahn kam. Dabei flog ich über die Signaldrähte, rollte die Böschung runter und landete im Graben, in Eis und Wasser. Es brannte wie Feuer, der Atem blieb mir lange weg.

Ehe ich noch hoch war, sah ich sie oben laufen, die Greifer. Auch am Grabenrand kamen zwei, darum blieb ich liegen, wenn mich die Eissuppe auch so krumm zog, dass ich dachte, ich käme nie wieder hoch.

Als sie vorbei waren, rappelte ich mich auf. Ich war krumm wie eine Kanone und für die ersten hundert Schritt brauchte ich wohl eine Stunde. Hemd und Hosen waren aus Eis und schabten mir das bisschen Haut ab, das der Schotter mir noch gelassen hatte. Aber nach einer Weile fühlte ich nichts mehr und lief weich wie in Butter.

Ich hatte mir geschworen, nichts anzufassen im ersten Dorf wegen Kleidern und Essen. Überall waren Leute unterwegs und Lichter brannten, so schlug ich mich durch die Felder, bis ich auf eine Chaussee kam, die ich weiterlief.

Es mochte gegen neun sein, als ich in dem bisschen Mond wieder ein Dorf sah. Aber die Häuser legen verdammt eng und die Mistbauern schliefen noch nicht, so schlich ich lange herum, ohne was rechtes zu finden. Schließlich machte ich, dass ich weiterkam.

Ich war müde, auch das Frieren hatte wieder angefangen. Ich hatte das Gefühl, als ob meine Füße, von denen der letzte Fetzen Strumpf längst abgefallen war, immer dicker wurden. Ich mochte gar nicht hin fassen.

Schließlich kam ich an einen Ausbauhof, ganz einsam, grade das Rechte für einen Mann wie mich. Im Wohnhaus brannte Licht, Gardinen gab's keine, so konnte ich die beiden Bauersleute hocken sehen, er qualmte, sie nähte. Ich wollte keine faule Sache anfangen, ich dachte: Warte lieber, bis sie schlafen sind. Eine Ewigkeit stand ich vor dem Fenster, alle Viertelstunde sagte sie ein Wort, aber er antwortete nicht einmal, so ein blödes Pack, diese Bauern!

Unterdes versuchte ich, die Hände ein bisschen warm zu kriegen. Die Finger standen krumm, wie die Backen einer Zange, ich bog sie grade, steckte sie in den Mund, keine Möglichkeit. Ich war steif wie eine Latte. Darum ging auch alles schief. Als ich die Scheibe eindrückte, fiel sie ins Zimmer, es gab Lärm, Hunde bellten, ein Fenster wurde hell – ich musste sehen, dass ich weiterkam.

Eine bildschöne Wut hatte ich im Leib, ich lief los, ich weiß nicht wie lange. Am liebsten wäre ich hingefallen und verreckt, aber ich mochte den Greifern nicht den Spaß tun, mich so dumm selbst in die Pfanne zu hauen.

Gegen zwölf kam ich wieder in ein Nest und nun musste ich zum Schluss kommen, soviel war klar. Gleich im ersten Hof stand das Wagenschauer auf, ich kroch rein, konnte aber nichts für mich finden. Eine Weile lag ich im Kutschwagen unter dem Knieleder, döste auch einmal ein. Aber die Kälte hatte mich gleich wieder wach.

Hinter einer Wand hörte ich das Rasseln von Kuhketten. Gegen das Vorlegeschloss brauchte ich nur ein paar Mal mit einem Stein zu schlagen, dann war's offen. Ich hängte es in die Krampe, als hätten sie vergessen, es zuzuschließen, und zog die Tür sacht hinter mir zu.

In die warme dunkle Luft hineinzukommen, war wie ein Tannenbaum zu Haus bei Muttern. Ich machte nur ein paar Schritte, dann warf ich mich blindlings auf's Stroh zwischen zwei Kühe. Sie blieben liegen, ich wühlte mich immer tiefer ein, ich hätte heulen mögen vor Wonne.

Fünf Minuten lag ich so, langsam zog die Wärme in meinen Körper, dann begannen die Schmerzen. Ich presste Faust und Stroh ins Maul, um nicht laut zu brüllen. Hände und Füße schnitt es mit Messern, meine abgescheuerten Schenkel brannten wie der Teufel. Ich rieb mich ganz mit Kuhdreck ein, das half eine Weile, aber dann legten die Schmerzen wieder los.

Irgendwie ging die Nacht vorüber. Als es gegen Morgen

war, kroch ich die Leiter hoch zum Heuboden. Es war dort wenigstens windgeschützt und einigermaßen warm. Dann kamen die Weiber zum Melken. Ihre Stimmen und die Strullgeräusche der Milch in den Eimern regten mich auf, ich schlief aber schließlich darüber ein. Am Nachmittag war ich wieder so weit, dass ich mich runter traute und eine Mahlzeit von Milch, Futterrüben und Kleie hielt, die mir guttat.

Aus dem Hin- und Hergehen und den Gesprächen hatte ich gemerkt, dass der Pferdestall mit der Knechtekammer direkt an den Kuhstall stieß. Nun kam es darauf an, ob zum Abendessen alle auf einmal ins Wohnhaus rübergehen würden oder ob einer bei den Pferden blieb. Als die Türen klappten, war ich schon halb die Leiter vom Heuboden runter. Weder im Kuh- noch im Pferdestall war einer. In der Knechtekammer brannte sogar Licht, eine gewöhnliche Kerze, auf ein paar Haken in der Wand hingen eine Menge Sachen.

Ich glaubte, jemand ginge über den Hof, ich war viel aufgeregter als draußen beim größten Bruch. Ich griff mit beiden Armen um das Paket Sachen, riss sie mit einem Ruck von den Haken. Die Aufhänger zerplatzten und ein paar Haken gingen auch mit. Ich schoss hinaus auf den Hof ins Dunkel, lief hinter die Scheune, schmiss den ganzen Klumpatsch auf eine Kartoffelmiete und lauschte. Nichts.

Ich hatte ungefähr eine Ahnung von dem, was ich gegriffen hatte, ich konnte mich von unten auf anziehen. Zwei Hemden, zwei Unterhosen, eine dicke gestrickte Weste, eine Tuchweste, eine Joppe und eine Manchesterhose. Ich wurde mal so dick, wie ich gewesen war, und eine Masse Zeug ließ ich noch liegen. Nur keine Mütze, keine Strümpfe und keine Schuhe. Ich überlegte, ob ich nicht noch mal reingehen sollte, aber ich hatte keinen rechten Mumm, wollte lieber bis zum nächsten Dorf warten.

Es war bitter, wieder mit den bloßen wunden Füßen in den Schnee zu marschieren, aber ich reparierte das bald. Ich holte mir aus einem Stall ein paar Holzschuhe. Auch eine Mütze bekam ich, als ich kurz nach zehn auf der Chaussee einem Arbeiter begegnete. Ich markierte betrunken, rempelte ihn an und schob ihm mit dem Arm die Mütze vom Kopf. Ich stellte mich drauf, als wüsste ich nichts davon. Es war ein grässlich hartnäckiger Kerl, eine halbe Stunde stand er und bat mich, von seiner Mütze runter zu gehen, aber als Betrunkener brauchte ich nicht ein Wort davon zu verstehen. Endlich zog er schimpfend Leine. Ich war scharf auf seine Schuhe und Strümpfe, aber das hätte die Polente sofort auf meine Spur gebracht, so war ich einfach ein Besoffener aus dem nächsten Kaff.

Ich lief die ganze Nacht und das beste Stück des nächsten Tages mit viel Kohldampf im Bauch. In all den Taschen hatte sich nicht ein Groschen gefunden, nicht eine Tabakskrume, ich bekam mal wieder einen richtigen Begriff von diesen Kerlen auf dem Lande.

Schließlich kam ich auch so nach Kassel, drückte mich auf den Wartesälen herum, aber es roch da sauer nach Schmiere, so machte ich, dass ich wieder fortkam und lief durch die Straßen. Ich kannte in Kassel keinen Schwanz und keine Gelegenheit, aber irgendetwas musste ich drehen und das heute Abend noch, soviel war klar. Ich kam durch verschneite Anlagen, in denen fast kein Mensch war, es wurde schon dunkel, dann durch Villenstraßen, dann in ein Arbeiterviertel.

Einmal kam ich hinter einen Rollwagen, er hielt bald da, bald dort, und lud seine Kisten ab. Waren die Kollis zu groß, so half auch der Kutscher dem Ablader, gemeinsam trugen sie die Kiste ins Haus.

Ich suchte mir ein Frachtstück aus, nicht zu groß, so ein Dings, das aussah, als könnte was drin sein, mich in Gang zu bringen. *Die* Kiste schnappte ich mir ruhig, als die beiden im nächsten Haus waren, und ging in einen Torweg. Da war eine Kellertreppe, ich stieg hinunter und setzte mich vor den Keller.

Nun kam es darauf an, ob die Brüder gleich merken würden, dass die Kiste fehlte. Aber eine halbe Stunde verging und nichts rührte sich. So machte ich mich dann mit meinem Kolli auf die Socken. Ich kam wieder durch die Proletengegend, dann durch die Villenstraßen. Unterwegs simulierte ich, was drin sein konnte. Es war viel leichter, als ich taxiert hatte, höchstens dreißig Kilo. Bloß nichts zu saufen, dachte ich. Denn dann betrank ich mich mit meinem hohlen Magen und wurde gekitscht, soviel war klar.

In den Anlagen war es still und dunkel, es schneite, kein Mensch zu sehen. Hinter einem Gebüsch warf ich die Kiste ab. Sie war mit einem Eisenband zugemacht, verdammt schwer aufzukriegen. Ich musste einen Holzschuh als Hammer nehmen, natürlich ging die Sohle zu Bruch.

Ich spannte nicht schlecht, als ich unter den Deckel fasste, aber es war schon richtig: Flaschen! Ich steckte mir ein paar ein und ging zur nächsten Laterne. Dralles Birkenhaarwasser! Es gab Schlimmeres, aber viel Marie brachte die Sore nicht. Als ich mir die Taschen vollsteckte, merkte ich, dass doch noch anderes in der Kiste war, ich geriet auf Kartons, in denen Parfüms und Seifen waren, so Geschenkpackungen zu Weihnachten. Auch davon steckte ich Proben ein, warf auf die Kiste Schnee, zog den kaputten Holzschuh an und ging wieder los.

Bei den Proleten suchte ich mir einen Babutz, das Geschäft war schon zu, aber ich klingelte an der Wohnung und fragte die Frau nach dem Meister. Ich möchte gern noch rasiert werden. Sie ließ mich rein, ich sah ihr wohl so aus, als könnte ich Rasieren brauchen.

Ich sah gleich, dass ich den Richtigen gefasst hatte, so einen kleinen Gelben, der gern was verdient, wenn es nichts kostet. Von Rasieren sagte ich nichts mehr, ich zog meine Proben aus der Tasche und fragte, ob er die Sachen brauchen könnte. Die Frau stand dabei und sah mich nur an, sie hatte auch schon gemerkt, dass mein einer Holzschuh kaputt war.

Erst tat er zach, mit so ein bisschen Kram gebe er sich nicht gern ab. Ich meinte, wo das herkäme, wäre vielleicht noch mehr. Er gab mir zehn Mark und wollte aufbleiben, bis ich wiederkäme, lieh mir auch einen Rucksack, dass ich nicht nachts mit der Kiste über die Straße zu schleppen brauchte.

Alles ging glatt, ich kriegte noch neunzig Mark und er rasierte mich, die Frau gab mir ein Essen und, ohne dass ich ein Wort sagte, ein Paar Trittlinge von ihrem Mann.

Dann ging ich in eine Kneipe, wo Musik und Weiber und die richtigen Jungens waren. Ich trank diesen Abend fast nichts, alles ging gut, ich schlief mit einer kleinen Blonden, die mir noch Hemd, Kragen und Schlips von ihrem Stenz schenkte.

Aber in der Nacht fingen die Schmerzen in den Füßen wieder an. Zwei Tage hielt ich's aus, dann ging ich zum

Arzt. Der sagte, so etwas hätte er noch nicht gesehen. Vier Zehen wurden mir abgenommen, aber das war da nicht mehr schlimm, ich hatte schon wieder reichlich Kies und gute falsche Flebben.

(Knast = Strafhaft, Zet = Zuchthaus, Betteln mit der Waffe = Raub, stiften gehen = fliehen, stikum = zuverlässig, Stubben = zahlender Kunde der Dirnen, trampeln = bedrohen, erpressen, filzen = körperlich visitieren, türmen = fliehen, Bruch = Einbruch, Sore = Diebesgut, Trittlinge = Schuhe, Stenz = Zuhälter, Flebben = Ausweispapiere.)

Besuch bei Tändel-Maxe

In einer leichten Stunde habe ich einmal meinem Freund, dem Tändel-Maxe, arbeitslosen Einbrecher a. D., fünfundsiebzig Reichsmark geborgt. Seitdem ist es mir eine liebe Pflicht, ihn allwöchentlich am Freitagabend um Abschlagszahlung zu ersuchen. Denn durch irgendeine unerforschliche Laune des Nachweises hat Tändel-Maxe seit ein paar Wochen Arbeit gefunden, er ist ein tüchtiger Schlosser und bringt jede Woche seine sechzig Mark nach Haus. Bringt er sie nach Haus –?

Nachdem ich mir auf irgendeiner verfluchten Treppe des Gängeviertels die Schienbeine beschädigt und durch den entstandenen Lärm alle Hausbewohner genugsam auf den Besuch eines Ortsfremden vorbereitet habe, trete ich ohne weitere Umstände bei Maxe ein. In diesem Hause halten wir noch vor Erfindung von Gas, Klingel und elektrischem Licht, man ist noch nicht soweit. Auf Türschlösser scheint man wieder aus dem umgekehrten Grunde verzichtet zu haben, man hat sie als doch völlig unzureichend erkannt und verworfen.

Maxe sitzt bei einer Ölfunzel am Tisch und rasiert sich. Ich setze mein gewinnendstes Lächeln auf. »Ich wollte doch mal nach dir sehen, alter Junge. Wie steht's mit dem Kies? Zehn Mark muss ich heute unbedingt haben.«

Maxe betrachtet mich düster. »Genau nichts, Dokter.«

»Aber, Maxe, das ist doch unmöglich, du hast heute Mittag erst deinen Lohn bekommen.« Ich schmeichele: »Geh her, alter Junge, sei vernünftig, sonst kommst du ja nie aus deinen Schulden heraus.«

»Hast du eine Ahnung, wie sehr ich in Vorschuss sitze!«

Er wird elegisch. »Als ich noch brechen ging, habe ich immer meine Verpflichtungen erfüllt. Aber seit ich solide bin, ist alles Krampf.«

»Sechzig Mark ist ein schönes Geld«, sage ich träumerisch. »Es wird dir alles nichts helfen, zehn musst du ausspucken. Du hast ja Nebeneinnahmen.«

»Wenn ich solide bin, bin ich solide. Ich fasse nichts an jetzt.«

»*Du* brauchst ja auch nichts anzufassen, Maxe.«

»Du meinst meine Olle, die am Vaterland auf den Kitz geht? Nichts, sage ich dir. Ich hatte gedacht, zum Ersten würde sich *das* Geschäft wenigstens beleben, am Ersten ist da sonst mehr los, aber Scheibe! Die Frau steht sich bei dem Wetter die Beine in den Leib, und niemand kommt rüber.«

»Flau auch da?«

»Das Mädchen ist fleißig, sage ich dir. Die sitzt nicht im Kaffeestamm und gibt Geld aus. Aber wenn die Menschen nicht mal mehr …!«

Maxe ist ganz Schwermut. Kein Reisender kann über die lustlose Lage des Textilgewerbes verzweifelter sein als Maxe über den miesen Kitz. »Ich habe ihr Strümpfe und Kombinationen gekauft, nichts hilft.«

»Na, Maxe«, sage ich begütigend, denn sein Schmerz zerreißt mir das Herz, »ich wusste nicht, dass du so schlimm dran bist. Lassen wir es bis zum nächsten Freitag.«

Tändel-Maxe ist mit dem Rasieren fertig geworden und langt nach seiner Jacke. Die Brieftasche, die er zieht, scheint mir merkwürdig geschwollen. Er öffnet sie, und als er in den Scheinen blättert, strahlt sein Gesicht.

Ich staune. Grüne Fünfziger, braune Zwanziger, viele,

viele. »Aber, Maxe, wie kommst du zu dem Geld! Das müssen ja weit über tausend Mark sein!«

»Tausend Mark? Das zieht nicht.«

»Also!« Auch ich ziehe eine sehr viel schmächtigere Geldtasche, zücke seinen Schuldschein. »Hier, Maxe, machen wir die Sache gleich glatt.«

Max leuchtet förmlich. »Oh, Dokter, Dokter, du bist doch gar nicht helle! Siehst du wirklich nicht, dass das alles linke Marie ist?«

»Linke Marie –?« frage ich verdutzt, denn linke Marie heißt Falschgeld.

»Linke Marie!« echot er. »Natürlich linke Marie. Sieh dir's doch an. Alle Münzenhandlungen Hamburgs habe ich abgelaufen, sie zusammenzukriegen. Alles Geld aus der Inflation.«

Ich blättere darin. Jetzt, da er es mir gesagt hat, dämmert es: Diese braunen Zwanziger sehen vielleicht ein bisschen anders aus als die jetzt umlaufenden, diese grünen Fünfziger sind nicht genau das, was einem die Reichsbank heute in die Hand drückt, aber, ich gestehe es, *ich* hätt's mir andrehen lassen, *ich* hätt's nicht gemerkt!

»Und tausend andre merken's auch nicht«, sagt er zufrieden. »Man muss nur den richtigen Blick haben, wo man's riskieren kann. Und fällt man wirklich einmal rein, ist man selber angeschmiert worden. Ich nehme natürlich immer nur einen mit, dies ist mein Lager. Magst was davon, Dokter?«

»Lieber warten, Maxe«, sage ich. »Es hat keine Eile mit dem Geld. Mir sähe es jeder an der Nase an, wenn ich ihm einen solchen Fünfziger andrehen wollte.«

Maxe grinst verächtlich. »Du bist auch so ein richtiger

Bürger, Dokter. Ich möchte wohl wissen, was du anfingest, wenn du ohne einen Pfennig, ohne einen Bekannten in einer fremden Stadt ständest. Du gingest wohl wahrhaftig zur Sipo und tätest dich melden als bestellt und nicht abgeholt. Na, tröste dich, jeder kann nicht tüchtig sein. – Wie ist's? Kommst du heute Abend mit? Ich will linke Marie an den Mann bringen.«

Maxe hat recht, ich bin nur ein hilfloser, ängstlicher Bürger, und so hatte ich für diesen Abend anderweitige Verabredungen.

Doch fällt seit jenem Freitag auf, wie ängstlich ich alle Scheine prüfe, die mir in die Hände kommen. Ich habe ewig Angst, ich kriege einen Gruß vom Tändel-Maxe und bleibe mit dem Gruße sitzen. Er ist darin genauso streng wie die Reichsbank: Linke Marie nimmt er nicht.

Liebe Lotte Zielesch,

Sie haben da vor ein paar Tagen sich im »8 Uhr-Abendblatt« mit den Spesen beschäftigt, die uns Knackern beim Bruch entstehen, und unsrer miesen Geschäftslage ein nasses Auge geliehen. Recht haben Sie, Lotten! Aber lassen Sie sich flüstern, Schreiberin, wir haben ein altes Sprichwort: Die mehrsten und die besten Brüche werden noch immer mit dem Kuhfuß gemacht, nicht mit dem Gebläse.

Was habe ich schon davon, wenn ich einen Ia Panzer anschneide und am Ende eine Portokasse finde! Nicht die Spesen, und am nächsten Morgen eine schlechte Presse.

Viel wichtiger als Gebläse ist eine gute Annonce, wo grade mal schlecht gesichert Geld liegt, an einem Zahltag, beim Rennen, nach einer Hypothekenauszahlung. Aber so 'ne Annonce ist so selten wie 'ne Jungfer.

Und wenn Sie mal auf die Polizeiausstellung geraten, Lotten, werden Sie sehen, dass die wirklich haushohen Dinger nie mit piekfeinem Werkzeug gedreht sind, sondern mit einem Kuhfuß und ein paar selbstgemachten Tändeln aus Draht, allenfalls einem Gebläse, das aus Konservenbüchsen gebastelt ist. Ja, wenn das so wäre, erstklassiges Werkzeug und eine feine Annonce und ein Schärfer dazu, der einen finanziert, dann möchte ja wohl jeder knacken gehen!

Im Übrigen lassen Sie sich gesagt sein, mit dem ollen ehrlichen Bruch ist es heut Bruch. Ich kenne einen Haufen Jungen, die erstklassige Fachleute im Knacken sind und stempeln gehen müssen, weil die Arbeit nicht mehr ihren Mann ernährt. Bare Marie ist knapp, und wenn Sie schon mit einem halben Pelzgeschäft beim Schärfer angesockt kommen, was kriegen Sie schon für die Sore? Besch-eidene Zeiten!

Ja, wenn unsereins als Sammetpfötchen auf die Welt gekommen wäre! Taschen-Maloche ist noch ein Geschäft. Aber dafür sind meine Hände zu schwer, das lernt man nicht mehr in meinen Jahren. Und so muss man sich denn mit Kleinigkeiten durchhungern, und darunter leidet der Berufsstolz. Was würden die andern Jungen sagen, wenn unsereins wegen Betteln mit der Waffe oder sons Knast schieben müsste? Alles Ansehen, was man sich in zwanzig Jahren erknackt hat und was einem durch PA behördlich anerkannt worden ist, ginge flöten. Ich müsste mich ja sogar vor der Schmiere schämen!

Na, jedenfalls sollten Sie bedankt sein, Lotten, dass Sie mal ein Wort für unsre schlechten Geschäfte gefunden haben. Wenn ich Ihnen mal irgendwie behilflich sein kann (zu einem Schmuck oder so was), flüstern Sie's

Ihrem

Tändel-Maxe

Ich rate Preisrätsel

Gestern Nachmittag ging ich mit meiner Braut los, einige etwas zweifelhafte Gebäude aus »Kennen Sie Hamburg wirklich?« genauer zu bestimmen. Wir kamen über einen Notweg, hatten den Blick auf Gebäude 4 und plötzlich rief Claire: »O Gott!« und fing an zu lachen.

In dem Abenddämmern sah ich Gruppen und Grüppchen, Haufen und Ansammlungen, überall leuchteten die weißen, gefleckten Zeitungsfahnen. Hamburg rät Preisrätsel. Lächelnd, grinsend, mit einem Zwinkern der Augen strichen die Rater aneinander vorbei, ab und zu löste sich einer von der Gruppe, legte die Zeitung an die Wand und kritzelte die entscheidende Notiz.

Von den Radfahrern, die eilig herangefahren kamen, kaum absprangen, sich nur vergewisserten und weiterflitzten, über den Vater, der, seine beiden schulpflichtigen Söhne an der Hand, sich's nicht mit dem Ergebnis genügen ließ, sondern Vorträge über Hamburgs Werden und Entwicklung hielt, bis zum Jüngling, der, ein neuer Säulenheiliger, an einer Fliese festgewurzelt, immer wiederholte: »Hier hat der Fotograf gestanden, bitte, beachten Sie, die sechste Säule« –: tout Hamburg kam.

In einer Ecke flüsterten zwei junge Mädchen miteinander, sie sind noch nicht sicher, ein Herr naht, lüftet den Hut: »Wenn ich Ihnen behilflich sein darf, ich habe alle 18 Lösungen.« Aber die jungen Damen wollen durch eigene Kraft siegen, sie brauchen den Herren nicht, sie lassen ihn abfallen.

Ein Auto fährt vor. Gruppen flüchten. Ein prominenter Hamburger Schauspieler entsteigt. Der Jüngling gerät in

Ekstase: »Bitte, Herr L...., wenn Sie sehen wollen. Hier hat der Fotograf gestanden. Beachten Sie die sechste Säule!«

Wir gehen weiter. Über 13 sind wir uns nicht ganz klar, wir wissen so ungefähr die Gegend, aber sie meint da und ich dort, kurz, Claire und ich sind in Meinungsverschiedenheiten. Aber da und dort erschöpft sich rasch, es ist so viel schöner über die Verwendung des Gewinnes nachzudenken, im Vorbeigehen suchen Claire und ich für die Aussteuer ein passendes Schlafzimmer aus. (Natürlich reflektieren wir nur auf den ersten Preis.)

Wir setzen unsern Weg fort, 13 ist klargestellt, aber wir müssen noch weiter, es wird dunkel. Und überall treffen wir dasselbe: Gruppen und Grüppchen, Haufen und Ansammlungen. Ein ganz Vorsichtiger hat sich eine Taschenlampe mitgebracht und leuchtet die Hausnummern ab.

Mit Ehrfurcht hören wir, dass an der Börse Verwirrung geherrscht hat: Welche Löwen sind gemeint, die von.... oder die von....? Ach, auch Gasschilder an Sockeln können täuschen!

Einen würdigen Geschäftsherrn treffen wir immer wieder, er hält sich abseits von der gemeinen Geschäftigkeit der großen Gruppen, verlegen hüstelt er im Hintergrund und spitzt doch die Ohren, er möchte beileibe niemanden von seinem Personal treffen, aber mitraten muss er, da hilft ihm kein Gott.

Eine Panik entsteht, als ein ganz Schlauer verbreitet, Nr. 3 sei Finte, sei Falle, es gäbe zwei solche Giebel, ganz genau gleich, in Hamburg. Und er verrät seine Wissenschaft, wo der zweite ist, nicht, er macht dunkle Andeutungen und begnügt sich damit, Zweifel in unsre siegesgewisse Brust zu senken.

Auch die beiden jungen Mädchen vom Anfang sind nicht mehr so stolz. Wieder lüftet der Herr, der ihnen helfen will, seinen Etonhut, er ist ihren Spuren gefolgt und Ausharren findet Lohn: Die drei verschwinden in einem Café, um die »Resultate zu vergleichen«.

Abends auf dem Sofa sagt Claire: »Weißt du, Hans, wenn wir auch nicht gewinnen – fein war's doch. Soviel Spaß hat mir noch kein Preisrätsel gemacht.«

»Wir gewinnen sicher«, sage ich stolz, »mindestens das Honorar für diesen Artikel.« Ätsch, ihr andern!

Auch eine Kriegsgeschichte

Sie sah ihn zuerst auf einer Bank im Park sitzen. Er hatte eine viel zu weite feldgraue Uniform an, und das Gesicht unter der Mütze schien ihr kinderhaft jung. Sie dachte daran, dass er vielleicht schon in ein paar Wochen in einem der kreidigen Schützengräben der Champagne liegen würde oder im flandrischen Dreck, unter tagelangem Trommelfeuer, und er tat ihr in der Seele leid. Sie fragte ihn, ob sie sich zu ihm setzen dürfte, und sie kamen schnell in ein Gespräch. Er erzählte ihr von seinem Dorf, in dem er bisher gelebt hatte, und sie berichtete ihm von ihrer Tätigkeit als Lehrerin. Sie war ganz selbständig und fühlte sich diesem Jungen sehr überlegen.

Dann fragte sie ihn, ob sie in der Stadt zusammen essen und in ein Kino gehen wollten, und er gestand ihr ein wenig verlegen, dass er lieber im Park geblieben wäre. Sie hätten ihn zum ersten Mal aus der Kaserne losgelassen, und er sei noch nicht ganz sicher mit dem Grüßen. Hier auf dieser abgelegenen Bank im Park fühlte er sich am sichersten. Sie fand ihn hilflos und rührend, und als die Dämmerung kam, nahm sie ihn in ihre Arme und küsste ihn viele Male. Rechtzeitig zum Zapfenstreich brachte sie ihn in die Kaserne.

Von da an sahen sie sich, so oft es beider Dienst erlaubte, seine ganze Ausbildungszeit hindurch, sieben Wochen lang. Sie nahm ihn überallhin mit, zu ihren Freundinnen, in Theater und Kino, zur Schneiderin, in Lesehallen und Museen, auch auf ihr Zimmer. Sie waren sehr verliebt in einander, und ihr war das Geschwätz der Leute ganz egal. Sie sollten es ruhig alle wissen; wenn er das erste Mal auf Urlaub kam, würden sie heiraten. Nicht als ob das an ihrer Liebe etwas geändert hätte, aber es würde gut sein zu wissen, dass sie für immer zueinander gehörten. Sie hatte entdeckt, dass er nicht ganz so jung und unerfahren war, wie sie geglaubt hatte, aber sie fühlte sich ihm noch immer sehr überlegen.

Dann brachte sie ihn an den Zug, mit dem er zur Front fuhr, und wie andere Mädchen, Frauen und Mütter weinte sie bitterlich, als der Zug aus der Halle war – bis dahin hatte sie mit lächelndem Gesicht ihr Taschentuch wehen lassen. Sie schrieben sich zwei-, dreimal wöchentlich. Manchmal, wenn im Stellungskrieg die Feldpost nicht funktionierte, bekam er sechs, acht Briefe von ihr auf einmal. Die ordnete er dann nach dem Datum und machte jeden Tag nur einen Brief auf, den er beantwortete, ehe er den nächsten las.

Er schrieb ihr fast nie von seinen Erlebnissen an der Front – dagegen hatte er eine unüberwindliche Abneigung –, er erzählte lieber kleine komische Züge von sich und seinen Kameraden, oder von Tieren. Von den Ratten im Unterstand, wie sie jede einzelne kannten, und von einem Schweinchen, das sich in den Schützengraben verlaufen hatte, und das sie ›Foch‹ getauft hatten. Als ›Foch‹ einen Schuss abbekam, und geschlachtet werden musste, war die Trauer groß. Sie schrieb ihm, dass sie ihn immer mehr liebe und dass sie sich unaussprechlich nach ihm sehne und dass ihre Nächte leer seien ohne ihn. Sie fragte auch durch die Blume, ob er wohl schon das Eiserne Kreuz habe? (Er hatte es längst, aber das schrieb er ihr nicht).

Als er nach reichlich einem Jahr auf Urlaub kam, fand sie ihn sehr verändert. Aus seinem Gesicht war alles Jungenhafte verschwunden. Es war schmal geworden, und die hellen Augen blickten kühl und oft ein wenig spöttisch. Sie schalt mit ihm, weil er ihr nicht geschrieben hatte, dass er Unteroffizier geworden war und das E. K. hatte, aber er antwortete nicht viel darauf. Er sprach überhaupt wenig, aber er ging noch immer willig mit ihr, wohin sie ihn führte, und ihre Nächte waren verliebter denn je. Trotzdem fühlte sie sich ihm nicht mehr recht überlegen, und von einer Heirat wurde kein Wort gesprochen.

Wieder brachte sie ihn an den Zug, der ihn nach Frankreich führte, wieder wehte ihr Tüchlein, aber sie weinte nur ganz kurz. Im Grunde freute sie sich, dass sie jetzt einige Zeit ganz ungestört arbeiten konnte. Sie bereitete sich auf eine Prüfung vor, und sie war sehr ehrgeizig. Darum schrieb sie ihm auch nur einmal in der Woche, dass sie ihn unendlich liebe, und dass er ihr sehr fehle, und dass sie viel zu arbeiten habe.

Dann ging sie eines Sonntagnachmittags im Park spazieren und sah einen ganz jungen Soldaten auf einer Bank sitzen. Er sah kindlich und hilflos aus. Sie fragte ihn, ob sie ihm ein bisschen Gesellschaft leisten dürfe, und als die Dämmerung kam, nahm sie ihn in ihre Arme und küsste ihn.

Die Briefe des anderen kamen noch eine Weile, aber sie legte sie stets ungelesen fort. Schließlich kamen dann keine Briefe mehr.

Bei uns, in der Kleinstadt

Unsere Hauptstraße heißt der Kuhberg, in diesem Namen liegt unser Schicksal. Gehen wir fünf Minuten in einer Richtung, so ist es mit uns zu Ende: Lauben, dann Wiesen, Knicks, Wälder. Auch das ist wie ein Schicksal, dass wir so bald zu Ende sind.

An unserm Stammtisch sind wir fünf Mann: ein Stadtobersekretär, ein Ladeninhaber, ein Innungsmeister und der fünfte kommt nur selten. Er ist unser Lokalredakteur und schimpft ständig auf dies Nest, in dem seit neun Jahren kein anständiger Mord vorgekommen ist. Wenn er Wolf oder die Telegraphen-Union im Radio hört, er versichert, er möchte sich erhängen.

Wir haben ein Heldenmal und ein Kriegermal von 71. Unser Bürgermeister ist SPD, er fördert die Wohlfahrtspflege und unsere Stadt bekommt bald keine Anleihen mehr. Auch ein Kino mit wöchentlichem Programmwechsel haben wir.

Aber vor allem sind in unserer Stadt auffallend viel hübsche Mädchen. Sie laufen überall durch die Straßen. Auch die Bauernjungen, die zu Festen in die Stadt kommen, sehen das. Als wir im vorigen Jahr das Landesturnier hier hatten, gab es sechs uneheliche Kinder mehr als sonst. Aber die Bauernväter zahlen nicht für ihre Jungen, die Stadt hat schwer unter solchen Exzessen zu leiden.

Wenn wir am Stammtisch reden, reden wir nur über die andern. Worüber sollte man sonst reden? Auf seiner Weltreise wollte der Zeppelin über uns wegfahren, dann hätte man etwas zu sprechen gehabt, aber er ist natürlich anders geflogen: Was soll er schon über uns?

Manchmal, alle vier Wochen, kommen die Musiker aus einem Nachbarstädtchen zu uns, ein Konzert im Kreuzgarten zu geben. Sie marschieren in Gliedern zu vier Mann durch die Straßen, hinterher fährt der Autobus, der sie gebracht hat. Wir finden das fein, namentlich, dass das Auto im langsamen Schritt nach Musik hinterher zu fahren hat, gefällt uns.

Am Abend um sieben ist alles zu Ende und nun fangen die Fenster an, dunkel zu werden. Um zehn wird allgemein geschlafen. Was dann noch auf den Straßen randaliert, sind die unsicheren Elemente. Sie stören uns nicht, wir wissen am nächsten Morgen doch ihre Namen. Wir haben eine gute Polizei, unsere Hauptstraße heißt der Kuhberg und wenn wir nicht gestorben sind, so leben wir noch heute.

III Das Medusenantlitz des Lebens

Vorweihnachtliche Betrachtungen

Es wird wieder einmal Weihnacht in deutschen Landen.

Die Adventsglocken haben erst leise, dann lauter geklungen, als erster Bote kam das Tannengrün auf die Wochenmärkte, hier und da lockte die Kinder schon ein vorzeitig geschmücktes Schaufenster, der Kinderschuh zog den Weihnachtsmann mit seinen Süßigkeiten an, die Tannenbäume marschierten auf: Und plötzlich stehen wir mitten in den Vorbereitungen, Plänen, Wünschen, im Trubel, im Lichterglanz der Vorweihnacht, und nur noch kurze Stunden trennen uns von dem Heiligen Abend.

Es ist uns nicht leicht gemacht, Weihnachten zu feiern in diesem Jahre, keinem von uns. Das vergangene Jahr mit seinen Naturkatastrophen, mit seinen Überschwemmungen, Sturmfluten, Vulkanausbrüchen, mit seinen hartnäckigen und erbitterten politischen Auseinandersetzungen, mit seinem angespannten rücksichtslosen wirtschaftlichen Kampf hat von jedem die schärfste Einsetzung seiner Person im Wettbewerb der Kräfte gefordert. Da ist mancher härter, rücksichtsloser, kälter geworden, als er je gemeint.

Und nun läuten wieder die Glocken.

In der Wüste trockener Sachlichkeit blüht wieder einmal die Oase der Weihnacht auf. Friede, Entspannung, Ausruhen. In diesen letzten Tagen noch für jeden, der im Erwerbsleben steht, eine letzte höchste Anspannung der Kräfte, und dann die Stille, der große Friede jener Nacht, in der die Engel ihr Halleluja sangen.

Weihnachten – das Fest der Liebe und der Güte. Dass wir es immer wieder feiern, dass wir trotz aller Widerstände unsere Nerven auf die Ruhe der Weihnachtstage einstellen, das beweist stärker als alles andere, dass wir dieses Fest brauchen und dass wir es wollen. Gewohnheiten nutzen sich ab, Gewohnheiten vergehen, aber wir feiern Weihnachten nicht aus Gewohnheit.

Wir feiern es, weil wir den Frieden wollen, weil wir uns, selbst im heftigen Kampfe, nach dem Frieden sehnen.

Und in diesen Tagen, da unsere Herzen empfänglicher als sonst für die Friedensbotschaft sind, ist es vielleicht der rechte Zeitpunkt, ein Wort zu reden über ein Feld, auf dem wir alle, gleichgültig welcher Partei, welchen Glaubens, welchen Berufs, arbeiten können: Das ist der Dienst an unserer Heimatstadt.

Es sind immer nur wenige von uns, die in die Weite wirken können, die Beruf und Tüchtigkeit auf eine erhöhte Plattform gestellt haben, auf der sie arbeiten können für das Wohl des gesamten Volkes. Wir andern aber haben die Arbeit in der Heimat, die Arbeit im kleineren Kreise, und diese Arbeit ist ebenso notwendig, ebenso nutzbringend wie die lautere sichtbare Arbeit der andern. Und an dieser Arbeit kann jeder mitwirken.

Kann –? Nein, muss, muss unbedingt jeder mitwirken. Wenn sich jeder einmal ernstlich klarmachen wollte, dass er mit dieser seiner eigenen Arbeit der Heimatstadt Nutzen bringt, dass er selbst auf das empfindlichste abhängig ist von dem Gedeihen der Heimatstadt – keiner, ob Mann, ob Frau, ob Mädchen oder Jüngling würde sich ausschließen. Das Feld ist so groß, so vielseitig, dass jeder Platz und Tätigkeit findet.

Da ist beispielsweise das Vereinswesen. Mancher Kampf, manche Anfeindung, manche Nachlässigkeit bliebe vermieden, wenn jeder daran dächte, dass sein Teil, grade sein

Teil, dazu beitragen kann, der Allgemeinheit zu nützen. Nicht die liebe Eitelkeit, nicht das Vordrängen persönlicher Wünsche, persönlichen Ehrgeizes sind es, die der Vaterstadt nützen, sondern das anspruchslose Unterordnen unter ein Höheres, die Idee des Dienstes an der Gemeinschaft.

Und die gleiche Idee hat uns in dieser Zeitung immer wieder dafür eintreten lassen, die Allgemeinheit zu ermahnen, bei allen wirtschaftlichen Fragen Verantwortungsgefühl zu entwickeln. Das Wort »Kauft am Platze« ist für uns wahrhaftig kein Schlagwort, es ist nicht einmal ein Kampfruf. Ein Mahnwort ist es, ein Aufruf zum Bedenken. Der Satz, dass es auch mir gut geht, wenn es den andern gut geht, ist eine nationalökonomische Grundwahrheit, die vielen noch immer nicht aufgegangen zu sein scheint. Wer Neumünster dient, dient sich selbst, wer Neumünster fördert, fördert sich selbst – auch das ist Dienst an der Gemeinschaft.

Trotzdem wir Menschen Gemeinschaftswesen sind, scheint uns doch aus dem Einzelkampf der Urzeiten her ein Instinkt dafür geblieben zu sein, für uns allein zu handeln, unbekümmert um die Folgen für andere. Diesen Instinkt zu bekämpfen, das Verantwortungsgefühl zu stärken, auch das ist eine Lehre des Weihnachtsfestes. Wer den andern dient, dient dem Geiste der Liebe. Wie zum Weihnachtsfeste im Familien- oder Freundeskreise manch kleiner Zwist endgiltig begraben wird, wie der Geist der Versöhnung einmal doch im Jahre stärker ist als Feindschaft und Missgunst, so sollte dieses Gefühl, herausgetragen aus dem engen Kreis persönlicher Beziehungen, der Allgemeinheit zu Gute kommen und weiter wirken für das Erblühen unserer Heimatstadt.

Und nun läuten wieder die Glocken. –

Geistesgegenwart

Damals war meine Großmutter, eine Landpastorenfrau im Hannoverschen, noch eine junge Frau, lange noch keine Großmutter, aber immerhin saßen an jenem Tage schon sieben Kinder an ihrem Tisch, wie die Orgelpfeifen, Jungen und Mädels. Man saß beim Mittagessen, es war Sommerzeit, ein schweres Gewitter stand am Himmel. Aber deswegen ließ man sich im strohgedeckten, gemütlichen Pfarrhause nicht stören. Man aß weiter, man hatte schon viele Gewitter erlebt, und wenn auf dem Strohdach damals auch noch kein Blitzableiter saß, hatte man doch ein ganz anderes Vertrauen auf einen Höheren wie heute. Plötzlich gab es einen gewaltigen Schlag, alles war blendend hell und im selben Augenblick fiel auch schon der Schein rotflammender Glut durch die Fenster herein. Der Blitz hatte an allen Ecken auf einmal gezündet, das ganze Haus stand in Flammen. Alles stürzte in wilder Hast ins Freie. Es war nicht Zeit irgendetwas anderes zu retten wie das blanke Leben. Alle waren draußen und geborgen, das Haus brannte lichterloh wie eine Fackel, aber Großmutter fehlte noch. Großvater stürzte hin und her, gänzlich verzweifelt. »Wo blivt se denn? Wo blivt se denn?« Aber da kam Großmutter schon. Ruhig und lächelnd trat sie aus dem brennenden verqualmten Hause. Das Blondenhäubchen war kein bisschen verschoben und in den Händen trug sie feierlich und stolz – die große Suppenterrine. Trotz aller Verzweiflung musste Großvater-Pastor lächeln: »Aber, Charlotte, was willst du denn mit der Terrine?« – »Tjä«, sagte Großmutter, »min scheune Häunersupp! Wat willt it denn eten, wenn allens ruppstupp dalbrennt?« – Irgendjemand nahm den Deckel von der Terrine ab, und nun wurde das Lächeln zu einem schallenden erlösenden Gelächter: in der Hühnerbrühe mit Klößchen, Reis und Kartoffeln schwamm Großmutters unzertrennliches Strickzeug! – Was haben noch wir Enkel die achtzigjährige Frau damit geneckt. »Großmutter, nun sag doch um alles in der Welt: warum hast du das Strickzeug in die Hühnerbrühe getan?« – »Tjä, Tjunge, das hab ich wohl so tun müssen, dass Großvater leichter über den Schlag weg kam.« – Darauf war dann allerdings nichts mehr zu sagen.

Im Auto zur Brandstätte

Das Telefon meldet: »Großfeuer in Padenstedt«. Fünf Minuten darauf surrt das Auto schon mit uns durch Neumünsters Straßen.

Wie sonst gehen die Leute ihren Beschäftigungen nach, auf dem Großflecken drehen sich die Räder und Karussells, der Klang der Orchestrions mit Zimbeln und Becken schallt herüber. Verweht, schon fahren wir durch Wittorf.

Hier weiß man bereits, dass es brennt, zwei Männer tuten das Feuersignal, Leute stehen auf der Straße und sehen unserm Auto nach, ein Feuerwehrmann läuft im Trab die Dorfstraße entlang.

Ist schon Rauch zu sehen? Nein, nichts, die diesige Luft hindert jeden Ausblick. Aber die Straße wird voller, Radfahrer, Fußgänger, wir überholen die Wittorfer Wehr, und nun, kurz vor dem Padenstedter Bahnübergang, sehen wir in das graue Gewölk emporsteigen: gelblichen Rauch, braunen Dunst und den weißen Nebel verdampften Wassers.

Und schon leuchten die ersten Flammen. Man erwartete, sie oben, über den Dächern zu sehen, und nun erblickt man sie seitlich, und als man der Brandstätte nahe ist, sieht man die hell lodernden Balken einer Feldscheune. Das Dach ist schon zusammengestürzt und einen Augenblick, nachdem wir angekommen, brechen auch die Tragpfeiler zusammen.

Man orientiert sich: vier Gebäude, eine Stallung, die Feldscheune, nebeneinanderstehend, fast ausgebrannt, ein massives weiteres Stallgebäude mit Teerdach wird ständig unter Wasser gehalten. Dann als viertes das eigentliche Wohnhaus, das Bauernhaus mit dick bemoostem Strohdach, Holzgiebel, an ein paar Stellen glimmt es, aber das wird abzulöschen sein.

Viel Neugierige – es ist ja nun einmal so, dass des einen Leid dem andern zur Schaulust dient –, der Landjäger hat zu tun, die Straße freizuhalten. Drüben über der Brücke, wohl hundert Meter ab, ein anderer Hof, auch mit weicher Bedachung. Ständig sind die Wehren beschäftigt, diese Dächer gegen das Flugfeuer nass zu halten. Auf der Brücke die Neumünsteraner Motorspritze, weiter unten auf einer Wiese noch die Handspritze einer ländlichen Wehr, an der sich Dutzende von Armen unermüdlich rühren.

Und plötzlich – keiner weiß, wie es so rasch kam – sieht man, dass auch das alte Bauernhaus mit dem bemoosten Dach verloren ist. Eben noch glimmte es kaum, nun blühen überall im Gebälk, im Stroh, in den Luken die feurigen Blumen auf, wachsen, spotten des Feuerstrahls, greifen weiter, sind hier, sind dort. Der Wind wird fühlbar stärker, durch die Luft wehen glühende Flocken, Halme, verlöschen. Und neue wehen heran, mehr, mehr, hinüber zu dem andern Hof jenseits des Bachs.

Im Graben am Straßenrand das hastig herausgetragene Mobiliar der Einwohner. Betten, wie man sie aus dem Gestell hob, mit dem Betttuch noch, eine offene Kommodenschieblade mit Wäsche, einem Gesangbuch. Und es überkommt dich, dass das auch dein Leben sein könnte, das dort am Straßenrand liegt, frei jedem Blick, das dort in der immer wilderen, immer größeren, immer röteren Flamme loht, dass es deine Frau sein könnte, die dort mit gerötetem verweinten Gesicht um das Feuer irrt, die nichts sieht, nichts hört, als das Feuer. Das Feuer, das ihr alles zerstört.

Das Auto surrt wieder heimwärts, auf dem Großflecken

drehen sich die Karussells, die Räder wie eh und je. Auch das Leben dreht sich, was oben war, kommt nach unten, was unten hielt, wird emporgetragen. Es ist immer so gewesen: Hier stirbt man, dort wird geboren, der lacht, der weint – und nur wir, die wir vom Brande heimfahren, noch den Feuerschein im Auge, sehen wieder einmal ganz das Medusenantlitz des Lebens. Wer denn ist sicher vor ihm?

An der Schwale liegt ein Märchen …

1

Der Tag war trübe und dunkel gewesen, Regenböen waren über die Stadt dahingebraust, die wie geduckt in der Schutzlosigkeit einer waldlosen Ebene lag.

Nun gegen Abend hatte der Sturm den Himmel blank gefegt, nur ein paar weißgraue Wolken lagen hier und dort, hoch über Wind und Erde, still wie Tiere, die sich zum Schlaf hinkauern. Dicht über der Erde wehte es noch stark.

Auf dem weiten Exerzierplatz ist das Gras lang geworden, seit keine Soldaten dort mehr marschieren. Wie verloren steht dort eine kleine Sportflugmaschine, zerrt manchmal unter den Windstößen an ihren Ankern, und ist dann wieder klein, geduckt, nahe der Erde wie ein Spielzeug, von Kindern geschaffen, ein Traum, der nie wahr werden wird.

2

Die Menschheit hat ihn seit ihren Kindertagen geträumt, diesen Traum. Sehnsucht nach Himmel und Wolken ist unser aller Erbteil, seit die Juden den Turm von Babel erbauten, seit die Schwinge des Ikarus ihn zur Sonne trug. Seit da Vinci den Vogelflug beobachtete, Flügel entwarf, seit der arme Schneider Berblinger zu Ulm in die Donau stürzte, ein Narr, von allen verlacht. – Ach, seit eh und je träumen wir vom Fliegen.

Unser schönster Traum schenkt uns des Nachts Freiheit von der Schwere dieses zu bedingten Sterns. Wir rühren unsere Arme, und die Welt liegt unten, die Sorgen liegen unten, anderes Glück schenkt der Äther, andere Luft der Brust, fern die Siedlungen der Menschen, der Sonne zu – und wir erwachen.

3

Aber es gibt Menschen heute, die träumen täglich diesen Traum, und sie erwachen nicht. Über unsern Häuptern ziehen die Flugzeuge ihre Bahn, wir können nach Moskau fliegen oder Timbuktu, nach Kiel oder Peking, wir lesen es im Luftkursbuch, aber innen wissen wir es nicht. Wir wissen nicht, das Fliegen bedeutet, rasch an irgendeinen Ort dieser Erde zu gelangen, sondern das Fliegen heißt: sich vom Alltag frei machen, Sorgen unter sich lassen, einen ewig unerfüllten Kindertraum träumen. Und dabei ein Mann sein, mitten im Tage stehen, Bruder des Winds sein, brausender Freund des sausenden Sturms –: wir wissen es nicht, einige wenige wissen es.

4

Einer von ihnen wirft den Motor des Flugzeuges an, der erst leise, dann donnernd sein Lied singt. Das Gras flieht zitternd, wird weiß, schlängelt sich am Boden, flieht rastlos und bleibt doch an seiner Stelle.

Und nun stürmt die Maschine los, ein wenig schwankend im eiligen Lauf – sind wir noch am Boden? Fliegen wir schon? Schon liegen unten Knicks und Bäume, dort weiden ein paar Kühe, klein, klein, ein Flüsschen schlängelt sich durchs Grüne.

Weiter wird der Horizont, Wälder breiten sich aus, überall glänzt Wasser, der Wind stürmt schnobernd gegen das Gesicht, streicht die Wangen mit Kühle. Die Maschine dreht sich. Der eine Flügel sticht tief, tief, schräg gegen die Erde. Über den geneigten Rand sieht man unten, ganz unten, eine Straße, Wald, aber das ist fern, hat nichts mit uns zu tun, die wir schon viel weiter sind.

Und nun unten schon wieder der Exerzierplatz, die kleine Bretterbude, ein paar Hände winken herauf, vorbei, und nahe vor uns, tief unter uns taucht auf – – –

5

– Tief unter uns taucht auf eine Stadt, eine Siedelung von Menschen, die sonst Neumünster hieß. In die Weite eines unermesslichen Landes hineingesetzt, ein Häuflein bunter Häuserchen, mit der Hand zuzudecken, ein Nichts. Da sind Felder und Wälder und Wiesen und Wasser, Wege laufen durch unermessliches Land, und immer weitet sich der Horizont, und immer mehr Land und Wasser und Wald – und darin ein Nichts, ein Fleckchen, ein Bedeutungsloses: Neumünster, eine Industriestadt, mit 40 000 Einwohnern.

Das ist die Stadt, die mit aller Energie um ihre Existenz kämpft, das ist die Stadt, in der geliebt und gehasst wird, geboren und gestorben, um Brot gekämpft, in der Menschen sich zum Essen niedersetzen, ein Leben verbringen, hoffen, arbeiten, verzweifeln und von neuem hoffen: ein Nichts, mit der Hand zuzudecken.

Hingesetzt in die Weite unermesslichen Raumes, ein Staubkorn, ein Pünktchen auf der Größe des Erdballs, der wiederum weniger als die Spitze einer Nadel ist in einem Sonnensystem, das sich verliert unter Millionen von Sonnen, Erden, Planeten, Fix- und Wandelsternen …

6

Und wir schweben über diesem Staubkorn.

Gewiss, der erste Vergleich, wenn man diese puppenhaften Sträßlein, diese niedlich lackierten Häuserchen, diese aufgeräumten Gärten sieht, der erste Vergleich, den man macht, ist der, den alle machen: ein Spielzeug, wie aus der Spielzeugschachtel.

Aber ein unwirkliches Spielzeug, ein bekannt-unbekanntes Spielzeug, gespenstisch fast: Spielzeug aus einem Traum. Jeder sah nächtens schon einmal im Traum solch unbekannt-bekanntes Land, einen Bahnhofplatz, den man gewiss kannte und der doch ganz anders war, einen geliebten Menschen, der sich fremd-vertraut gebärdete, ein Zimmer, das fast das eigene Zimmer war. Wirklich-unwirklich.

7

So wirklich-unwirklich ist das Neumünster, das dort unten liegt. Gewiss, das ist das Rathaus am Großflecken, jede Einzelheit ist zu erkennen, aber ein sehr anderes Rathaus ist es als das, an dem man am Morgen noch im Berufstrott vorbeitrabte.

Jetzt ist man darüber, es liegt unter einem, es hat keine Beziehung mehr zu mir, es ist mir fremd-vertraut wie jener Mensch, der ich vor zwanzig Jahren war. – Könnte ich genau zusehen, die kleinen Strichlein erkennen, die sich dort so sanft über die Straße bewegen, vielleicht sähe ich mich zwischen den andern laufen, sorgen, planen, hoffen. Unten bin ich geblieben und oben schwebe ich auch, ein Traum.

8

Durch die Stadt windet sich ein Wässerchen, blinkt an einer Stelle weißlich als Teich auf, heißt, wenn ich wach bin, die Schwale. Dort der Bahnhof, die Gleisanlagen, Kuhberg, Großflecken, Kirche, Reihenhäuser, ein Märchen ist es, vertraut und fremd, Gruß einer Welt, die ich verlassen. Ein Märchen, das mir vor dreißig Jahren meine Großmutter erzählte und dessen ich mich im Traum erinnere: nichts wie ein Kindermärchen an der Schwale, in grenzenlose Weite hineingebaut, dass das Kind sich nicht fürchte.

9

Dem Beschauer von oben scheinen die Straßen dort unten wie schmale Schächte, sehr eng, von einem feinen Dunst erfüllt. Ihm, dem der Wind entgegenschnaubt, dessen Brust durstig den schneidenden glasklaren Nordost trinkt, ihm dünkt, es müsse sich dort unten nur beengt atmen lassen, grau müsse das Leben dort sein, eng, ohne wahre Freude.

Herrlicher Beruf, gefährlicher Beruf, ein Flieger zu sein!

Herrlich – denn jener, der einmal in einer hohen feierlichen Abendstunde über der Stadt seiner Tagesarbeit dahinfliegt, glaubt, dass sie, denen Fliegen tägliche Lust ist, niemals ganz den Verstrickungen dieser gebundenen Erde verfallen können. Noch in ihren trübsten Stunden muss ein Abglanz jener Seligkeiten leuchten, da sie die Welt unter sich ließen und mit ihr Sorgen und Neid, Hass, Gemeinheit und Lüge. Fliege, mein Vogel! Ich lasse dich anstürmen gegen den Nordost, du tust mir nichts, Sturm, auf deinem Flügel wiegt sich die Schwinge meines Vogels. Umsonst versuchst du mich zu schrecken. Ich bin ein Mann, Tag für Tag probe ich meine Kraft an dir, setze meinen Willen gegen deine blinde Gewalt, behaupte mich, kämpfe. Und Kämpfen, das allein heißt Leben.

Ein gefährlicher Beruf – denn wer einmal von diesem Rauschetrank der endlosen Weiten getrunken, kann nie mehr ganz daheim sein auf der Straße der Erdgebundenen. Als ein Fremder wird er ihrer Sorgen lächeln, er, der ihre Städtlein von oben sah, wird nie ganz daheim sein in ihren Mauern. Winters wird die Sehnsucht an ihm zerren, seinen Vogel aus dem Hangar zu ziehen. Der Lärm der Städte wird ihn krank machen, und rast- und ruhelos wird er bleiben, bis ihn der Äther trägt.

Dann sieht er es wieder unter sich, das Märchen an der Schwale, kämpft, siegt, und gleitet doch endlich hinab in den Abend, in die Ruhe, auf die Erde, zu der auch wir hinabglitten.

Sieben Kinder spielen im Stadtpark

Es ist früher stiller Sonntagnachmittag, schön warm, ohne heiß zu sein, mit ein wenig von Wolkenschleiern gedämpften Licht und einem guten kühlenden Winde.

In dieser äußersten Ecke des Stadtparks ist es fast ganz still, selten einmal, dass ein Spaziergänger seines Weges kommt. Die meisten sitzen noch zu Haus und trinken ihren Kaffee oder sind im Stadion hängen geblieben, wo Neumünsters Jugend im friedlichen Wettbewerb sportliche Spiele betreibt, die Kräfte aneinander misst und nach Zielen strebt.

Auch hier im Winkel wird gespielt, zeitlos, ziellos noch gespielt von ein paar Jüngsten. Die Sieben, die sich hier zusammengefunden haben, spielen noch rein aus Freude am Spiel, jedes für sich oder ein paar gemeinsam.

Das Flachland gebärdet sich hier ein wenig als »Bucklige Welt«, ein paar steile Hügelchen, die man auf Stufen erklettert, türmen sich einige Meter hoch. Oben stehen zwei Bänke, schön zwischen dem grünen Geäst der Bäume. Es ist gut, hier zu sitzen und den spielenden Kindern zuzuschauen.

Es sind gut gekleidete Kinder, gepflegte Kinder, die hier ihren Sonntagnachmittag verbringen, Sorgen kennen sie noch nicht. Aber das Leben kennt sie schon, sie meinen zu spielen, und weisen doch im Spiele, das, was sie sein werden, einst.

Auf der Bank, unter Obhut sitzt die Kleinste, kaum 2 Jahre alt, mit dunklen Augen, ein ernsthaftes Kind, wie aus einer Storm'schen Novelle. Es sieht kaum nach den Spielen der andern hin, es ist mit ein paar Tannenzweigen und ein bisschen Laub beschäftigt, das es für »Mutti« ordnet. Und springt plötzlich auf, aus Traum und Versonnenheit, tritt mit Energie auf dem Boden herum, eilt auf seinen unsicheren Beinchen weiter, tritt wieder zu, zermalmt – eine Ameise. Und sitzt schon wieder da, ordnet und träumt, hört kaum, was ihr gesagt wird: ein stilles zärtliches Kind mit einem schon verhaltenen, ganz auf sich gestellten Gefühl.

Ihr Gegenspieler ist der Junge in Gelb, fünfjährig vielleicht, stets beschäftigt, voll Unternehmungslust, der doch mit den andern Kindern nichts zu tun hat. Er ist der einzige, der spürt, dass zugeschaut wird, der es nicht einen Augenblick vergisst. Weil man ihn beobachtet, stürzt er mit besonderer Verve den Abhang hinab, taucht überraschend da und dort auf, hangelt an einem Baum, immer aus dem Augenwinkel beobachtend, ob man ihn auch bewundert: ein Kritiker, stets seine Stellung zur Umwelt prüfend, zweiflerisch, auf Wirkung bedacht, später vielleicht ein Schauspieler oder ein Dichter. Oder ein Politiker.

Zwei Schwestern – man spürt es, dass sie aus einem Haus stammen, wo es nicht ganz so wohlhabend zugeht wie in den Elternhäusern der anderen Kinder. So jung sie sind, sie haben wohl schon Helferinnen der Mutter sein müssen, dann und wann. Rasch sind sie, klug, entschieden, ihres Körpers sicher, wenn sie auf dem Roller den Abhang hinabrasen, an einem Baum klettern. Und – die andern Kinder sind eigentlich Schweinchen, gleich haben sie einen Fleck im Kleid, schmutzige Hände. Diese beiden, so sehr sie tollen, bleiben sauber, keine Falte in ihren rosa Hängerchen zerdrückt sich. So werden sie auch einmal im Leben stehen, klar und bewusst, kennen sich aus im Alltag, können Helferinnen sein.

Die Größte von allen aber ist eine Plage. Nichts gefällt ihr wie das, was grade eine andere tut, am Ast, an dem die Freundin hängt, will sie auch hängen, um den Roller kämpft sie, wenn sie ihn benutzt sieht, und lässt ihn unbeachtet, wenn ihn die andern nicht wollen. Immer erhebt sie ihre Stimme zu klagendem Protest – und daneben ist sie recht gut anzusehen, een söte Deern. (Und weiß es schon höllisch genau.)

Der dicke Bengel dort, dessen weiße Buxen halbseitig schon völlig schwarz sind, ist ein richtiger Junge, für jeden Unfug zu haben, laut und still, mutig im Spiel, einer noch vor Tausenden, aber ein guter Freund.

Der Älteste, schlank, sicher schon ein Jahr in der Schule, ist sich seiner Überlegenheit über alle andern stets bewusst. Er besetzt den höchsten Ast, wagt den wildesten Lauf, versichert immer: »Ich darf das!«, »Ich kann das!« Die andern sind ja noch so klein, er ist schon alt, steht mitten im Leben, bevatert sie, hilft ihnen, verzichtet auch mal auf etwas. Er ist sieben Jahre alt und die andern Kinder reden ihn mit »Herr« an. Sicher war das zu Anfang eine Neckerei, aber das ist nun allen schon längst selbstverständlich geworden, sie denken sich nichts mehr dabei.

So haben alle sieben ihre Plätze untereinander verteilt, und wenn sie auch noch zeitlos spielen, anzunehmen ist, dass sie im Großen und Ganzen zwanzig Jahre später die Plätze behalten, die Eigenschaften zeigen werden, die sie heute aufweisen.

Und so toben sie in der Buckligen Welt im Stadtpark, der »Herr« mit seinen sechs Trabanten und – wer möchte nicht noch einmal mittoben?

Der verlorene falsche Taler

Sind die Neumünsteraner findig?

Dem Schreiber dieses kam gestern die Reklamemünze einer Berliner Zeitung in die Hand, die für den neuen Roman des Blattes wirbt. Das Ding, in Talergröße und Farbe, schön blank poliert, schien ihm tauglich für einen Versuch zwecks Feststellung der Findigkeit der Neumünsteraner. Er begab sich, nicht ohne weiblichen Anhang, in den Stadtpark und deponierte diese Münze mitten auf einen vielbegangenen Fußweg, worauf er etwa 20 Meter davon auf einer Bank seinen Beobachtungsposten bezog und abwartete, was erfolgen würde.

Zuerst erfolgte gar nichts. Alle Wege schien das Publikum zu benutzen, nur nicht diesen. Dann kam ein Junge geschlendert, schaute rechts und links, trat beinah auf den Taler und ging vorbei. Zwei weitere Jungen traf dasselbe Schicksal. Ein würdiges Ehepaar, das seine Tochter spazieren führte, war mit Familienereignissen viel zu beschäftigt, als dass es die vom Schicksal gebotene Glückshand ergriffen hätte.

In den Beschauern entstand die bange Frage: Wird denn niemand diesen Taler finden?

Nun aber erschien ein älterer Mann, nicht einwandfreier Kleidung, vor sich hin murrend, im Stechschritt am Stock. Er sah den Taler schon von Weitem. Sein Gesicht veränderte sich, wurde ganz Spannung. Das Aufheben des Talers gestaltete sich zu einem dramatischen Akt. Der alte Mann konnte sich nicht mehr gut bücken. Zuerst legte er seinen Stock auf die Erde, fischte zweimal nach dem Geldstück, kam aber nicht tief genug in die wankende Knie. Der dritte Versuch gelang. Er brachte die Münze nahe an seine kurzsichtigen Augen, betrachtete sie, die Augen wurden größer. Als wollte er ihnen nicht glauben, wischte er die Münze sorgfältig am Rockärmel ab, besah sie wieder, das Ergebnis blieb das Gleiche. Leider verbietet es mir ein Paragraph des Strafgesetzbuches, den Ausruf zu wiederholen, mit dem der gute arme alte Mann den falschen Taler seitwärts in die Büsche warf. Die Wut, mit der er dann noch seinen Stock hochangelte, entschuldigt freilich vieles. Dann entdeckte er uns, warf uns einen misstrauischen Blick zu und verschwand.

Der Taler wurde wiedergeholt und an seiner alten Stätte niedergelegt. Drei Tennisspieler waren viel zu eifrig in der Debatte über ihre Spielerfolge, um ihn zu sehen. Zwei Radfahrer schauten mehr nach dem Schupo, der sie nicht auf diesem Fußwege betreten sollte, als nach den Talern, noch dazu falschen, aus. Ein neuer Junge war viel zu hingebend damit beschäftigt, schallend auf seiner Hinterfront herumzuklopfen, als dass er das Rennen gemacht hätte. (Ich bin zu dem Ergebnis gekommen, dass die Jungen in Neumünster nicht auf den Kien sind.)

Lösungen kommen immer von ganz anderer Seite, als erwartet. Ein Kindermädchen mit dem dazugehörigen Wagen nahte. An ihrer Hand torkelte, stolperte ein etwa 1½ Jahre altes menschliches Wesen, vermutlich weiblichen Geschlechts. Die Erwachsene wäre wieder vorbeigeschüsselt. Das Kind, der Erde näher, eräugte das blanke Ding, ihm war es gleich, ob es echt oder falsch war, für seine Zwecke war es gut genug: Es rief: »Ei!« und steckte den Taler in den Mund.

Was kein Verstand der Verständigen sieht …

Rückschau des Kritikers

Der Kritiker ist am Tage, der er schreibt, abhängig von dem, was ihm geschah: vom Brief, den er am Morgen empfing, dem Gespräch, das er führte, dem Ärger, der ihn betraf. Er ist weiter abhängig von dem, was er zu tun vorhat, von seinen Absichten, seinen Hoffnungen, seinen Sorgen. Auch ein Kritiker kann nicht gerecht sein, wie das keiner sein kann. Unsinnig, das zu leugnen.

Wenn er rückblickend noch einmal in der grünen Mappe blättert, die seine Betrachtungen an den einzelnen Vortragsabenden vereint, so ist er auch davon abhängig, dass es jetzt nach einem langen Winter wirklich Frühling werden will. Wir nördlichen Menschen bauen uns ja in der Zeit, da die Natur tot ist, eine künstliche Welt zurecht, an die wir unser Herz hängen. Aber wird es dann grün, wehen weichere Lüfte, so sind wir geneigt, die Welt der Vorträge, der Konzerte, des Theaters, der Huscheschatten auf der Leinewand geringer zu achten, und jene Erhebungen vor Busch, Blüte und Baum zu empfinden, die uns in dunklen Nächten Mensch und Wort schenkten.

Was bleibt dem, der im Frühling zurückschaut, von den winterlichen Vorträgen des Ortsverbandes?

Ein Bild löst sich aus dem Dämmern, eine glitzernde Klinkerfassade, die Front der Fabrik Neuerburg, wie ein orientalischer Teppich, Märchen in Stein, Märchen im Alltag, unser aller heutiges Märchen.

Aber nicht das war das Wesentliche. Schöne Bilder sieht man schon mehr, ohne dass sie haften, das Haftende, das, was über den Winter hinausreicht, das war der Mann, der Künstler Höger, der von seinem Werke sprach. Dieser bescheidene Mensch, der mit Worten, leise, unbetont, schlicht nachzuschaffen suchte, was Kunst ist, seine Kunst, der vom Ewigen im Menschen zeugte, ohne davon zu sprechen, der erhob, ohne erheben zu wollen, der von Idealen sprach und ein Baumeister ist – er war das Bleibende des Abends, etwas, das noch schön ist, auch wenn Blumen blühen, Wind weht, Sonne scheint.

Oder jene Geschichte einer stummen Liebe, die nicht »Das Stumme« heißen sollte, sondern »Der Schrei«, auch sie hat Bestand. Wie dort zwei Liebende nebeneinander hergehen, die nicht sprechen, gebunden im Alltag, im Herkömmlichen, in der Enge, denen alles unter den Händen zerbricht, denen kein freundlicher Stern leuchtet – bis es ausbricht aus ihm in einem Schrei, bis er sie hält, die Sterbende, die Tote: auch das bleibt.

Wenn nur diese zwei Vorträge wären, schon da wäre zu sagen: Ortsverband, du hast erreicht, was du gewollt. In das leicht versandende Getriebe der kleineren Stadt hast du frisches Wasser, raschen Strom gelenkt, die zu Genügsamen aufgeschreckt, die Hungrigen gesättigt. (Dass noch mehr geschah, dass, wollte man in diesen Zeilen Vollständigkeit, mancher andere Vortrag genannt werden müsste, versteht sich am Rande.)

Wenn man des Publikums gedenkt, so findet man, dass grade seine Zusammensetzung den Erfolg bestätigt. Vielleicht etwas vorwiegend Frauen, was zeigt, dass die nicht so vom Beruflichen absorbierte Frau ein stärkeres Bedürfnis als der Mann nach Erweiterung ihres Interessengebietes empfindet.

Wohltuend die stark vertretene Jugend, die in jedem Vortrag stark vertretene Jugend. Das ist der Prüfstein. Wer die Jugend für sich hat, wer ihr etwas geben kann, der ist auf dem rechten Wege.

Und so bleibt es verständlich, dass der Kritiker eigentlich keine Wünsche zu äußern hat. Herr Dr. Heine hat schon gesagt, dass es natürlich immer möglich ist, dass der eine oder andere Vortrag, weil zu akademisch, ein Versager ist. Aber was bedeutet das, der Menge des Erreichten gegenüber?

Man hätte gewünscht, dass das Publikum sich etwas zahlreicher in den folgenden Spalten geäußert hätte. Aber vielleicht genügen dem Ortsverband schon die Hinweise, die sich in den folgenden Zeilen finden.

Zum Schluss auch von Seiten des Kritikers dem Ortsverband und seinem Leiter einen Dank im Frühling, für das, was er im Winter gab.

IV Der heimliche Dichter

Warnung vor Büchern

Hätten die Dienstmädchen in meines Vaters Hause die Betten besser gemacht, wäre ich vielleicht nie ein so leidenschaftlicher Freund der Bücher geworden. Da aber Dienstmädchen sind, was sie sind, so drehten sie nie die Matratzen in den Betten um, und ich konnte mir unter der Matratze eine kleine geheime, aus meines Vaters Bücherschränken zusammengestohlene Bibliothek halten.

Ich war unter vier gesunden Geschwistern ein kränkliches Kind, ich war darum ein einsames, kopfhängerisches, scheues Kind – doch kaum dämmerte der Morgen, so war ich wach, zog einen Band unter der Matratze hervor und las und las. Dann war die Krankheit vergessen, vergessen war Angst vor Menschen und Lehrern, es gab keine unerledigten Schularbeiten mehr, ich war in einer andern Welt und was Wunder, dass mir diese Welt allmählich viel mehr bedeutete, dass sie mir viel wirklicher schien als die Welt, in der ich tagüber ziemlich verschlafen umging. Hätten meine Eltern und meine Lehrer geahnt, dass diese Schlafmützigkeit kein Krankheitssymptom, sondern einfacher Schlafmangel war, sie hätten meiner Lesewut wohl rasch ein Ende bereitet. Aber, wie gesagt, die Bibliothek unter meiner Matratze blieb unentdeckt – und so hatte ich denn meine Bücher und damit mein Privatleben.

Die Art der Aufbewahrung verbot von vorneherein dicke, auftragende Bände, aber in meines Vaters Schränken gab es viele der kleinen, handlichen Reclam'schen Bände, besonders vom ausländischen Schrifttum. So ist es gekommen, dass ich als Elfjähriger, Zwölfjähriger, Dreizehnjähriger das ganze Frankreich mit seinen Flaubert, Zola, Gautier,

Daudet verschlang und dass ich ebenso gut auf der andern Seite des Kanals heimisch war mit Scott und Dickens, mit Defoe und Swift, mit Lawrence Sterne und Goldsmith.

Man wird sich fragen, was ein Zwölfjähriger mit dem Tristram Shandy anfangen konnte, und ich frage mich das heute selbst – aber jedenfalls habe ich etwas damit anzufangen gewusst, und die meisten der damals gelesenen Bücher sind seit jener Zeit meine treuen Freunde geblieben. Bücher sind ja überhaupt die treuesten Freunde, die man im Leben gewinnen kann: Sie sind immer da, sie bleiben immer so, wie man sie kennt, sie enttäuschen nie.

Aber Bücher sind auch die gefährlichsten Freunde; sie machen unendlich anspruchsvoll. Menschen verändern sich, plötzlich zeigen sie Schwächen, sie haben keine Zeit, sie lassen uns im Stich – wer immer mit Büchern umgeht, verlangt von den Menschen zu viel.

Ich hatte mir da eine sehr nette eigene Welt aufgebaut – aus Büchern; aber diese eigene Welt hatte mich dabei so ungeeignet wie nur möglich für das tägliche Leben gemacht. Ich hatte keine Freunde, keine Spiele, keine Interessen, keine Gemeinschaft – ich war der menschenhassendste Einzelgänger von der Welt. Aber dafür setzte ich mich, ging mir im Leben etwas schief – auf meine Robinsoninsel, herrschte über alle Schätze Aladins, ritt als siegreicher Held durchs schottische Hochland – und jeder wirkliche Misserfolg zählte nichts.

Es ist eine der für mich nachdenksamsten Lebenswendungen, dass es nun doch wieder die Bücher waren, die mich aus meiner Einzelgängerei befreiten. Dieses Mal waren es aber nicht die gelesenen, sondern die geschriebenen. Und – es war keine Niederschrift vom erträumten Glück, von ersehnter Größe, nein, es war eine Geschichte aus dem Bereich des einfachen, schlichten, täglichen Lebens, nahrhaftes Brot aus den Äckern dieser Erde – kurz gesagt: Es war die Geschichte vom Kleinen Mann. Plötzlich war ein Widerhall da, siehe da, ich war nicht mehr allein.

Bücher können alles in diesem Leben geben: Menschenhass und Menschenliebe. Glück, Ruhm und Reichtum. Einsamkeit und Gemeinschaft. Freundschaft. Und nur eines können sie nicht geben, Leben können sie nicht geben. Das müssen wir schon dazutun. Du wie ich. Und der da auch! (Und ich habe dies erst sehr spät begriffen, mit achtunddreißig etwa. Daher dies zur Warnung).

Gespräch zwischen Ihr und Ihm über Ernest Hemingway

Sie schrieb: Der neue Hemingway ist immer noch nicht angekommen. Ich warte – bitte!

Er schrieb: Den Hemingway habe ich angemahnt, er wird jetzt schon eintrudeln.

Sie schrieb: Heute fuhr ich zwei Stationen zu weit und kam schrecklich spät. Schuld –? Hemingway!

Sie schrieb: Du – der neue Hemingway!

– – –

Als er zu ihr fuhr, regnete es. Er dachte: »Natürlich. Wir werden über den neuen Hemingway sprechen, also regnet es. Dieser Mann hat einen Regenkomplex, immer, wenn etwas sehr Wichtiges bei ihm passiert, regnet es. Ich werde ihr das übrigens sagen, sie hat es sicher noch nicht entdeckt. Immer entdeckt man Neues bei ihm.«

Er stieg die Treppe im Hotel hoch, er klopfte an ihrer Tür. Sie stand am Fenster, sie hielt ein Buch in der Hand, es war *das* Buch. Er stand an der Tür, sein Mantel war schwarz von Regen und tropfte, sein Hut tropfte auch.

»Katze im Regen!« sagte sie und ihre Augen funkelten vor Vergnügen. »Katze im Regen. – Komm, hänge dein nasses Zeug ins Badezimmer. Du kannst auch Hausschuhe von mir haben.«

Er kam zurück, er sagte: »Katze im Regen – ist die Geschichte nicht herrlich. Alles von der sterbenden Liebe ist darin und von der Frau, die das Sterben schon fühlt und schon wieder vorsorgt, sei es auch nur ein alter Hotelier und eine Katze. Für den Übergang.«

»Ja« sagte sie. »Und er liegt unterdessen auf dem Sofa und liest. Er kann sich zu nichts aufraffen, er wartet nur darauf, dass es zu Ende ist.«

»Aber er erbietet sich sogar, ihr die Katze aus dem Regen zu holen. Und rührt kein Glied.«

»Und dann zum Schluss die schildpattfarbene Katze auf dem Arm des Stubenmädchens, die der Hotelier ihr schickt! Weißt du, ich sehe sie gradezu, die schildpattfarbene Katze. Sie ist ganz groß – hast du es mal gesehen, wie sich ganz große Katzen in einen Arm schmiegen?«

»Das ist es«, meinte er. »Man muss sehen können. Die meisten können nicht sehen. Darum ist Hemingway nichts für sie.«

Sie schwieg.

»Und dann das Indianerlager!« rief er. »Es ist die erste Geschichte in dem Buch – ich las sie auch zuerst. Es war wie ein Tiefschlag, ich lag da und japste nach Luft.«

»Ja« sagte sie, »das ist herrlich. Man ist fassungslos vor Erschütterung. Weißt du, seine Geschichten von Stierkämpfern und Jockeys mag ich ja nicht gerne …« Er machte eine Bewegung. »Nein, nein« rief sie, »ich finde sie herrlich, aber sie interessieren mich nicht so als Frau, aber die andern …«

»Wieso?« fragte er. »Macht es einen Unterschied, ob der Held ein Arzt oder ein Jockey ist?«

Sie antwortete nicht. »Es ist komisch bei ihm. Der Autor verschwindet ganz hinter seinen Geschichten, er redet nie von sich und seinen Gefühlen. Er ist überhaupt nicht da. Und doch denkt man immerzu an ihn. Und merkt stets: Er hält nicht sehr viel von den Frauen, er meint es nicht sehr gut mit uns. Aber trotzdem …«, Sie grübelte. »Weißt du« rief sie plötzlich, »als junges Mädchen las ich furchtbar gerne von Gustav Freytag ›Ingo und Ingraban‹. Ich fand eigentlich alles dumm, aber die Helden gehen immerzu über die ›Männererde‹. Kein Mann schreibt so, ohne nach den Frauen zu schielen wie Hemingway, er denkt überhaupt nicht an sie, wenn er schreibt … Es ist wieder wie früher: Männererde. Vielleicht lese ich ihn darum so gerne.«

»Nimm Indianerlager« fing er wieder an. »Man denkt, es geht um die Indianerfrau, der der Arzt den Kaiserschnitt macht, mit seinem Jagdmesser. Man denkt nur an die Geburt. Ja, gut, oben in der Koje liegt der Mann, er hat sich mit der Axt in den Fuß gehackt …«

»Vergiss den Jungen nicht« mahnte sie. »Der ›Doc‹ hat doch seinen Jungen mitgenommen, damit er schon jetzt alles sieht und versteht.«

»Ja – und als dann das Kind da ist und die Frau versorgt, und der Arzt rühmt den Mann, dass der sich in seiner Koje so ruhig gehalten hat, und sieht nach ihr – und der Mann hat das Geschrei der Frau nicht ausgehalten und sich stillsachte unter der Decke die Kehle durchgeschnitten …« Er schauderte.

»Ja, Tiefschlag« bestätigte sie.

»Er ist hinterhältig, dieser Hemingway« überlegte er. »Er schlägt einen immer dort, wo man es nicht erwartet. Das machen die Bluffkurzgeschichtenschreiber auch, aber was bei ihnen unvorbereitet kommt, bei ihm ist alles fundiert, alles vorbereitet. Man hat es nur nicht gesehen!«

»Ja« sagte sie.

»Bei den andern« sagte er, »die schießen immer nach einer Richtung. Hemingways Geschichten sind Granaten, sie spritzen nach allen Seiten auseinander, reißen alles auf, sie packen uns hier und dort und da. Nein, man sollte Hemingway nie verleihen. Die meisten können nicht lesen – Skizzeles, sagen sie, so kleine Geschichtchen, sagen sie, nicht wahr?«

»Du« sagte sie reuig, »ich hab, glaub ich, eine große Dummheit gemacht.«

»Ja?« fragte er.

»Ich las, ehe du kamst, das Buch im Schreibzimmer unten. Und eine Dame kam mit mir ins Gespräch, und weil ich so schrecklich begeistert war, hab ich ihr davon erzählt und hab ihr das Buch versprochen. Sie will es durch ihr Zimmermädchen holen lassen.«

»Dass du es nicht lassen kannst! Sicher versteht sie nichts davon!«

»Aber ich war so begeistert und du warst nicht da! Und dann« sagte sie und lächelte listig, »habe ich ja auch meine Dummheit wieder gutgemacht und habe ihr eine falsche Zimmernummer gesagt.«

»Nun also« lachte er. Er nahm das Buch, das einer großen Gefahr entronnen war, in die Hand, er blätterte darin. »Und wie ist es mit den Vorgeschichten?« fragte er. »Mit den Zehnzeilengeschichten, die vor jeder Hauptgeschichte stehen?«

»Ja« sagte sie zögernd. »Das ist schwierig. Sag erst du!«

»Nimm gleich die erste« sagte er. »Die von der Frau mit dem Kaiserschnitt und dem Mann mit der durchschnittenen Kehle. In der Vorgeschichte ist nichts los. Es ist Krieg, sie sind fünfzig Kilometer hinter der Front, alle sind besoffen, der Leutnant hat Angst, dass man das Feuer der Feldküche beim Feind sehen könnte.«

»Ja« sagte sie. »Ich weiß genau. Weiter.«

»In beiden Geschichten: in der Vorgeschichte und in der Hauptgeschichte geht es um die Todesangst. Und in beiden Geschichten geht es um das Mittel dagegen: Sich-Besaufen, das ist Sich-Auslöschen, das kurze Vergessen, und um das Sterben wie's der Indianermann macht, das lange Vergessen. – Es sind zwei Parallelen gewissermaßen« sagte er, denn sie sah sehr unbefriedigt aus.

»Es klingt etwas konstruiert« sagte sie, »so schrecklich ausgerechnet.«

»Dann sag doch du« meinte er ärgerlich. »Was meinst du denn?«

»Es ist sehr schwierig« fing sie zögernd an.

»Siehst du« sagte er triumphierend.

»Weißt du, ich bin ja immer etwas von der Sinnlosigkeit des Lebens überzeugt. Es hat alles keinen rechten Sinn, was wir tun« sagte sie und sah ihn abwartend an.

»Ja – und weiter?« drängte er.

»Und grade bei Hemingway, bei dem alle Details so exakt sind, die Dinge des Lebens ... eine Axt ... Wenn er eine Axt sagt, so weiß man, es ist eine Axt, er kann damit umgehen, er kennt die Dinge des Lebens. Aber gerade darum ist er so von ihrer Sinnlosigkeit überzeugt, alles, was bei ihm geschieht, ist Dichtung über die Sinnlosigkeit des Lebens ...«

»Weiter! Weiter!«

»Und so ist es mit der Vorgeschichte und mit der Hauptgeschichte. In der Vorgeschichte springt einem diese Sinnlosigkeit grell ins Gesicht, ist ganz derb, dick aufgetragen. In der Hauptgeschichte ist sie sachter, verhaltener, hinterhältiger, alltäglich. Aber eines bezeugt das andere, verstehst du –?«

»Ja, schon« sagte er zögernd. »Ich habe aber noch eine Entdeckung gemacht: In allen Vorgeschichten stirbt jemand. In fast allen. Und wenn er nicht stirbt, ist es die Sterbensangst …«

»Siehst du« sagte sie. »Sinnlosigkeit.«

»Pass auf« sagte er ungeduldig. »Nimm die Vorgeschichte von den ›Maccaroni‹. Die beiden Amerikaner, die zwei Ungarn abschießen, nur so aus Jux, weil sie glauben, es sind Italiener, und weil sie die Italiener hassen. Und der Schießer ist stolz darauf, dass er ›Maccaroni‹ eine Meile weit erkennt …«

»Ja« sagte sie. »Sinnlosigkeit« sagte sie.

»Bei dieser Vorgeschichte ist der Zusammenhang mit der Hauptgeschichte besonders klar.« Er dachte nach. Er sagte unzufrieden: »Nun habe ich doch vergessen, was die Hauptgeschichte dazu war. Einen Augenblick!«

»Ja, mir fällt es auch gleich ein« sagte sie. Und beide dachten nach.

»Großer doppelherziger Strom?« fragte sie.

»Unsinn!« sagte er.

»Wir könnten im Buch nachsehen« schlug sie vor.

»Nein« sagte er ärgerlich. »Ich will es so finden. Es ist eine Schande …«

Sie ging gegen das Buch. »Du lässt es liegen!« rief er. »Ich will es so finden.«

Er grübelte. Sie ging auf und ab.

»Lass uns doch nachsehen« bat sie noch einmal.

»Nein, keinesfalls« sagte er böse.

Er saß da und dachte nach. »Eine Schande …« sagte er. Dann dachte er wieder nach.

Es klopfte. Ein Zimmermädchen stand in der Tür. »Frau

Sanitätsrat Krell lässt die Dame um das versprochene Buch von dem Amerikaner bitten.«

Die beiden sahen sich an. »Warte, ich sehe schnell noch nach« bat sie.

»Geschichten« sagte er böse. »Ewig deine Geschichten. Nein, du siehst es keinesfalls nach.«

Das Buch ging in die Hände des Zimmermädchens über. Es sagte: »Danke schön. Gute Nacht, die Herrschaften!« Die Tür schloss sich.

Er saß da. Er sagte mürrisch: »Ich weiß bestimmt, ich wäre noch darauf genommen, wenn das Buch im Zimmer geblieben wäre. Aber so … Maccaroni…« sagte er. »Denkst du gar nicht darüber nach?«

»Nein« sagte sie. »Nicht mehr. – Sinnlosigkeit« sagte sie. »Sinnlosigkeit des Daseins.« Sie ging auf ihn zu. »Komm, lass uns nicht den Abend damit verderben.«

»Der ist schon verdorben« sagte er. »Und ich hatte mich so gefreut! Ewig deine Geschichten … Frau Sanitätsrat Krell –!«

Der heimliche Dichter

Als ich vor nun gut fünfzehn Jahren die Entdeckung machte, es wäre ganz nett, nicht nur Bücher zu lesen, sondern auch Bücher zu schreiben – als ich mich da an meinen ersten, nun längst leidergottseidank verschollenen Roman setzte – da hatte ich nicht nur liebe Mühe und Not damit, ungefähr das aufs Papier zu bringen, was ich mir träumte – nein, ganz andere Dinge beschwerten mich noch sehr. Denn dieser mein erster Roman war ein richtiger Erstling, was bedeutet, dass er ein waschechter Entwicklungsroman war – und was sollte sich etwa in ihm entwickeln, im Kampfe gegen die ganze Umwelt, als ICH?! Natürlich ICH!! Und die andern, heißt Eltern, Geschwister, Lehrer, Freunde hemmten den Helden immer gewaltig und machten es meistens falsch, und das bewies ich ihnen denn auch! Ich gab es ihnen wirklich gewaltig!

Das war der Roman – und auf der andern Seite war das Leben. Und im Leben war es nun eigentlich so, dass ich meine schriftlich-episch so arg getadelten Eltern sehr gern mochte und dass ich keinesfalls wünschte, ihnen komme besagter Tadel unter die Augen. So musste ich denn ein ganz heimlicher Dichter werden und zu einem heimlichen Dichter gehört ein Pseudonym. Das fand ich denn in den Grimm'schen Märchen, dem treuen Schimmelpferd, das da hanget, legte ich noch ein ›L‹ zu – und der Fallada war da!

Aber ich bin nun doch – mit oder ohne Tadel – ein Sohn meines Vaters, und da mein Vater ein sehr ordentlicher Mensch ist, bin ich schon beinahe ein pedantischer Mensch. So setzte ich mich denn hin und schrieb an eine zuständige Behörde und beantragte die Erlaubnis zur Führung des

Künstlernamens Fallada. Und nach geraumer Frist bekam ich ein amtliches Schreiben, in dem wurde mir eröffnet, dass ich den Künstlernamen Fallada unter den und den Umständen führen durfte, dass ich mich aber unter andern Umständen fein bürgerlich ›Ditzen‹ zu nennen hätte. Also: Wenn ich mir einen Anzug beim Schneider auf Pump machen ließ, so hatte sich der Ditzen was gepumpt, schrieb ich aber einen Artikel wie diesen, so war's der Fallada gewesen.

So weit, so gut. Aber wenn mein Vater ordentlich war und ich pedantisch, so war die besagte Behörde, sagen wir, ziemlich genau – und als ich das nächste Mal meine Eltern besuchte, da waren sie so ›komisch‹ und schließlich, als mir schon ganz schlecht vor schlechtem Gewissen war, da hielt mir mein Vater ein amtliches Mitteilungsblatt unter die Nase. Darin stand zu lesen, dass der Wissenschaftliche Hilfsarbeiter bei der Kartoffelbaugesellschaft, Berlin, Ditzen den Antrag gestellt habe, den Künstlernamen Fallada ... usw. usw.

Und so ist es denn gekommen, dass aus der heimlichen Dichterei nichts geworden ist, und dass es auch mit dem herben Tadel nicht viel wurde. Von meiner Seite nicht. Denn nun gab es mir mein Vater gewaltig. Und da hatte er ja eigentlich auch ganz recht!

Ich bekomme Arbeit

1

Als es gegen den Herbst ging, füllte sich die große Stadt mit Arbeitslosen, die Preise wurden höher und unsere Aussichten, ein paar Mark zu verdienen, geringer. Da beschlossen Willi und ich, in eine kleinere Stadt zu gehen: Wir wählten Altholm. Dort war eine Holzwarenfabrik, in der Willi einmal im Akkord Kisten genagelt hatte. Er hatte damals gut verdient, er erinnerte sich dessen gern, er hoffte, es würde wieder klappen mit solcher Arbeit. Bei mir war der Fall schwieriger, ich war zu körperlicher Arbeit untüchtig, aber auch für mich würde sich schon etwas finden.

Wir schickten unsere Sachen in einem Korb mit Fracht voraus und walzten die hundertfünfzig Kilometer. Es war ein schöner, windiger, sonniger Herbst, es tat uns gut, ein paar Tage draußen zu sein und nicht nach Arbeit zu krampfen. Das Essen kostete uns fast nichts: Äpfel gab es genug an den Bäumen, und Brot schnorrte Willi bei den Landbäckern. Wir passten stets ab, dass eine Frau im Laden war, dann ging Willi hinein und stellte sich hin. Er hatte eine spaßige Art, mit seinem kugeligen Seehundskopf die Frauen anzusehen, sie lachten und gaben ihm, soviel er wollte. Um Geld baten wir nie, wir waren noch gut im Zeug, hatten unsere schönen blauen Anzüge an, dazu ich einen Gummimantel und Willi seine Windjacke.

Mit Äpfeln und Brot kann man gut bestehen, wir hatten übrigens schon seit einem halben Jahr nicht mehr warm gegessen und fanden uns wohl dabei. Nachts schliefen wir für zehn Pfennig bei den Bauern im Stroh. Ehe wir schlafen gehen durften, suchten sie immer unsere Taschen nach Streichhölzern und Rauchbarem ab. Sie gaben uns das dann am andern Morgen wieder, einer schenkte uns sogar einmal ein paar Zigarren dazu.

So kamen wir in sechs oder sieben Tagen nach Altholm und fanden in der Starenstraße bei einem Lederarbeiter ein Zimmer für sechs Mark die Woche. Es hatte nur Tisch, Stuhl und ein Bett, in dem wir zusammen schliefen, aber die Nächte waren jetzt schon kühl, und so war das nur angenehm. Willi hatte wirklich Schwein, er bekam schon den dritten Tag Arbeit in seiner Holzwarenfabrik. Diesmal nagelte er Fallennester für Hühner, auch Akkord, und brachte die Woche fünfundzwanzig, manchmal auch dreißig Mark nach Hause. Es war eine kleine Fabrik, die nur mit ungelernten Leuten ohne Tarif arbeitete. Wir wussten, es war unrecht, da mitzumachen, aber wir hatten zu lange Kohldampf geschoben, um wählerisch zu sein.

2

Stellen für mich waren nie in der Zeitung ausgeschrieben, aber ich lief viel in der Stadt umher und sah, wo ich zufassen konnte. War in einem Geschäft einmal rechter Andrang, ging ich hinein und fragte, ob ich helfen dürfte. Manchmal bekam ich eine Stunde Pakete zu packen und brachte einen Fünfziger nach Haus. Zuerst lungerte ich auch viel auf dem Bahnhof herum, weil den Menschen, wenn sie reisen, das Gold lockerer sitzt, und richtig durfte ich auch mal einen Koffer tragen. Aber ein Dienstmann hatte mich gesehen und lief hinter mir und dem Reisenden her und schimpfte mich Schwarzarbeiter. Er nannte mich mit allen möglichen Namen, Streikbrecher, Stempelbruder, Wohlfahrtskrebs, und von da an, wenn er mich nur von weitem sah, fing er schon an, mich zu beschimpfen. Ich passte sehr auf, dass ich ihn möglichst wenig traf, und ging auch nicht wieder auf den Bahnhof.

Vor allem hatte ich Willi zu besorgen. Morgens stand ich zeitig auf, machte ihm Kaffee, schmierte seine Stullen und weckte ihn dann. War er fort in die Fabrik, räumte ich das Zimmer auf, wusch auch die Wäsche, dann ging ich los auf Arbeit. Um drei musste ich wieder im Haus sein und sein Essen kochen. Jetzt, wo er wieder Arbeit hatte, wollte er warm essen, mit viel Fleisch. Ich selbst blieb bei meiner alten Diät: Brot mit Margarine und mittags ein Bückling, aber es wurde mir manchmal verflucht schwer, sein Fleisch zu braten, und dann naschte ich. Er merkte es fast immer, er wusste genau, wieviel ein halbes Pfund Fleisch war. Dann stritten wir uns.

Wir stritten uns überhaupt viel mehr als damals, wo wir beide keine Arbeit hatten. Das kam natürlich daher, dass er jetzt das Gefühl hatte, mein Ernährer zu sein, immerfort musste er an mir rummäkeln und kritteln. Ein paarmal kam er auch am Freitag, dem Lohntag, angetrunken nach Haus, dann war das Bett natürlich für uns zu klein, und er schmiss mich raus. Ich war auch verärgert und gereizt durch meine ständige Erfolglosigkeit, darum hielt ich den Mund nicht, so ging unser Streit oft stundenlang.

Am meisten ärgerte er sich immer darüber, dass ich Kragen trug, steife, gestärkte Stehkragen. Darin war er wie ein Kind, er sah nicht ein, dass ich nie eine Bürostellung kriegen würde, wenn ich ohne Kragen herumlief. Seiner Ansicht nach trug man nur sonntags Kragen, alltags mit einem Kragen zu laufen war Fatzkerei. Ich konnte ja meine Kragen nicht selbst stärken und bügeln, aber dafür wollte er mir nun nie Geld geben. Ich stahl es ihm dann aus der Tasche, wenn er angetrunken war, aber er merkte es ja doch, wenn ich wieder einen frischen umband, und dann ging es erst recht los.

Einmal hatte ich gar keinen mehr, und ich band seinen Sonntagskragen um. Ich dachte, den Tag bestimmt eine Stellung zu kriegen. Aus der Stellung wurde zwar nichts, aber ich kam mit dem Kragen in den Regen, und ausgerechnet den Abend wollte er mit einem Mädchen ausgehen und fand seinen Kragen aufgeweicht. Er kriegte einen Wutanfall, wir brüllten uns an, und er schmiss mich aus dem Zimmer. Er hätte es mit mir satt, und ich könnte wohnen, wo ich wollte. Schließlich nahm mich der Lederarbeiter in sein Zimmer, ich schlief auf dem Sofa, seine Frau und er schliefen im Bett.

Am andern Morgen kochte ich wie immer für Willi Kaffee, und er sagte auch keinen Ton, wir schwiegen uns an. Als er aus der Tür ging, blieb er noch einmal stehen und sagte, ich sollte es doch einmal bei den Pfarrern versuchen, in seiner Fabrik sei auch einer durch die Pfaffen untergekommen. Dann ging er. Es war das seine Art, sich versöhnlich zu zeigen, schließlich konnte ich ihm nicht böse sein. Es ist nicht leicht, wenn einer endlich mal ein bisschen Geld verdient, jemanden durchzufüttern, der einen eigentlich nichts angeht.

3

Die Adressen von den Pfarrern besorgte ich mir auf der Zeitung. Es gab zwei Zeitungen am Ort, eine große und eine kleine. Bei der großen war ich nur einmal gewesen, da waren sie mächtig hochnäsig und bellten einen an, wenn man um eine Auskunft bat. Bei der kleinen aber waren sie sehr nett, hatten immer Zeit zu einem Klön und rieten einem, was sie konnten. Es gab fünf Pastoren im Ort, ich brachte einen ganzen Tag damit hin, sie aufzusuchen und mein Anliegen vorzutragen. Sie hörten mich alle sehr freundlich an, fragten mich dies und das, aber im Grunde machten sie mir den Eindruck von Leuten, die ganz anderes Elend gewöhnt waren, als ich ihnen berichten konnte. Sie suchten mich denn auch möglichst schnell loszuwerden, Arbeit wusste keiner für mich.

Willi war sehr nett, als ich ihm meinen Misserfolg erzählte, er nahm mich zum Trost sogar ins Kino mit; um mich dankbar zu zeigen, ging ich ohne Kragen. Abends im Einschlafen sagte er noch, ich sollte doch morgen zum katholischen Pfarrer gehen, die Katholischen hätten die Macht. Ich wollte nicht dagegenreden, ich wollte es auch tun, und so besorgte ich mir die Adresse. Der Geschäftsführer auf der Zeitung war wieder sehr nett, ich musste ihm von den Pastoren erzählen und ihm versprechen, dass ich am nächsten Tage Bericht über den katholischen Pfarrer machen würde.

Da empfing mich eine Nonne oder was das war, man sah fast nichts von ihrem weißen Gesicht unter der großen Haube, und schließlich kam auch der Pfarrer. Er war ein großer starker Mann mit ganz weißen Haaren, sehr langsam und leise im Sprechen, sicher ein Bauernsohn von der Wasserkante, da sind sie so leise und stark. Er hörte mich lange an, fragte auch dazwischen, man merkte, er verstand, wie unsereinem zumute ist, der schon über vier Jahre nach Arbeit krampft. Schließlich sagte er ganz kurz: »Ich gebe Ihnen ein Schreiben an den Prokuristen von der Lederfabrik. Ich sage nicht, dass das Schreiben Ihnen was nützt. Aber ich gebe es Ihnen.« Er setzte sich hin und schrieb, einmal sah er hoch und fragte:« Von meiner Konfession sind Sie nicht?« Ich hatte mit Willi besprochen, dass ich ihn auf diese Frage belügen sollte, aber ich sagte doch die Wahrheit, als er mich ansah. Er sagte bloß »gut« und schrieb weiter.

Ich gab den Brief in der Wohnung des Prokuristen ab und wurde auf den nächsten Tag bestellt. Als ich dann kam, gab mir das Dienstmädchen dreißig Pfennig und sagte, ich brauchte nicht noch einmal zu kommen. Ich stand ziemlich traurig auf dem Treppenabsatz. Als ich sie dann wieder in der Küche hantieren hörte, steckte ich die dreißig Pfennig durch den Briefkastenschlitz und lief schnell die Treppe hinunter, als die Groschen im Kasten klapperten.

4

Ich ging zu meinem Freund auf der Zeitung und erzählte ihm alles. Er meinte, er hätte nichts anderes erwartet, und ich sollte in seine Wohnung gehen und seiner Frau helfen, die Möbel zu rücken. Sie hatte großes Reinemachen, ich half ihr tüchtig, klopfte die Teppiche, scheuerte und bohnerte – und am Abend kam der Geschäftsführer, und ich durfte mit ihnen essen. Er sagte, er hätte mit dem Besitzer der Zeitung gesprochen, und wenn ich für sie Abonnenten werben wollte, so wäre er einverstanden. Ich fragte gar nicht nach den Bedingungen, ich sagte gleich ja, so sehr freute ich mich. Ich hörte dann, dass ich einen Quittungsblock kriegen würde mit Abonnementsquittungen auf einen Monat. Den ersten Monat sollte ich gleich kassieren, und das Geld durfte ich als meine Provision behalten. Das war eine Mark fünfzig jedesmal. Ich sollte vor allen Dingen erst einmal zu den Handwerksmeistern gehen, denn das Blatt brachte jede Woche einen Artikel von dem Innungssyndikus über Handwerkerfragen. Den Frauen sollte ich sagen, dass die Romane in der »Chronik« anerkannt besser seien als die in den »Nachrichten«. Ich sollte mir den neuen Roman durchlesen. Dann war noch zu beachten, dass den Leuten, die um den Fünfzehnten herum abonnierten, die Zeitung für den Rest des Monats umsonst geliefert würde. Ich fand das alles sehr gut, kam ganz begeistert nach Haus und erzählte Willi davon. Der war erst stinkwütend, dass ich ihm sein Mittagessen nicht gemacht hatte, aber schließlich fand er es auch gut und meinte, ich müsse eine Masse Geld verdienen.

Am nächsten Morgen ging ich zeitig auf die »Chronik«, so hieß meine Zeitung, um mir die Handwerkeradressen herauszusuchen. Es war aber noch zu früh, um loszugehen, vor halb zehn dürfte ich die Leute nicht stören, meinte der Geschäftsführer. So las ich erst noch einen Artikel von dem Syndikus, den ich sehr langweilig fand, und ein Stück Roman, der in den höchsten Sphären spielte. Um halb zehn ging ich los.

Mir klopfte doch das Herz, als ich vor der Tür meines ersten Kunden stand. Ehe ich die Klingel zog, wartete ich, dass es ruhiger ging, aber es ging nur immer stärker. Ich klingelte, und ein junges Mädchen machte mir auf. Ob ich Herrn Malermeister Bierla sprechen könnte? »Bitte schön«, und »Vater, da ist jemand.« Ich kam in ein großes Zimmer, am Tisch saß eine nette ältere Frau und schnitt Kohl. Der Meister stand mit einem andern Herrn im Gespräch am Fenster. »Bitte schön«, und was ich wünsche. Ich verbeugte mich hübsch, auch vor der Frau, auch vor dem Gast. »Guten Morgen«, und ich käme von der Redaktion der »Chronik« mit der Anfrage, ob Herr Malermeister Bierla sich nicht entschließen könnte, unser Blatt vielleicht erst einmal probeweise zu beziehen. Ich hatte mir eine richtige kleine Rede ausgedacht, dass »wir« ja immer grade für die Interessen des Handwerks kämpften, dass das Handwerk in diesen schweren Zeiten zusammenhalten müsste, dann kam der Syndikus, seine wichtigen Aufsätze, und schließlich, mit einem Seitenblick auf die Frau, unsere anerkannt guten Romane.

Plötzlich war meine Rede zu Ende, ich wusste nichts mehr, keiner hatte ein Wort gesagt, es war still. Es war so still, dass ich noch einmal loslegte, aber ich verfing mich gleich, stotterte und schwieg wieder. Dann sagte die Frau vom Tisch her: »Wir können's ja mal versuchen, Vater«, und er: »Was kostet denn die ›Chronik‹?« Nun hatte ich wieder zu reden, es kam die Gratislieferung, der eine Monat Abonnement, ich schrieb das Zettelchen aus und gab es dem Meister, der mich damit aber zu seiner Frau schickte. Er redete schon wieder mit dem Gast. Ich bekam mein Geld, eine Mark fünfzig für fünf Minuten reden! Als ich auf der Straße war, ging ich auf die andere Seite und sah das Haus an. Es war ein gutes Haus, ein brauchbares Haus, ich mochte es gern. Es war schön unter Farbe gehalten, das verstand sich bei einem Malermeister von selbst, im Erdgeschoss war ein Laden mit Räucherwaren von Johannsen. Ich hatte einen Augenblick den Gedanken, auch zu Johannsen hineinzugehen, aber ich entschloss mich, nicht aus der Reihe zu tanzen, sondern bei meinen Handwerkern zu bleiben. Ich warf noch einen Blick auf das Haus und ging weiter.

Der nächste Meister war nicht zu Haus, auch nicht seine Frau. Der nächste war böse auf den Syndikus, der sei ein Klugschnacker, kriege das viele Geld von den Innungen und tue nichts dafür. Dann der nächste war sehr zufrieden, dass ich kam, er hatte schon immer die »Chronik« abonnieren wollen. Die »Nachrichten« hätten ganz falsch über ihn berichtet, als er wegen ein paar Überstunden, die sein Lehrling gemacht hatte, zu einer Geldstrafe verdonnert worden war. So ging es weiter. Manchmal musste ich lange Strecken durch die Stadt gehen, die Sonne schien noch schön, die letzten Blätter fielen von den Bäumen.

Um halb zwei machte ich Schluss. Ich merkte, ich war nicht mehr frisch, leierte nur noch meinen Spruch, außerdem kam ich den Leuten ins Essen. Ich hatte in vier Stunden sechs neue Abonnenten geworben von einundzwanzig, die ich besucht hatte. Neun Mark hatte ich in der Tasche. »Das ist kein schlechter Anfang«, sagte der Geschäftsführer, dem ich die Adressen der neuen Leser gab, damit sie gleich am nächsten Tag die Zeitung bekämen. Dann besorgte ich etwas Essen, kochte und briet, aber auch für mich diesmal. Als Willi kam, war alles fertig, er freute sich auch. »Da kannst du ja auf sechzig Mark die Woche kommen! Manning! Manning!« Wir machten haushohe Pläne, dann wuschen wir uns und gingen gemeinsam ins Kino.

5

Der zweite Tag war nicht so gut wie der erste, und der dritte war viel schlechter als der zweite. Ich begriff, dass ich meinen besten Tag gehabt hatte und dass er nicht wiederkommen würde. Es lag nicht daran, dass die Maler nun alle waren und ich erst an die Schmiede, dann die Bäcker geriet, die ganz andere Leute waren. Es lag daran, dass ich den Schwung verloren hatte und leierte. Man muss zum Werber geboren sein, den fünfzigsten Kunden muss man mit demselben Eifer werben können wie den ersten. Man muss glauben an das, was man sagt, oder man muss zum mindesten die Leute glauben machen, dass man daran glaubt. Wenn mir gesagt wurde: Aber wir lesen seit zehn Jahren die »Nachrichten«, und die »Nachrichten« sind besser als die »Chronik«, warum sollen wir wechseln? – so musste ich ihnen innerlich recht geben. Mein Widerspruch war kümmerlich. Eigentlich begriff ich nie, warum die Leute sich entschlossen, die »Chronik« zu halten. Die »Nachrichten« waren immer vier, oft acht, oft zwölf Seiten stärker, sie umbrachen vierspaltig, was viel lebendiger aussah als unser dreispaltiger Umbruch. Sie hatten alle Familienanzeigen und dreimal soviel Geschäftsanzeigen wie wir. Sie sahen sauber aus, denn sie waren richtig gesetzt, während wir zum größten Teil gematert aus Berlin kamen. Auf all dies lernte ich achten, der Meister meckerte dies und jener das. Wenn ich dann mit dem Geschäftsführer darüber sprach, wurde er oft ärgerlich: »Wenn wir die ›Nachrichten‹ wären, brauchten wir Sie nicht auf Werbung zu schicken.«

Ich ging nicht mehr an einem Tage zu einundzwanzig Kunden, manchmal wurden es zehn, manchmal nur drei.

Hatte ich gleich am Morgen zwei Misserfolge hintereinander, so traute ich mich nicht weiter. Ich ging dann lange vor einer Schmiede auf und ab, die hämmerten drinnen, das Feuer warf einen roten Schein auf die Fenster, schließlich entschloss ich mich und trat ein. Der Meister schnitt einem Pferd den Strahl aus und probierte das Eisen auf den Huf, zwei Gesellen waren dabei, auf die Felgen eines Rades den Reifen zu treiben. Ich stand unter der Tür und wartete. Ich hatte gelernt, dass man die Leute bei der Arbeit nicht stören durfte, man musste unter der Tür stehen und warten. Während ich dastand und das stiebender Feuer ansah und dem Fauchen des Blasebalges lauschte, hörte ich, dass sie von mir redeten. »Is nichts«, rief der eine Geselle zum Meister. »Wieder ein Nichtstuer.« – »Geht spazieren, statt zu arbeiten«, verkündete der andere Geselle. Und der Lehrling rief schrill: »Kauft Hosenträger, Knöpfe, Sicherheitsnadeln! Leute kauft!« – Dann wurde es wieder ruhig, die Gesellen hatten mit ihrem Reifen zu tun, der Meister gab dem Hufeisen auf dem Amboss die rechte Passform. Der Lehrling hielt das Eisen mit der Zange auf dem Amboss. Der Kutscher hatte den Huf des Pferdes hochgehoben, er lag auf seinem Oberschenkel. Die arbeiteten alle, sie hatten ihr Brot. Ich dachte daran, dass auch ich einmal zu bestimmter Stunde auf ein schönes sauberes Büro gekommen war und schöne saubere Arbeit geleistet hatte. Jetzt lief ich rum und war den Leuten lästig. Am ersten Tage der Werbung hatte ich es gekonnt, da kam ich in das Zimmer des Malermeisters wie ein leutseliger Fürst, der Abgesandte der Großmacht Presse, aber das konnte ich nicht mehr. Jetzt war ich ein kleiner Stadtreisender, der den Leuten etwas aufschnacken wollte, was sie nicht wollten.

Die Tür ging auf hinter mir, und jemand kam herein. Ich sah ihn an: Es war noch ein Reisender. Er stellte sein Köfferchen neben sich, rief laut »Guten Morgen« und sah mich forschend an, ob ich Konkurrenz sei. Ich bewegte verneinend den Kopf. Die Gesellen fingen wieder an zu schimpfen: »Lass sie stehen, Meister, bis das Dutzend voll ist, und schick sie dann weg. Es ist zu arg!« Der Meister kam zu uns. »Was wollen Sie?« Nach drei Worten unterbrach er mich: »Abonnieren, weil ihr fürs Handwerk eintretet? Habt ihr gesorgt, dass die Steuern niedriger werden? Euer Syndikus, das ist ja lachhaft, was der schreibt! Der ist ja dicker Freund von dem Rat im Finanzamt. Nein. Ist erledigt. Sie brauchen nichts mehr zu sagen. Danke!« Er wandte sich an den andern: »Und was wollen Sie?«

Ging es zweimal nacheinander so, traute ich mich oft den ganzen Tag zu keinem mehr, sondern ging stundenlang im Stadtpark spazieren. Dann träumte ich davon, dass ich Geld finden würde, viel Geld. Ich ging stets mit gesenktem Blick und suchte die Wege ab, aber ich fand nie etwas außer einem Taschentuch und abgeplatzten Knöpfen. Es gab viele Tage, an denen ich überhaupt kein Geld nach Hause brachte. Willi war längst wieder mürrisch geworden.

Eine ewige Hoffnung von mir war ein Bäckermeister in der Lohstedter Straße. Er sagte nie ganz nein, er sagte: »Kommen Sie noch einmal vor. Ich will es mir überlegen.« Und wenn ich dann wiederkam, musste er es sich wieder überlegen. Er begrüßte mich immer freundlich mit Handschlag, er sagte: »Na, junger Mann, ist Ihnen noch ein Grund eingefallen, dass ich die ›Chronik‹ abonnieren könnte? Die alten reichen nicht ganz. Beinahe, aber nicht ganz.« Dann quälte ich irgendwas heraus. Es dauerte sehr lange, bis ich merkte, dass ich zu seinen Hofnarren gehörte, die ihm die Zeit vertreiben mussten. Sicher hatte er viele, die so zu seiner Belustigung beitrugen, es liefen unser ja genug in der Stadt herum.

Aber die meisten liebten das gar nicht, dass so viele Reisende zu ihnen kamen, für die meisten waren wir eine Landplage. Manchmal hörte ich schon, wenn ich ins Haus trat, klingeln, ich hörte von unten den andern Reisenden reden, manchmal lebhaft aufmunternd, mal demütig bittend. Dann wartete ich, bis der Kollege wieder runterkam, und wir gingen ein Stück gemeinsam und schimpften. Alle schimpften, das war nun ganz gleich, ob sie als feine Leute mit Staubsaugern gingen oder einen Bauchladen mit Heftpflaster und Wäscheknöpfen trugen. Wir schimpften, wie hässlich wir behandelt würden, und nach einer Weile gaben wir dann zu, dass die Leute »eigentlich« recht hatten, dass viel zuviel herumliefen und namentlich manche, die nur Gelegenheit zum Klauen suchten.

Ich fand es immer besonders bitter, wenn ich für so einen gehalten wurde. Ich hatte geklingelt und stand vor der Tür, und nach einer Weile hörte ich einen Schritt schlurfen, und in dem Guckloch erschien ein Auge. Es sah immer sehr dunkel mit sehr viel Weiß aus, man konnte auch nie herauskriegen, ob es ein Männer- oder ein Frauenauge war. Da stand man dann, eine lange Weile schien es, und wurde betrachtet, und dann fiel mit einem leisen Klick die Klappe vor das Guckloch, und der Schlurfeschritt entfernte sich wieder. Oder die Tür ging auf, aber die Kette blieb davor, und man fing an zu reden durch den Spalt, und plötzlich, mitten im Satz, fiel die Tür wieder zu, und man stand und würgte an dem angefangenen Satz und schlich dann leise die Treppen hinunter.

Manchmal hatte ich das Gefühl, als sammelten sich all diese Demütigungen in meiner Brust und ich würde nie mit ihnen fertig werden und eines Tages würden sie mich erdrücken. Ich verstand es immer besser, dass fast jeder Reisende irgendwann einmal explodierte, mit geballten Fäusten brüllend gegen eine besonders hässlich geschlossene Tür trommelte oder eine kurz angebundene Hausfrau mit Beleidigungen überhäufte. Ich verstand es gut, aber ich meinte, davor sicher zu sein, da mir dies alles immer noch nur wie ein Übergang erschien: Schließlich würde ich doch wieder auf einem hellen sauberen Büro sitzen.

6

Dann kam auch mein Tag.

Ich war nun bei den Schneidermeistern angelangt. Unter denen gab es auch eine Meisterin, ein Fräulein Kehding. Der Geschäftsführer auf der »Chronik« hatte mich gewarnt: »Das ist keine Frau, das ist ein Teufel. Die ist das bösartigste Frauenzimmer in ganz Altholm. Gehen Sie lieber nicht hin zu ihr.« Nun, ich ging doch, es war immer eine Abwechslung nach so vielen Männern.

Von der Treppe kam man gleich in die Schneiderstube. Es war hier nicht alles in Ordnung, das eine Nähfräulein weinte herzzerbrechend, die andern saßen gedrückt und wussten nicht, was sie für Gesichter machen sollten. Die Meisterin lief in der Stube hin und her und hörte erst mit Schelten auf, als sie mich sah. »Was wollen Sie denn?« fragte sie mich, aber nicht unfreundlich. Eigentlich enttäuschte sie mich, für einen Teufel sah sie ganz manierlich aus mit der langen graden Nase, den hellen Augen und den frischen Farben. Während ich mein Sprüchlein sagte, stand sie, die Hände auf dem Rücken, und sah mich an. Sie war eine, zu der sich gut sprechen ließ, hörte zu und sagte auch einmal ein Wort: »Ach, unser Syndikus schreibt für Sie?« – »Richtig, das Handwerk muss zusammenhalten.«

Als ich fertig war, hatte ich einen neuen Abonnenten geworben. Alles ging glatt, und ich schrieb schon die Quittung. Fräulein Kehding stand etwas zur Seite, zwischen dem Schreiben sah ich hinüber zu den Nähmaschinen, grade zu dem verheulten Nähmädchen. Es war ein hübsches Mädchen, zwischen ihren Tränen lächelte sie mich an. Ich lächelte zurück.

Da hörte ich so etwas wie ein Fauchen neben mir, einen unterdrückten Wutlaut, ich sah zur Meisterin. Sie war weiß vor Zorn, es gefiel ihr wohl nicht, dass ich mit ihrem Mädchen lächelte. Vorsichtig hielt ich ihr die Quittung hin. »Bitte, eine Mark fünfzig.«

Sie nahm die Quittung, sah sie an. »Ist das eine Quittung?« fragte sie. »Solche Dinger kann sich jeder machen lassen.«

»Es sind die Quittungen von der ›Chronik‹«, sagte ich. »Die sind so.«

»Sind die so?« fragte sie höhnisch und kam immer mehr in Fahrt. »Die lassen Sie sich selbst machen und bringen die Leute um ihr Geld, und eine Zeitung kriegt man nie. Wo haben Sie Ihren Ausweis?«

»Ich habe keinen Ausweis, die Quittung ist Ausweis«, sagte ich.

»Wo haben Sie Ihren Wandergewerbeschein?« schrie sie. Nun schrie sie schon. »Sie müssen einen Wandergewerbeschein haben, wenn Sie so in die Häuser laufen.« Ich hatte keinen, ich wusste auch nicht, ob ich einen brauchte. »Ein Betrüger sind Sie!« schrie sie. »Aber bei mir kommen Sie an die Unrechte. Elfriede, sofort läufst du zu Wachtmeister Schmidt herum! Hier wäre ein Betrüger.« Die Verheulte stand ängstlich auf und ging gegen die Tür. »Fräulein«, sagte ich, »hier sehen Sie meinen Quittungsblock, die Abschnitte, das sind alles Namen von Ihrer Innung.«

»Gehst du, Elfriede!« schrie sie. »Soll ich dir Beine machen?! Das passte dir wohl so, dass der Lump ausreißt, der Betrüger?!« Die Kleine lief, ich wurde auch heiß. »Fräulein«, sagte ich, »geben Sie mir meinen Quittungsblock wieder. Ich will Ihr Geld gar nicht. Lassen Sie mich gehen.«

»Nichts!« rief sie. »Dass Sie ausreißen, was? Toni, schließ die Tür ab.«

»Fräulein«, rief ich, »Sie sind gemein. Ich weiß wohl, warum Sie das machen: weil ich Ihr Fräulein angelacht habe. Sie müssen nicht alle Hübschen weinen machen, weil Sie keinen abgekriegt haben!«

Es wurde eine schöne Brüllerei zwischen uns, der Wachtmeister Schmidt verstand kein Wort, sicherheitshalber nahm er mich mit auf die Wache. Als ich dort auf der Pritsche saß, kam rasch die Ernüchterung. Ich bereute, dass ich so hitzig geworden war. Außerdem hatte ich Abonnenten zu werben und nicht Mädchen anzulächeln, und die Kehding hatte »eigentlich« recht.

7

Nachdem sich die von der Polizei erkundigt hatten, ließen sie mich laufen. Ich ging langsam zur »Chronik«, mir war trübe zumute. Es überraschte mich nicht, dass die Meisterin schon dort gewesen war und sich beschwert hatte. »Schluss«, sagte der Geschäftsführer. »Die macht das ganze Handwerk gegen uns rebellisch, wenn ich Sie weiter werben lasse. Sie hätten nicht hingehen sollen, ich habe es Ihnen gleich gesagt.«

Er schenkte mir noch fünf Mark, er war immer ein anständiger Kerl. Als ich in die Starenstraße kam, war Willi noch nicht zu Haus. Es ekelte mich schon, wenn ich an seine Vorwürfe dachte. Ich tat meine Sachen in den Koffer und gab ihn der Wirtin in Verwahrung. Ich würde danach schreiben. Dann ging ich aus dem Haus, aus der Stadt, auf die Landstraße. Es war erstes Drittel Dezember, leichter Frost, etwas Schnee. Ich hatte noch neun Mark. Ich wollte in eine größere Stadt und sehen, ob ich dort irgendwie unterschlüpfen könnte.

Fröhlichkeit und Traurigkeit

Der Mann kam gegen sechs Uhr vom Holzstehlen nach Haus, es war noch dunkel. Er brannte eine Laterne an und zerkleinerte die Stammabschnitte, damit der Landjäger, falls er doch einmal auf die Suche nach den Holzdieben ging, nichts zu beanstanden fand. Während er arbeitete, hörte er auch die andern in den Nachbarlauben sägen und hacken: Sie gingen immer zu vier oder fünf Mann los, alles Arbeitslose, damit der Förster sich nicht an sie traute.

Als der Mann mit seiner Arbeit fertig war, ging er in die Laube. Es war nun sieben Uhr und fing an, hell zu werden. Die Frau schlief noch, aber das Kind war wach, es saß in seinem Bett und sagte immerzu: »Pepp-Pepp« und »Memm-Memm«. Der Mann legte seiner Frau sacht die Hand auf die Schulter und sagte: »Sieben Uhr, Elise.« Sie wurde schwer wach, sie hatte gestern den ganzen Tag gewaschen. Heute würde sie wieder gehen.

»Darf ich das Kind noch ein Weilchen zu dir setzen, Elise?« fragte er, und sie murmelte etwas Verschlafenes. Das Kind war sehr fröhlich und lachte, als der Vater es auf den Arm nahm und neben die Mutter setzte. Dann sah es den Wecker und rief »Tick-Tick« und griff nach der Uhr. Der Vater gab sie dem Kind. Es spielte neben der Frau, der Mann machte im Herd Feuer, setzte den Kaffee auf und wärmte die Milch für das Kind.

Nach einer Weile saßen sie beim Frühstück, das Kind aß schlecht. »Wir müssen sehen«, sagte der Mann, »dass wir wieder etwas gute Butter für den Jungen kaufen.«

Die Frau sagte: »Zwei Tage wasche ich noch diese Woche, das bringt zwanzig Mark.«

»Und fünfundzwanzig kriege ich heute Stempelgeld. Ich werde ein halbes Pfund Butter mitbringen.«

»Ja«, sagte die Frau, »das ist besser für ihn als die Margarine. Vielleicht kriegt er dann auch die Zähne leichter.«

»Wir müssen aber auch die Miete für die Laube zahlen.«

»Ja, tu es gleich, wenn du heute in der Stadt bist.«

»Tu ich«, sagte der Mann.

Das Kind war fröhlich, es saß auf der Erde und zerriss eine Zeitung in kleine Stücke, wozu es »Bi« sagte, was Bild und dann alles Gedruckte hieß. Kurz vor acht machte die Frau sich zum Fortgehen fertig.

»Wird es heute spät?« fragte er. »Weil ich zum Stempeln muss. Ich bin nicht vor sechs wieder hier.«

»Ich will sehen, dass ich um fünf hier sein kann«, sagte die Frau. »Vielleicht schläft er so lange.«

»Hoffentlich«, sagte der Mann. »Es ist immer ein ungemütliches Gefühl, wenn er so lange hier allein ist.«

»Ja«, sagte die Frau. »Aber was soll man machen?« Dann ging sie.

Der Mann räumte das Zimmer auf und legte die Betten zum Lüften ins Fenster. Er wusch das Geschirr ab und schälte schon die Kartoffeln und schabte die Mohrrüben zum Mittagessen. Das Kind lief im Zimmer hin und her und drückte seinen Kopf in die herunterhängenden Enden der Betten. Dann sagte der Mann: »Noni ist weg. Noni ist ganz weg«, und das Kind sah wieder hoch und jubelte. Es lief gegen den Vater und drückte seinen Kopf gegen die Beine des Vaters. Nach einer Weile sagte der Mann dann: »Es ist gut, Noni. Es ist gut, mein kleiner Freund.« Und das Kind lief wieder an sein Spiel.

Als die Hausarbeit getan war, zog der Mann das Kind

zum Ausgehen an, er setzte ihm einen weißen Pudel auf und zog ihm ein Mäntelchen und Schuhe an. Dann stieg das Kind in seinen kleinen weißen Karren, und die beiden gingen los. Im Garten war nichts mehr zu tun, es war Vorwinter, das Land war umgegraben und die Erdbeeren schon mit Stroh zugedeckt. Sie fuhren zwischen den Parzellen hin. Nur die wenigsten waren noch bewohnt, wer irgend die Miete aufbringen konnte, wohnte jetzt zum Winter in der Stadt. Nach einer Weile kamen sie auf eine schöne glatte Zementstraße, der Mann hielt das Wägelchen an, schnallte den Halteriemen los und sagte: »Nun steig aus, Noni, und schieb.« Das Kind sah den Vater fröhlich lächelnd an, dann streckte es ein Bein aus der Karre, blinzelte und zog das Bein wieder zurück. »Steig jetzt aus, Noni«, mahnte der Vater. Das Kind streckte wieder das Bein aus und zog es wieder zurück. Es war das ein Spiel, das es mit dem Vater trieb, eine kleine Neckerei, die es sich ausgedacht hatte. »Dann geh ich allein«, sagte der Vater und ging fort, ließ Wagen und Kind allein stehen. Sofort stieg das Kind aus und rief aufgeregt »Pepp-Pepp!« Der Mann drehte sich um, das Kind zeigte auf den Halteriemen, es hatte Ordnungssinn, es war unordentlich, dass der Halteriemen herunterhing, der Vater musste ihn festmachen.

Nun schob das Kind die Karre, es ging manchmal rasch, manchmal lief es sogar, und dann blieb es wieder stehen und sah einen Hund an, zu dem es »Wau-Wau« sagte. Immer musste der Vater dann auch »Wau-Wau« sagen, das Kind wiederholte das Wort so lange, bis der Vater es bestätigt hatte. Wenn es Hühner sah, sagte das Kind »Piep-Piep«, und der Vater sagte: »Ja, Noni, das sind die Putten und die Tucken.« Auch dann war das Kind zufrieden, obgleich es diese Wörter nicht wiederholen konnte, es war erst anderthalb Jahre.

Das Kind entdeckte den Spanndraht eines Telegrafenmastes, der aus fünf oder sechs Einzeldrähten bestand, die etwas auseinanderstanden. Das Kind konnte zwischen den einzelnen Drähten sehr gut einen Finger durchstecken, es tat das viele Male. Der Vater rief häufig und kam immer weiter voraus, aber Noni konnte sich von seinem Draht noch nicht trennen. Da versteckte sich der Vater hinter einer Ecke, und als das Kind merkte, der Vater war fort, lief es die Straße hinunter, um ihn zu finden. Da steckte der Vater den Kopf hinter seiner Ecke hervor, und als das Kind sah, dass der Vater noch da war, machte es rasch wieder kehrt und lief zu seinem Draht zurück.

Als es nun genug hatte an diesem Spiel, war der Vater noch viel weiter gegangen, er war sehr weit ab, dem Kind schien es viel zu weit. Das Kind lief ein Stück, aber der Vater kümmerte sich nicht mehr um das Kind und ging langsam immer weiter. Das Kind blieb stehen, es sah den Weg entlang, es rief laut »Pepp-Pepp!«, dann griff es an den Rand seines Pudels und zog die Mütze mit einem Ruck über das ganze Gesicht bis zu dem Kinn. Der Vater hatte sich umgedreht, als er das Kind rufen hörte, da stand sein kleiner Junge mit der Mütze über dem ganzen Gesicht, vollkommen blind. Er taperte ein bisschen auf seinen Beinen, hierhin und dorthin, nahe am Fallen. Der Vater lief und lief, dass er schnell genug hinkam, sein Herz klopfte sehr, er dachte: Anderthalb Jahre, und nun ist er von allein daraufgekommen. Macht sich blind, dass ich ihn holen muss. – Er zog dem Kind die Mütze aus dem Gesicht, der Junge strahlte ihn an. »Was bist du für ein Schalksnarr, Noni, was für ein

Schalksnarr!« Der Vater sagte es immer wieder, er hatte Tränen der Rührung in den Augen.

Eine Weile nach zwölf hatte der Vater das Kind gewaschen und ausgezogen, er hatte ihm sein Essen gegeben, selbst etwas gegessen und es dann zu Bett gelegt. »Gute Nacht, Noni, gute Nacht«, sagte der Vater und trat in den Schatten des Schrankes, dass das Kind ihn nicht mehr sah. Nun kam es darauf an, dass Noni schnell einschlief, denn um drei musste der Mann auf dem Amt sein, um seine Unterstützung zu erheben. Der Mann wartete regungslos, das Kind papelte noch ein Weilchen, dann rief es und lockte ihn: »Pepp-Pepp«, aber der Vater rührte sich nicht. Dann schlief Noni ein.

Der Mann schloss die Laube ab, versteckte den Schlüssel für die Frau und machte sich auf seinen Weg. Er hatte gut zwei Stunden zum Arbeitsamt zu gehen, offiziell wohnten sie noch in der Stadt, ihm war nicht genehmigt worden, dort draußen in einer andern Gemeinde zu wohnen. Es war immer eine Angst, das Kind so lange allein zu lassen, aber daran war nichts zu ändern. Der Mann ging sehr rasch, er wiederholte sich oft, dass er Butter kaufen musste und Bananen, die der Junge »Niä« nannte und die in der Stadt auf den Wagen nur fünf Pfennig kosteten, während man draußen den Räubern fünfzehn Pfennig zahlen musste. Dann war die Miete zu bezahlen, fünfzehn Mark, aber die Frau würde zwanzig Mark verdienen, sie kamen also diese Woche sehr gut durch. Immerhin war es schwer für sie, vor einem Vierteljahr hatten sie noch über dreihundert Mark im Monat verdient, ehe der Mann abgebaut worden war.

Er behob sein Geld und ging dann zu jenem Angestellten, von dem er die Laube gemietet hatte. Aber der war nicht zu Haus, er würde erst gegen sieben kommen. Der Mann beschloss, dann noch einmal vorzusprechen, und ging wieder auf die Straße hinunter. Er erledigte seine Einkäufe, und weil er in der Nähe der Friedrichstraße war, ging er dorthin, um sich einmal wieder die Läden und den Betrieb anzusehen. Er ging langsam hin und her, früher hatte er viel hier verkehrt, als er noch Junggeselle war. Damals hatten nicht so viel Mädchen hier an den Ecken gestanden. Er besah sich, die jetzt dastanden, manche sahen wirklich gut aus, aber die meisten waren ganz aussichtslos. Öfters wurde er angesprochen. Dann kniff er die Augen etwas ein und bewegte lächelnd den Kopf von rechts nach links.

Es wurde dunkel, die Laternen brannten, die Schaufenster wurden so hell. In den Cafés war überall Musik. Der Mann war sehr traurig, es wurde ihm immer schwerer, den Kopf verneinend zu bewegen, wenn er aufgefordert wurde. Was ist denn mit mir? fragte er sich unruhig. Ist es darum, weil ich so ganz draußen bin, weil alles so hoffnungslos ist, dass ich so traurig bin? Er lief immer die Friedrichstraße auf und ab, von der Leipziger bis zum Bahnhof, es wurde spät. Einmal lief er einer mit einem grünen Hut sehr lange nach, aber sie achtete nicht auf ihn oder wollte nicht, weil er ein so angstvoll böses Gesicht machte. Schließlich machte er sich mit einem Ruck frei und ging in ein Café hinauf. Das Café war trostlos leer, er setzte sich hin und bestellte ein Bier und einen Kognak. Was will ich? fragte er sich. Will ich denn mit so einer schlafen? Nein, gar nicht. Also warum denn? Ich könnte längst zu Haus sein, und die Miete habe ich auch nicht bezahlt. Dazu ist es nun zu spät.

Es war nach neun Uhr. Der Mann bezahlte, es machte zwei Mark vierzig, er bekam einen großen Schreck. Der Alkohol wirkte sehr stark auf ihn; als er wegging, hatte er einen neuen Beschluss gefasst: Werde ich bis zum Bahnhof von keiner angesprochen, fahre ich sofort nach Haus. Und wenn ich angesprochen werde ... Er wusste nicht, was dann.

Er wurde nicht angesprochen und stieg in den Zug. Auf dem Schlesischen Bahnhof musste er umsteigen, zwischen den beiden Bahnsteigen ergriff ihn die Unruhe neu, er lief aus dem Bahnhof und in die nächste Straße. Ein Mädchen fragte: »Na, Kleiner?«

Er blieb stehen und sagte: »Du kannst mit mir mitkommen und einen Schnaps trinken, bis mein Zug geht.«

»Das kann ich nicht«, sagte sie. »Ich muss Geld verdienen, mein Kleiner.«

»Ich geb dir drei Mark, komm schon«, sagte er, und sie hängte sich bei ihm ein.

In der Wirtschaft saßen sie einander gegenüber und tranken einen Curaçao, der nach Sprit schmeckte. Er fragte das Mädchen: »Hast du ein Kind?«, aber sie sagte, sie hätte keines. Er war sehr enttäuscht, er hätte so gerne mit ihr von Kindern gesprochen. So sprachen sie von den schlechten Zeiten, sie hatte seit ein paar Wochen Schuhe zur Reparatur gegeben, sie sollten eine Mark achtzig kosten; immer, wenn sie dachte, sie hätte das Geld zusammen, ging es wieder weg für Essen und Miete. Er erzählte ihr von seiner früheren Stellung, wie gut sie gelebt hatten, dann von seiner Frau, dann doch von dem Kind.

Nach einer langen Zeit standen sie auf, um den letzten Zug zu erwischen, aber dann gingen sie doch wieder in ein anderes Lokal. Er musste mit ihr zusammen sein, ihr erzählen. Sie tranken ziemlich viel, er gab ihr drei Mark und dann noch drei Mark. Eine Weile nach Mitternacht war das Geld alle, sie gingen auf die Straße. »Nun kommst du mit mir nach Haus und trinkst Kaffee«, sagte er zu dem Mädchen.

»Dann haut mich deine Frau ja raus«, sagte sie.

»Sie haut dich nicht raus, sie gibt uns Kaffee. Und du kriegst noch einmal fünf Mark, wenn du mitkommst.«

Das Mädchen hängte sich wieder bei ihm ein, und sie gingen los. Er erzählte ihr immerzu, damit sie nicht merkte, wie weit der Weg war. Manchmal blieb sie stehen und wollte nicht weiter. Dann lockte er sie mit den fünf Mark. Er war geschwätzig und gut aufgelegt, dabei wuchs die Traurigkeit in ihm immer mehr.

Nach einer langen Zeit kamen sie in die Laubenkolonie. »Dort wohne ich«, zeigte er. »Lass mich lieber gehen«, meinte das Mädchen. »Deine Frau macht Krach. Gib mir die fünf Mark und lass mich gehen.«

»Ich hab das Geld ja drinnen«, antwortete er.

Sie klopften, Elise machte rasch auf. Sie trug ihren Bademantel, sie hatte rosige Backen vom Schlafen und sah sehr hübsch aus. Das Mädchen war ein Garnichts gegen sie. »Mach uns Kaffee«, sagte der Mann. »Sie hat mich rausgebracht.«

Die Frau gab dem Mädchen die Hand und sagte: »Setzen Sie sich. So ein Weg, das bringt nur er fertig, Sie hier rauszuschleppen.«

Das Mädchen sagte verlegen: »Ja, es ist ein weiter Weg.«

Die Frau machte Feuer und setzte Wasser auf. Sie räumte Tassen her und Zucker. »Die Milch muss aber für den Jungen bleiben«, sagte sie.

»Es ist gut, Elise, wir trinken auch ohne Milch«, antwortete er. »Gib dem Fräulein fünf Mark, ich habe sie ihr versprochen.«

Die Frau sah den Mann einen Augenblick an, er schloss die Augen und bewegte den Kopf langsam nach vorn, um ihr seine völlige Ergebenheit auszudrücken. Elise nahm aus ihrer Tasche fünf Mark und gab sie dem Mädchen. »Danke schön«, sagte das Mädchen. »Nun hole ich morgen meine Schuhe.«

Der Mann nahm das Mädchen bei der Hand und sagte: »Nun will ich dir noch meinen Jungen zeigen.« Sie gingen in den Winkel zum Bettchen. Das Kind schlief fest. Die blonden dünnen langen Haare waren ganz verstrubbelt, es hatte eine Faust gegen die roten Backen gestemmt, der Mund stand halb offen. »Nun kann ich es Ihnen auch sagen«, meinte das Mädchen. »Ich hab auch ein Kind, es heißt Gerda, es ist drei Jahre alt.«

»So«, sagte der Mann. »Der Junge ist anderthalb. Er ist sehr fröhlich.«

Nachdem sie Kaffee getrunken hatten, sagte das Mädchen: »Ich möchte jetzt nicht länger stören.«

»Wollen Sie nicht warten, bis es etwas heller geworden ist?« fragte die Frau.

»Wer soll mir was tun«, sagte das Mädchen. »Nein, jetzt gehe ich.« Der Mann brachte sie bis zur Gartentür.

Als er zurückkam, hatte die Frau das Geschirr schon abgeräumt und lag wieder im Bett. Der Mann zog sich schweigend aus. Nach einer Weile sagte er: »Wie wird es mit dem Geld?«

»Hast du die Miete bezahlt?« fragte sie dagegen.

»Nein«, antwortete er. Sie waren eine Weile still, dann

sagte die Frau: »Es wird schon irgendwie gehen. Wir müssen uns die nächsten Wochen sehr einrichten.«

»Ja«, sagte der Mann. »Es war wie eine Krankheit, Elise. Ich konnte nicht dagegen an.«

»Nein«, sagte sie, »das weiß ich ja. Du musst nur sehen, dass es nicht so schlimm wird. Du weißt doch: Noni.«

»Ja«, sagte er. »Natürlich. Es ist, glaube ich nur, weil alles so hoffnungslos ist.«

»Ich weiß alles«, sagte die Frau. »Du brauchst dich doch nicht zu entschuldigen. Und nun versuch noch ein bisschen zu schlafen. Du hast morgen wieder den ganzen Tag den Jungen. Ich muss waschen.«

»Ja«, sagte er. »Also dann gute Nacht.«

»Gute Nacht«, antwortete sie und machte das Licht aus.

Gegen jeden Sinn und Verstand

Eine merkwürdige Begebenheit

Im Jahre 1923 machte ich ein paar Wochen auf einem großen Rittergute in der Neumark den Feldschutz. Im Dorfe wohnten außer unsern Landarbeitern viele industrielle Arbeiter, und da die Inflation auf der Höhe war und die Leute sich für ihre paar Milliarden Mark kaum die nötigsten Lebensmittel kaufen konnten, war der Felddiebstahl stark im Gange. Dabei fiel das Gestohlene nicht einmal so ins Gewicht wie das Verwüstete, das Zertrampelte, die heruntergebrochenen Obstbaumäste, die abgelassenen Karpfenteiche.

Der Besitzer musste sich wehren, das war keine Frage, aber es war doch eine unsympathische Tätigkeit, obwohl den Erwischten eigentlich nichts geschah: Wir nahmen ihnen das Gestohlene ab und zeigten sie an. Dann bekamen sie eine Geldstrafe, die bei ihrer Bezahlung kaum ein paar Goldpfennige ausmachte. Darum waren wir Männer vom Feldschutz aber doch im Dorf verhasst wie die Pest, es war eine grauenhafte Atmosphäre aus Erbitterung, Nervosität, Furcht, Abenteuerlichkeit und Pistolen. Schließlich wurde denn auch einer von uns mit einer Kartoffelhacke totgeschlagen, aber das war erst nach meiner Geschichte.

In dieser Stimmung gingen der kleine Dreyer und ich eines Nachts um zwölf los, wir gingen immer zu zweien. Mit dem kleinen Dreyer, einem untersetzten, dicken ehemaligen Baltikumer, ging ich nie sehr gern, er hatte mit dem Herzen zu tun, regte sich ewig auf und war überhaupt ein Pulverfass.

Wir gingen zuerst ganz an die Grenze des Guts auf einen Schlag, wo in der letzten Nacht von dem in Garben stehenden Weizen die Ähren abgeschnitten worden waren. Es war eine stickedunkle Nacht, und Dreyer bekam im Weizen auch prompt seinen Anfall, sah und hörte Diebe, wo ich Rehwild sah und Wind im angrenzenden Kiefernwald hörte, jagte herum, knallte, brüllte und war dann erledigt.

Ich lotste ihn sachte in den Wald, fand an einer Lichtung eine nette Jagdkanzel, und da saßen wir denn, rauchten, klönten und ließen Wachtdienst Wachtdienst sein. Unterdes ging die Sonne auf, und ich meinte, wir könnten nun wohl wieder nach Haus wandern und nachschauen, ob unsere Betten noch da seien. Wir gingen los, Dreyer nach der Aufregung nur sehr stöckerig, und als wir auf eine kleine Lichtung kamen, keine drei Minuten von dem Landweg, der schnurgrade zum Gut hinführte, setzte er sich hin, erklärte, er könne nicht mehr weiter, sah sehr blau aus und hatte schreckliche Beklemmungen.

Eine Weile wartete ich, aber es wurde nicht besser, es ging ihm wirklich sehr schlecht. So sagte ich, ich würde rasch die halbe Stunde zum Gut laufen und ihn mit der Spinne holen. Eine Spinne ist ein Einspännerwagen mit hohen Rädern. Dreyer konnte nicht recht antworten, vielleicht hatte er auch nicht mehr recht verstanden, er hatte Todesangst, ich bekam sie auch und lief los.

Ich habe schon gesagt: drei Minuten Waldschneise, die Schneise stößt im rechten Winkel auf den Landweg, der noch etwa fünfhundert Meter durch den Wald führt, dann noch reichlich zwei Kilometer durch Felder, immer schnurgrade auf den Hof zu.

Ich laufe, laufe. Mir war trotz des strahlenden Sommermorgens trübe und trist zumute, ich beschloss, ein Ende zu machen hier, selbst ohne Kündigung. Ich erinnere mich genau, wie ich gelaufen bin, die Bäume flitzten nur so an mir vorbei. Dabei sah ich mich ständig um, ob Leute kämen oder ein Gefährt, aber es war noch zu früh, kaum fünf. Ich laufe.

Ich komme auf den Gutshof, ich renne nach dem Stall, um das Pferd zu holen, da kommt schräg von rechts, aus dem Beamtenhaus – Dreyer auf mich zu!

Ich stehe und starre. »Wo sind Sie so lange gewesen?« fragt er böse.

»Aber –! Wie kommen Sie …«

»Schön unkameradschaftlich, mich so liegen zu lassen!« Und Dreyer macht kehrt und geht wieder ins Haus.

Aber wieso –?

Nein, bitte, ich bin pausenlos durchgelaufen. Dreyer hat auf keinem Weg an mir vorbeikönnen, und Dreyer war vor mir auf dem Hof!

Aber –!

Ja, ich verstehe es eben auch nicht. Es hilft nichts, es gibt keinerlei Erklärung. Es wurmt mich, es bekümmert mich, ich kann mir nicht helfen, es ist unsinnig, und doch habe ich es erlebt!

Frühling in Neuenhagen

In den Ausflugsorten ist der Frühling eine Sache der Gastwirte und des Fremden- und Verkehrsvereins. Bei uns daheim, in Neuenhagen, ist das so:

Ein Nachbar spricht durch den obligaten Parzellendrahtzaun mit dem Nachbarn: »Ich denke, du willst dein Haus noch streichen?«

Antwort, sehr lang gedehnt: »Nee, hat keinen Zweck mehr. Zu spät.«

Überraschung: »Nanu! Wieso zu spät?«

Mit ungeheurem Nachdruck: »Die Bäume blühen doch schon!«

Hier sehen Sie den auf die Parzelle geflohenen Städter, Besitzer einer Wohnstätte, die nicht mehr Laube und, trotz nachbarlicher Schmeichelei, noch nicht Haus ist, der vor der Natur kampflos die Waffen streckt. Wir sind Menschen, wir sind nur Menschen, was hat es für einen Sinn, ein Häusel grün und weiß anzupinseln, da die Kirschbäume in Blüten ersticken, die Apfelbäume triefen, die Birnen überschäumen.

Für den Städter, den geborenen Städter, den Städter der Steinstraßen, ist die Sache wesentlich anders; er steht, an einem frühen Abend, sagen wir, auf dem Rathaushügel und sieht den »Blust« zu seinen Füßen: weiß, rosa, weiß. Das fliegt in den Himmel, ergriffen flüstert er zu »Seiner«: »Wie schön das ist! Gott, altes Mädchen, begreifst du auch –? Fünf Monate Sommer, Wärme, Sonne, fünf Monate Grün – nein, wie schön das ist!«

»Wie schön –!« flüstert »Seine«.

Keine Ahnung haben die! Da ist der Mann, der Flüchtling, der entflohene Städter auf seiner Parzelle. Gut, seine Obstbäume blühen, der Steinstraßenmann geht vorbei und sagt: »Wie schön. Nein, diese Natur …« Keine Ahnung … Da hat der Mann seine Obstbäume, im Winter dann, im zeitigen Frühjahr, ehe noch die Säfte zu steigen anfingen, hat er die Leiter geholt, Schere oder Messer oder Säge, er hat angefangen zurückzuschneiden, bei jedem Zweig hat er sinniert: Die oberen Knospen sind kräftig, aber die unteren sind schwach. Lass ich die kräftigen ganz stehen, wird der Ast länger und länger, blüht oben, unten ist keine Kraft, da kümmert er. Schneide ich also etwas ab, dass die unteren Knospen auch Saft kriegen – los, schneide ich, wo –?

Die Schere schnappt. Weg das Ende mit den herrlichen Blütenknospen. Er seufzt: »Habe ich es auch richtig gemacht? Wir werden es erleben, wenn wir es erleben.« Und die Unsicherheit ist noch nichts, die klammen Finger, die starren Füße, oben auf der Leiter, im Winter, im klapprigen Frühling mit Eiswind, es heißt auch noch Baumscheiben graben, es heißt jauchen – in Süddeutschland nennt man das, glaub ich, Gülle –, es heißt die Rinde von Ungeziefer reinigen, es heißt kalken, es heißt Raupenringe kleben …

Eine Angelegenheit der Gastwirte, ein Werk der Natur … Der Mann im Laubenfenster weiß, warum er sein Haus nicht streicht. Es ist Arbeit gewesen, Kälte, Ungewissheit, ein bisschen weiß der Nachbar, ein bisschen entnimmt man dem Buch, das Beste gibt das Herz dazu. Elf Jahre hat der Jänecke mit Muttern gespart, dann war die Parzelle da in Neuenhagen, es läuft immer weiter, es frisst das Leben, die Pflasterkasse, die Steuern, der Wasseranschluss, das Häuschen, Woche für Woche, Monat für Monat, Jahr um Jahr. Nun schaut er, die Bäume stehen in Blüte, schön ist das, diesen Frühling haben wir mal wieder geschafft, grade richtig geschnitten, das Beste haben wir dazu getan (in Neuenhagen).

Das Beste dazu getan: Da ist der Mann, der zwischen Narzissen und Tulpen, zwischen Maiglöckchen und Tausendschönchen ausgebrannte Glühbirnen pflanzt, innen mattiert, in regelmäßigen Abständen. Nun ja, es ist billig zu grinsen – auch das ist Frühling. Ich sehe den Mann, wie er durch seine Wohnung suckt, halb wünscht er, bald brennte wieder eine Birne aus, denn es fehlen ihm noch drei auf dem Beet, und jetzt im Frühling sehen so viel Leute über seinen Zaun. Da ist der Mann, der alte Ofenkacheln um seine Stauden pflanzt, Herbstastern, Dahlien, Goldruten, grüne Kacheln, rosa Kacheln. Welche Mühe, welches Herz!

Was nun die Kinder angeht, je weniger man über den Fall spricht, umso besser. »Blü-e!« sagt mein zweijähriger Sohn. Als wir säten und auspflanzten, war ihm der Begriff eines Beetes nicht beizubringen, über das schön Geharkte, über die schlummernde Saat latschte er. »Er lernt es nicht und lernt es nicht!« klagte die Frau.

Er hat es gelernt, der Frühling hat es ihn gelehrt. Seht, die grauen Erdbeete sind nun grün geworden, er tritt auf kein Beet mehr, tiefsinnig steht er davor, ganz leise zupft er an einem Triebblatt, mit scheuem Seitenblick zu seiner Mutter. »Blü-e!« sagt er. »Blüüüü-e!«

Nein, wie gesagt, über den Kinderfall kann nicht genug gesprochen werden: Seinen kleinen Eimer fülle ich ihm halb mit Wasser, er geht bedachtsam die Stiefmütterchenreihen ab, sieht sie an … Plötzlich ein Guss, eine Traufe. »Blü-e Wä (Wasser)«, sagt er. »Pappa, Blüe mehr Wa!« Frühling als Sache der Kinder. Der Uli schafft's.

Sie haben natürlich keine Ahnung, wo Neuenhagen liegt. Bei einer Rennbahn liegt es. Hier haben die großen Rennställe ihre Pferde. Eine Trainierbahn ist da. Die Birken um sie herum werden so angenehm grün, man denkt ununterbrochen an Moselweintrinken.

In den Rennställen merkt man den Frühling auch. Bis dato ritten die Jockeys um sieben, acht oder neun mit ihren Pferden zur Arbeit hinaus, jetzt, im Frühling, heißt es um sechs Ausritt. Fünf Pferde, fünfzehn Pferde, dreißig Pferde – es gibt immer noch große Ställe, es gibt immer noch berühmte Trainer. Die Jungen – fast alle sind jung, denn von den Älteren schaffen die wenigsten das Gewicht noch –, die Jungen hocken auf den Gäulen mit blassen, faltigen Gesichtern. Die Pferde gehen dahin wie die Puppen, es sind schöne Pferde, gepflegte Pferde, ihnen tut kein Hufnagel in den miesen Zeiten weh. Aber dazwischen sitzt ein Bengel, er hat sich ganz unvorschriftsmäßig zurückgelehnt, die Zügel bammeln, Deubel auch, wenn das der Trainer sieht!

Er sieht es nicht. Der Junge pfeift, der Junge singt. Über ihm ist das grüne Birkengeweh, das Gras ist grün, in manchem Garten flammt noch eine Forsythia gelb. Er singt, pfeift, das Pferd setzt Fuß vor Fuß – o Jugend, o Frühling, o grünes Gebäum!

Es gibt einen Stolz Neuenhagens, ein Monstrum, einen achtzehnjährigen Jockey, der nur dreißig Pfund wiegt. Mein zweijähriger Sohn wiegt auch dreißig Pfund. »Baby!« ruft mein Sohn aufgeregt. »Baby Hott!«

Es ist ein Glück, dass es die Kinder und den Frühling gibt, ein wahres Glück, sie korrigieren die Geschichte, sie machen den Menschen sehend: »Baby« sagt er. »Monstrum« weiß er. Geschnitten oder ungeschnitten: die Bäume blühen sich tot. Nein, blühen sich zur Frucht.

Die Kinder haben ihre Chance für sich, das ganze Jahr: jung, jung, jung ... Wir haben einmal im Jahr diese Chance. Lieber Gott, lass die Bäume blühen ... Und der Winter währet sieben Monate ... Lass sie blühen –!

Wie vor dreißig Jahren

Damals, als Gotthold sich in sie verliebte, war Tini ein junges dunkelblondes schlankes Mädchen. Sie war frisch aus Thüringen gekommen und bediente die Gäste am Mittagstisch ihrer Verwandten, irgendwo im Norden Berlins. Sie hatte »Schnecken« über den Ohren, lachte gern und war sogar zu Gotthold nett.

Gotthold war der Sohn eines ehrgeizigen Lehrers, aber trotz nachdrücklicher körperlicher und geistiger Nachhilfe hatte es nicht weiter als bis Obersekunda gereicht. So war er in ein Bankgeschäft abgeschoben worden. Bei seinem Vater in Ungnade, saß er vor dem Kontokorrent und dachte mit Bitterkeit an alle, die es weiterbrachten im Leben, die begabter waren und häufiger lachten.

Heute, da sie dreißig Jahre verheiratet sind, weiß Tini längst, dass Gotthold sie nie »richtig« geliebt hat. Er hat sie nur den andern wegnehmen, ihr Lachen, ihre Fröhlichkeit für sich haben wollen. Damals war er eine glänzende Partie für das arme Serviermädel, das nicht einmal richtig Deutsch konnte, heute …

Heute … Also, sie sind eigentlich, fünfzig und dreiundfünfzig, mit ihrem Leben durch. Die beiden Kinder, Sohn und Tochter, sind richtig gut verheiratet. Sein Ehrgeiz, Depositenkassenvorsteher zu werden, ist unerfüllt geblieben. Bei der letzten Rationalisierung haben sie Gotthold pensioniert. Da sitzen sie nun beide in einem kleinen Haus in der Vorstadt, mit ein wenig Gartenland … Sie haben bis an ihr Lebensende ihre kleine sichere Pension … Und was haben sie sonst?

Er ist gelb und knitterig geworden, der Gotthold. Mit seinem gelben kleinen armen Vogelkopf püttjert er den ganzen Tag im Hause und im Gärtchen herum. Hier wischt er was, dort nagelt er was, nun poliert er was.

»Wie kommt die Schramme ans Büfett, Tini?« quäkt er. »Gestern war noch keine Schramme da, heute ist eine da. Das hast du wieder gemacht!«

Er wischt, er holt Möbelpolitur und macht Wachs warm. Nie liest er ein Buch, aber er läuft hinter Tini hinterher. »Wo hast du die kleine rote Vase mit dem weißen Engel gelassen, die uns Hempels zur Hochzeit geschenkt haben? Heute Nacht ist es mir eingefallen. Ich habe sie seit zehn Jahren nicht gesehen!«

»Längst kaputt«, sagt Tini. Oder sie sagt nichts. Sie ist dick geworden, ihre Beine sind unmöglich, aber sie versucht heute noch, nach dreißig Jahren, liebenswürdig zu sein. Sie versucht es immer wieder. Sie fegt durch ihren Haushalt wie ein eiliger Wind. Eigentlich hat sie kaum noch etwas zu besorgen; die Kinder sind fort, aber was sie besorgt, muss schnell gehen. »Rasch, Gotthold, rasch! Wredes haben schon ihre Erdbeerpflanzen gesetzt. Lauf in die Gärtnerei.«

»Aber wie komme ich denn dazu? Lauf du!«

»Die werden schön über uns lachen, wenn wir die Letzten mit Erdbeerensetzen sind. Aber wie du willst.«

Er putzt an seiner Azalee herum, er zupft ein Blatt ab, das krank aussieht. Dann betrachtet er das Blatt, ob es auch wirklich krank war. »Sicher hast du wieder an meine Azalee gestoßen.« Keine Antwort. »Also sag mir wenigstens, wie viel Erdbeerpflanzen wir brauchen. Nie sagst du mir richtig Bescheid.«

Nun hat die Tochter geschrieben: Sie hat einen Pelzmantel gesehen …, nur vierhundert Mark …, sie hat ihn sich so lange gewünscht …, ob die Mutter nicht helfen will? Es wäre sooo nett! Die Eltern haben dreihundert Mark Pension, der Schwiegersohn hat siebenhundert Mark Einkommen … Aber natürlich hilft die Mutter. Solche Briefe kommen an die Adresse der Nachbarin. Der Mann darf sie nicht sehen, er darf überhaupt nichts merken. Wenn man eine tüchtige Hausfrau ist, kann man schon fünfzig Mark vom Haushaltsgeld einsparen, und der Mann merkt nichts. Man muss auch wieder zum Arzt, das Bein tut so weh … Sicher ist eine Ader gerissen. Da freut er sich, da gibt er gerne vierzig Mark, sechzig Mark.

»Siehste«, sagt er. »Tut es weh? Ich hab's dir ja gesagt … Du sollst nicht so viel rumlaufen. Tut es ganz richtig weh?«

Das ist sein Glück, wenn es ihr schlecht geht, wenn sie Kummer hat. Der Sohn hat nicht zu ihrem Geburtstag geschrieben? »Siehste! Ich hab's dir immer gesagt. Du hast den Bengel stets in Schutz genommen. Der achtet dich wie nichts. Recht hat er, wo er Amtsgerichtsrat ist, und du kannst nicht mal richtig Deutsch.«

Sein kleiner gelber Kopf tanzt auf den schmalen Schultern. Er lacht. »Weißt du noch, wie ich dem Bengel eine Ohrfeige geben wollte, Weihnachten 1909, und du hast dich vorgestellt, und ich habe dir eine geklebt? Siehste!«

Er lacht, dann schusselt er ab, ins Dorf. Heimlich geht er in ein Café, frisst sich an mit Kuchen und Torte. Das ist seine Leidenschaft, aber er verträgt's nicht: Die Galle schreit. Nachts steht sie, macht Umschläge. »Heißer!« brüllt er. »Noch heißer! Weil du nie was Richtiges kochst.«

»Sicher hast du wieder Kuchen gegessen, Gotthold!«

»Wie kannst du so etwas behaupten?!«

»Schrei nicht so, Gotthold, dass wenigstens nicht die Nachbarn …«

»Grade schrei ich. Alle sollen sie wissen, was ich für 'ne Frau habe. So ein Weib, das nicht mal richtig Deutsch kann.«

Fünf Jahre, zehn Jahre, zwanzig Jahre, dreißig Jahre … Wie viele Jahre noch? Dreißig Jahre vielleicht noch? Sein Vater ist uralt geworden. Manchmal verzweifelt sie, dann schließt sie sich ein zum Weinen. So ist sie wenigstens eine Weile sicher. Dann rüttelt er an der Tür. »Was schließt du dich ein? Seit wann schließt du dich ein vor mir? Hast du wieder Geheimnisse? Wer will Geld von dir? Diese Ausbeuter!«

»Nichts, Gotthold. Mir war ein bisschen schlecht.«

»War dir schlecht? Siehste, habe ich dir nicht gesagt, du sollst den Gurkensalat nicht abends essen? Mir bekommt so was nie.«

Ja, sie verzweifelt …, aber sie verzweifelt zehn Minuten …, wenn es hoch kommt, eine halbe Stunde. Ihr ist eben eingefallen, als sie das letzte Mal beisammen waren, hat die Schwiegertochter einen so hässlichen Jumper getragen, sie wird ihr einen hübschen Jumper stricken, rasch Wolle, rasch los, acht Tage acht Stunden gestrickt, die Augen tun ihr weh …

»Tun sie dir auch richtig weh? Ich habe dir ja gesagt …« Aber es muss rasch gehen. Sie freut sich schon auf die Freude der Schwiegertochter. Fertig, zur Post, abgesandt. Sie wartet drei Tage, eine Woche, drei Wochen, dann kommt eine Karte: »Herzlichste Grüße vom herrlichen Ostseestrand. Helga. Hans. P. S. Der Jumper ist sehr nett.«

Aber sie hat längst etwas anderes. Ihr ist etwas eingefallen. Da haben sie nun das kleine halbe Zimmer für etwaige Besuche, aber nie kommt jemand zu Besuch. Sie wird Gottholds Bett da hineinstellen, sie wird ihr Schlafzimmer für sich haben. Seit dreißig Jahren hat sie keine Nacht allein geschlafen.

Natürlich wird er nie einwilligen. Nächtelang liegt sie, überlegt. Da ist ihre Schwester in Lüneburg. Sie muss Gotthold dringend auffordern, zu kommen. Eine Vermögensberatung. Er ist ja der Bankfachmann der Familie. Sie muss ihn zwei, drei Tage festhalten.

Unterdes wird sie mit einem Mann die Möbel umstellen. Sie wird sie so umstellen, dass er sie nicht allein zurückkriegt. Dazu ist er zu schwach. Er wird fluchen, schimpfen, brüllen, aber einen Mann nimmt er sich nicht zu Hilfe, dazu ist er zu geizig. Übrigens wird er gar nicht auf diese Idee kommen. Zuerst wird sie die Tür zwischen den beiden Zimmern auflassen, später anlehnen, dann einklinken, schließlich zusperren. O Gott, sie wird wieder allein schlafen, wie vor dreißig Jahren. Sie träumt, sie phantasiert. Wie vor dreißig Jahren. Lieber Gott, es kann alles noch gut werden, ziemlich gut. Sie kann wenigstens nachts allein sein, wie vor dreißig Jahren …

Christkind verkehrt

Ich hatte mir zu Weihnachten ein Puppentheater gewünscht, ein Puppentheater aus Pappe, mit Proszenium, Soffitten und Hintergrund, mit den Figuren für Wilhelm Tell – alles aus Pappe. Auf meines Bruders Uli Wunschzettel aber hatte eine Robinsonade gestanden, aus Blei, Robinson und Freitag und Palmen und eine Hütte und das »Pappchen« in seinem Rutenkäfig, alles aus Blei.

Einmal ist es so weit, und die kleine silberne Bimmel klingelt, und die Tür tut sich auf, und der Baum strahlt, und wir marschieren auf ihn zu, wie die Orgelpfeifen, nach dem Alter: erst Uli, dann ich, dann Margarete, dann Elisabeth. Und nun stehen wir vor dem Baum, rechts und links von ihm Mama und Papa, und wir sagen jeder etwas auf: ein Weihnachtslied oder ein paar hausgemachte Verse. Während das geschieht, ist es verboten, nach den Tischen zu schielen, aber ich wage doch einen Blick – und da, links von mir, steht das Puppentheater, strahlend, und der Vorhang ist aufgezogen, und Tell ist auf der Bühne und Geßler – welches Glück!

Aber wie nun Elisabeth als die Letzte ihr Sprüchlein gesagt hat und wir zu unsern Tischen dürfen, da führt mich Mama nicht nach links, nicht zu dem Puppentheater, sondern nach rechts, wo auf einem großen Brett mit gelbem Sand und grünem kurzem Moos und blaugestrichenem Meer die Robinsonade aus Blei aufgebaut ist –: »Dein Bruder Uli«, sagt Mama, »ist voriges Jahr viel besser weggekommen als du. Und deshalb bekommst *du* in diesem Jahr den Robinson, der ist viel schöner.«

Und nun standen wir beide da, wie die rechten Küster,

und versuchten zu spielen, er mit »meinem« Puppentheater, ich mit »seinem« Robinson, und das Herz war uns schwer, und zu freuen hatten wir uns doch auch. Und ab und an wagten wir einen Blick zum andern und fanden, der konnte gar nichts mit »unserm« Spielzeug anfangen.

Aber das Seltsame an diesem sonst ganz unweihnachtlichen Weihnachtserlebnis war, dass wir – Uli und ich – nun nicht etwa, als die weihnachtlichen Freuden verrauscht und wir mit unserm Spielzeug aus dem Bescherungs- in »unser« Zimmer übergesiedelt waren, dass wir da nicht etwa unsere Weihnachtsgeschenke austauschten und das so falsch Begonnene richtig vollendeten ...

Nein, das Seltsame war, dass Uli leidenschaftlich an seinem Puppentheater hing und dass ich wie ein Hofhund über meinem Robinson wachte. Von all den vielen Weihnachtsfesten meiner Kindheit ist dieses eine nur mir ganz unvergesslich und deutlich geblieben: mit dem spähenden Entdeckerblick zum Tisch, mit dem »Besser-Wegkommen«, mit dem Sich-freuen-Müssen, mit dem verlegenen Schuldgefühl. Kein Spielzeug hat den Glanz dieses falschen Robinsons, es ist mitgegangen mit mir durch mein Leben, und heute noch, wenn ich nicht einschlafen kann, spiele ich Robinson.

Eine Königskrone geht auf Reisen

(Die Krone von Bosambo)

Der Kronprinz von Anglien, einem Land voll Schnupfen, Nebel, Husten, hat sich ein wenig stark auf die leichte Seite gelegt. Dies würde an sich nicht den Traditionen des königlichen Hauses widersprechen, wenn der junge schwache Prinz von etwa fünfundzwanzig Jahren sich nicht ganz in den Händen einer sehr jungen, sehr hübschen, sehr energischen Dame namens Sissy befände.

Sie hat nicht nur lebhafte Beziehungen zur Unterwelt, sondern ihr sogenannter Vater und Beschützer, ein Herr Brenncater, ein Bulldogtyp, ist auch ein vorbestrafter Geldschrankknacker.

Die bekümmerte Mutter des Kronprinzen, Witwe, regierende Königin von Anglien, eine Art Queen, beruft einen Rat ihrer Haus-Husten- und Schnupfen-Minister ein. Es wird beschlossen, den Kronprinzen auf Reisen zu schicken, um ihn der Sissy Brenncater zu entziehen. Damit diese Reise aber auch ihr Gesicht hat, wird dem Kronprinzen der ehrenvolle Auftrag erteilt, dem König Bosambo von Monrovia als Geschenk des Landes Anglien eine goldene, mit Edelsteinen geschmückte Krone zu überbringen. Monrovia ist eine anglinische Kolonie in Afrika, dem König Bosambo gehört von ihr außer dem Königstitel und einer hübschen, von Anglien gezahlten Apanage längst nichts mehr.

Völlig zerschmettert hört der übernächtige, bleiche Kronprinz die Ankündigung dieser Reise durch seine Mutter an – man hat ihn für diese Aussprache erst aus seinem

Bett holen müssen. Er möchte meutern, aber die königliche Würde seiner Mutter erdrückt jeden Versuch auf der Stelle. Die blitzende Königskrone wird ihm in Gegenwart des Haushustenministers vom Hofschnupfenjuwelier überreicht. Leider darf er sie nicht behalten, was ihm zur Sanierung seiner stark derangierten geldlichen Verhältnisse erwünscht wäre, sondern für ihn nimmt sie Herr Oberst Hopkins, der als sein persönlicher Begleiter für die Reise nach Monrovia ausersehen ist, in Empfang. Herr Oberst Hopkins macht einen recht bärbeißigen, cholerischen Eindruck.

Es überrascht den Kronprinzen stark, als er merkt, dass weder Sissy noch ihr Vater die Nachricht von dieser befohlenen Reise mit der gleichen Trauer wie er aufnehmen. Im Gegenteil, sie suchen ihren armen ›Edi‹ nach Kräften zu trösten – er mit Wein, sie mit Liebe. Dabei erkundigen sie sich eifrig, aber listig nach Aussehen, Gewicht und Edelsteinschmuck der Krone –: Ob sie wohl auch bestimmt echt sei? Der Kronprinz ist indigniert: Alles, was das reiche Land Anglien schenkt, ist natürlich echt, und nun noch eine Königskrone, von einer Königin einem König geschenkt! Ein wenig bedenklich wird das holde Gaunerpaar erst, als es vernimmt, diese feierliche Staatsreise würde an Bord eines anglinischen Kriegsschiffes stattfinden. Aber der listenreiche Brenncater glaubt auch diese Schwierigkeit überwinden zu können, beim weinseligen, tränenreichen Abschied schwört er dem Kronprinzen zu: »Noch ehe du den Boden von Monrovia mit deinem Fuß betreten haben wirst, Edi, wird deine Sissy wieder bei dir sein!«

Die Fahrt auf Ihrer Majestät Leichtem Kreuzer Najade wird für alle Beteiligten grauenvoll, für Offiziere und

Mannschaften, für Oberst Hopkins wie für seinen Schutzbefohlenen. Leider ist der Name des Schiffes das einzig Weibliche auf und an ihm. Umsonst wurden Paraden, Spiele, Festessen, Wettkämpfe veranstaltet: Den Kronprinzen stürzt das Fehlen jedes weiblichen Rocksaums in tiefe Apathie. Er zieht sich in seine Kabine zurück und versinkt in traurigen Erinnerungen vor den Bildern seiner Sissy.

Aus ihnen schleppt ihn fast gewaltsam Oberst Hopkins fort: Ein Schäferspiel wird zu Ehren des königlichen Gastes aufgeführt, und da in ihm zwei wirklich reizende, jugendfrische Schäferinnen auftreten, zaubern sie wirklich ein nettes Lächeln auf die Züge des prinzlichen Dulders. Nicht einmal als er beim nachfolgenden Festessen entdeckt, dass die beiden liebreizenden Schönen nur verkleidete Matrosen sind (die so angenehm schwellende Brust erweist sich als ein Strumpf) – nicht einmal da verflüchtigen sich die Sympathien des Thronfolgers für seine beiden Hübschen ganz. Er sucht sie als ständigen liebsten Umgang, verscheucht die Offiziere, den Oberst Hopkins und sitzt am liebsten bei den beiden im Mannschaftsraum.

Bill und Bull, zwei helle Jungen, erkennen ihre Chance: Sie lassen sich nicht nur von allem Dienst befreien, sondern bringen dem Kronprinzen auch einige höchst verfängliche Glückspiele bei, wobei sie seine Taschen erheblich erleichtern. Als sie ihre Gaunerei gar zu schlimm treiben, und der Kapitän sie in Eisen legen lässt, besinnt sich der empörte Eduard auf sein Kronprinzentum und befiehlt gebieterisch die Freilassung und Rehabilitierung seiner beiden Freunde Bill und Bull. Alles Zähneknirschen von Offizieren und Hopkins hilft nichts: Dem prinzlichen Willen muss gehorcht werden, und die beiden Matrosen umschmeicheln und begeifern ihren Beschützer, terrorisieren die ›Najade‹ mehr denn je.

Alles atmet auf, als der Kreuzer in den Hafen einer befreundeten Macht einläuft. Der dortige anglinische Botschafter hat längst von der Regierung Ihrer Majestät den Auftrag erhalten, ein glänzendes Fest zu veranstalten, bei dem dem Thronfolger alle Schönheiten des Landes vorzuführen sind, damit er über einer von ihnen endlich seine Sissy vergesse. Aber auch dies Fest wird ein Misserfolg, der Kronprinz sucht nur Sissy, vor seinem Traumbild verblassen alle andern. Er langweilt sich tödlich, er gähnt. Als er sich schließlich zu einem Gespräch mit einer jungen Dame (von Oberst Hopkins gezwungen) entschließt, als die ganze festliche Versammlung die beiden diskret (und fast unanständig) im Wintergarten allein lässt, als draußen vor den Fenstern ein verabredeter Pfiff laut wird, lässt er seine hingebungsvolle Schöne brüsk stehen, springt aus dem Fenster in die Arme von Bill und Bull und flieht mit ihnen in die nächtlichen Schenken der Stadt, um Sissy zu suchen. Denn Brenncater hat ihm ja versprochen, dass er sie noch vor Monrovia wiedersehen soll.

Verfolgt von dem zornigen, aber rheumatischen Oberst Hopkins, gejagt von den Matrosenkommandos der ›Najade‹, bespitzelt von der Polizei der Stadt streifen die drei durch die Bodegas der Stadt. Oft entrinnen sie nur durch Hintertüren mit knapper Not ihren Verfolgern, flüchten durch Gärten, klettern über Mauern, wobei Bill den Schwächling zieht, Bull nachstemmt. Aber ihre Ausdauer lohnt sich: In einer Hafenkneipe treffen sie wirklich die Gesuchten, in die Landestracht nur unzureichend verkleidet. Während der Kronprinz in die Arme seiner Sissy sinkt, verständigt sich Brenncater rasch mit den beiden Gaunern, er hat seinen Plan, über den er noch nicht spricht, aber jedenfalls wird man den Kronprinzen hochnehmen. Vor allem aber: wo bewahrt dieser Hopkins die goldene Krone auf?

Die Matrosen wissen es nicht, ›Edi‹ muss ins Vertrauen gezogen werden, und leicht ist der Verliebte überzeugt, dass ein Leben mit seiner Sissy auf einer stillen Südseeinsel dem Glanz eines anglinischen Königsthrons vorzuziehen ist. Aber auch der Kronprinz weiß nicht zu sagen, wo Hopkins die Krone verborgen hält. So muss man sie ausspionieren; die drei, Eduard, Bill und Bull werden das besorgen, bis Brenncater mit Sissy zu ihm stößt. Wann wird das sein? Brenncater leistet einen neuen Schwur: »Nie wirst du Monrovia betreten müssen, Edi! Noch vorher werden Sissy und ich dich entführen!« In das Idyll bricht Oberst Hopkins mit seinen Schergen, aber Bill und Bull entfliehen mit ihrem Schützling, Brenncater ist ein fremdtuender Hidalgo mit seiner Mantilla-tragenden Schönen – und dem Oberst bleibt die Pflicht, die Zeche für die Entflohenen zu zahlen.

Die ›Najade‹ ist wieder auf hoher See, sie fährt nun schon an der Westküste Afrikas entlang. Aber Oberst Hopkins ist nicht mehr in der Stimmung seinen hohen Schützling aufzuheitern. Einmal setzt ihm das täglich heißer werdende Wetter zu, zum andern irritiert sein cholerisches Temperament die Spionage, der [er] sich ausgesetzt fühlt. Ob Tag ob Nacht, ob in Uniform oder Pyjama, ob an der Tafel oder im Bade: ständig ist er von Augen umlauert, von Flüstern umwispert, von geheimnisvollen Geräuschen umgeben. Seine Kabine ist durchwühlt, liegt er lesend im Bett, so erlischt plötzlich das Licht und Gestalten huschen um ihn. Der

Kronprinz macht einen höchst unglücklich verlaufenden Versuch, seinen Mentor mit Whisky zuerst gesprächig zu machen, dann unter den Tisch zu trinken: Der hohe Herr wird zuerst gesprächig und muss sich dann vom Oberst ins Bett bringen lassen.

Aber das hilft dem alten Kriegsmann nichts, die Spionage reißt nicht ab, und um endlich wieder Ruhe zu haben, entschließt er sich, ein Geheimnis preiszugeben, das an Bord eines Kriegsschiffes Ihrer Majestät doch stets sicher bleibt. In einer Nacht verfolgen die drei Verschworenen den alten Oberst, der, eine Kerze in der Hand, durch die dunklen leeren Gänge wandelt, vor einer vielfach verschlossenen Stahltür Halt macht, sie öffnet und in der Munitionskammer des Schiffes verschwindet. Durch die offengebliebene Tür beobachten der Kronprinz, Bill und Bull mit entsetzter Spannung, wie der Oberst sein offenes Licht auf einer Pulverkiste niedersetzt, sich umständlich eine dicke Trabucco in Brand steckt, und so bewaffnet zwischen Pulver und Munition zu wühlen anfängt, bis er aus einer Kiste ein großes Etui hebt, der er die Edelstein glänzende Königskrone für Bosambo entnimmt. Als er die Krone im Licht der Kerze dreht und wendet, drängen die Verschwörer gierig näher, aber als dem alten Kriegshelden dabei seine Zigarre in die Pulverkiste fällt, fliehen sie mit einem Schreckensschrei. In der Kabine des Kronprinzen erwarten sie angstvoll die Detonation, die sie in die Luft sprengen wird. Sie erfolgt nicht, aber sie schwören sich doch zu, diesen schwierigsten Teil des Abenteuers dem erfahrenen Brenncater zu überlassen.

Die ›Najade‹ hat einen schweren Sturm zu überstehen gehabt, von der Seekrankheit erschöpft liegt der Kronprinz in seinem Bett, und nur wenig interessiert ihn die Nachricht, dass der Kreuzer im Begriff steht, zwei in Seenot befindliche afrikanische Fischer aus ihrem havarierten Boot aufzunehmen. Der braunschwarze grimmige Alte und sein schlanker, aber ebenso schwärzlicher Begleiter werden im Zustand äußerster Erschöpfung an Bord genommen, niemand macht von ihnen viel Wesens, sie werden irgendwo hinten im Mannschaftslogis untergebracht.

Aber wie wird dem Kronprinzen, als nächtens, von Bills Arm in seine Koje geschoben, der schwärzliche Fischerknabe sich als seine Sissy erweist –! Edi ist im siebenten Himmel, siebenfach berückend scheint ihm die Geliebte in Mondnacht und mit Dunkelheit! Leider gönnt Brenncater dem Paar nur kurze Minuten ungestörten Glücks, mit Bill und Bull betritt er die Koje: Monrovias Küste ist nahe, noch in dieser Nacht muss die Krone in ihren Besitz gekommen, die Flucht bewerkstelligt sein!

Es ist Mitternacht, wieder liegen die Gänge der ›Najade‹ still und verlassen da. Von Bill und Bull geführt schleicht Brenncater, eine Tasche mit Einbruchswerkzeug in der Hand, zur Munitionskammer. Spielend öffnet er die schweren Schlösser. Aber nun scheint ihn die Gegenwart der beiden Zeugen bedenklich, er schickt sie mit dem Auftrag fort, ein Boot für die Flucht bereit zu machen. Nur widerwillig gehen Bill und Bull.

Allein geblieben beugt sich Brenncater über die Munitionskisten, sucht und findet die Krone. Er öffnet das Etui, er steht da, verzückt in ihrem Glanz. Aber eine Hand legt sich schwer auf seine Schulter: Oberst Hopkins steht vor ihm, eine Pistole in der Hand. Der alte Einbrecher weiß, was er zu tun hat; er hebt gehorsam die Hände, mit der funkelnden Krone, über sein Haupt. Der Oberst untersucht ihn grimmig nach Waffen, nimmt ihm die Beute ab, verwahrt sie wieder in Etui und Munitionskiste und macht sich nun dran, den Einbrecher zu fesseln …

Sissy, bei ihrem ›Edi‹ in der Kabine, wird unruhig, als die Zeit verstreicht und weder Brenncater, noch die beiden Matrosen zurückkehren. Mit dem Kronprinzen macht sie sich auf die Suche nach dem Vater. Sie treffen auf Bill und Bull, die unterdes ein Boot startbereit gemacht haben. In der Munitionskammer überraschen die vier den Obersten Hopkins, der gar zu eifrig damit beschäftigt ist, seinen Gefangenen gründlich zu binden. Im Augenblick hat sich das Blatt gewendet: Oberst Hopkins ist gefangen und die Krone Bosambos wieder im Besitz der Diebe. Vergeblich beschwört der Oberst den Prinzen bei seiner königlichen Ehre, der Gemeinschaft mit Dieben zu entsagen, den Auftrag der königlichen Mutter zu erfüllen: Ein Blick Sissys, ein Lächeln von ihr sind stärker als alle Beschwörungen des alten Offiziers. Hopkins wird gefesselt in der Munitionskammer zurückgelassen, die Brenncater sorgfältig hinter sich verschließt.

Eine Viertelstunde drauf spielt sich an dem schwankenden Fallreep der ›Najade‹ eine erschütternde Szene ab: Im bereit gehaltenen Boot sitzen bereit zum Abstoßen Bill und Bull, die Riemen in der Hand. Brenncater hilft der Sissy, die in der Hand die Königskrone von Monrovia hält, die Seile hinab. Oben steht, schwindelnd vor dem pendelnden Abstieg, der Kronprinz, auf die kräftig helfende Hand Brenncaters wartend. Aber Brenncater wendet sich nicht zu ihm zurück. Er nimmt neben Sissy im Boot Platz und befiehlt den Matrosen abzustoßen. Mit einem kläglichen Schrei macht der Kronprinz die vier auf ihre Vergesslichkeit aufmerksam. Aber während die andern in ein höhnisches Gelächter ausbrechen, steht Sissy im Boot auf und ruft dem Schwächling ihre ganze Verachtung ins Gesicht. Er sei ihr immer nur widerlich und jämmerlich erschienen, nur dazu gut, Königskronen zu besorgen. Einen Mann allein habe sie in ihrem ganzen Leben wirklich geliebt: Brenncater, ihren vorgeblichen Vater, die Bulldogge!

Längst schon sind Schiff und Boot viel zu weit voneinander entfernt, als dass der Kronprinz die Scheltreden seiner Geliebten noch hören könnte. Aber er hat schon genug, schon zu viel gehört: Jämmerlich schleicht er in seine Kabine zurück. Die Bilder dort erinnern ihn dort alle an seine Geliebte. Mit einer heroischen Anstrengung, macht er sich dran, sie zu zerreißen. Aber dies geht über seine Kraft; das Bild in Händen bricht er in Tränen aus. Die Tür seiner Kabine öffnet sich, und ein tritt der grimme Major Hopkins, gefolgt von dem nicht weniger grimmigen Kapitän der Najade, beide fest entschlossen, mit dem ungeratenen jungen Mann jetzt Abrechnung zu halten, ohne alle Rücksicht auf königliche Würden!

Seine Majestät, König Bosambo von Monrovia, befinden sich mit großem Gefolge auf der Jagd in der Nähe der Meeresküste. Bosambo ist ein ziemlich fetter, dunkel kaffeebrauner Neger, der von seiner Würde zum mindesten ebenso überzeugt ist wie die Königin Angliens von der ihren. Jetzt melden ihm Herren seines Gefolges, das ein Boot mit Weißen zwischen den Brechern an der Küste sich durchkämpft. Der König geruht, diese Meldung gnädig mit einem Rülpser aufzunehmen, er wird die Herablassung haben, diesem Boot seine Aufmerksamkeit zu schenken.

So geschieht es, dass die Ankunft der vier Gauner auf dem Festland nicht ganz so unbemerkt erfolgt, wie es Brenncater gewünscht hätte. Die Vier werden vor Bosambo geschleppt, der ihnen durch seinen Dolmetsch erklären lässt, dass die Landung an dieser Küste ohne seine Erlaubnis verboten sei, und dass alle Vier mit ihrem gesamten Hab und Gut als seine Gefangenen anzusehen seien.

Doch die finstere Miene des Königs erhellt sich, als er Geschlecht und Art des jungen Fischerknaben errät. Unmissverständlich gibt er Sissy sein Wohlgefallen an ihrer Person zu erkennen, und diese völlig internationale Sprache versteht auch Sissy ohne jeden Dolmetsch, und sie ist auch gerne bereit, darauf einzugehen, schon um aus einer schwierigen Lage das Beste zu machen. Als nun aber gar einige Herren des Gefolges Brenncater dabei ertappen, wie er die Königskrone in ihrem Etui unter einer Baumwurzel verbergen will, wie sie dies Etui vor den König bringen, wie er ihm die Krone entnimmt, sofort ihre Bestimmung errät, sich selbst krönt, wie das Gefolge, die Weißen eingeschlossen, vor Seiner Majestät, dem König Bosambo von Monrovia in die Knie sinkt, die Kriegstrommeln rasseln – da sind aus den Gefangenen Gäste geworden, hochwillkommene Gäste, die im Triumphzug zum königlichen Schloss geleitet werden!

Unterdes haben Oberst Hopkins und der Kapitän der ›Najade‹ den königlichen Schwächling völlig zerschmettert. Sämtliche Bilder Sissys sind in Fetzen, jedes Andenken an sie ist ausgetilgt. Der Auftrag der Königin wird ausgeführt, die Krone wird Bosambo überreicht werden! Ein wenig Leben kommt wieder in den Kronprinzen: Ja, sie sollen das Boot mit Sissy verfolgen, sie sollen sie gefangensetzen, ihr die Krone wieder abnehmen! Der Oberst durchschaut seinen Schützling gut: Ihm ist es nicht um die Krone, ihm ist es noch immer nur um die Nähe seiner Sissy zu tun! Er schnieft verächtlich. Die Krone? Einen Dreck schert er sich um die Krone! Die Diebe mögen selig werden mit dieser – Imitation, vorsorglich zur Irreführung von Verbrechen geschaffen! Hier, hier ist die echte Königskrone von Monrovia! Und aus dem eigenen Schrank des Königsprinzen, aus seinem Zylinderkoffer, seinem Zylinderhut entnimmt er die echte Krone für König Bosambo, lässt sie funkeln … Worauf der Kronprinz völlig zusammenbricht: Seine arme Sissy, so war alle ihre Mühe umsonst! Ohne alle Mittel, in einem gebrechlichen Boot ist sie dem Wüten des Meeres und des bösen Brenncater preisgegeben! – Voller Verachtung, die echte Königskrone mit sich nehmend, verlassen Oberst Hopkins und der Kapitän den Klagenden.

Die ›Undine‹ liegt in einer Bucht vor Monrovia, zwischen dem Kreuzer und dem Land ist ein lebhafter Verkehr von Gigs und Pinassen im Gange, die die Ausrüstung für das Geleit und die Ehrengeschenke für König Bosambo ans Ufer schaffen. Oberst Hopkins und der Kapitän sind ein wenig verwundert, dass sich niemand von den Eingeborenen zu ihrem Empfang eingefunden hat. Als Letzter wird der Kronprinz an Land geschafft, sein Leib steckt in Generalsuniform, seine dürftige Brust glänzt von Orden. Er wird in einen Tragstuhl gehoben, dessen Stangen vier Matrosen ergreifen, und die Gesandtschaft verschwindet im Urwald.

Vor dem aus Bambus errichteten Königsschloss Bosambos findet ein großes Fest statt. Auf einer offenen Veranda hockt Bosambo, das Haupt mit der Krone geschmückt, ihm zur Seite seine neue Lieblingsgemahlin: Sissy. Hinter den beiden hocken mit scheelen Blicken und eifersüchtigen Mienen die andern Weiber Bosambos. An seiner andern Seite aber sitzt Herr Brenncater, der König und er trinken sich eifrig mit Palmwein zu. Zwei verwandte Seelen haben sich gefunden: Bosambo und Brenncater! Sie klopfen einander liebevoll auf die Bäuche, überbieten sich im Rülpsen und stopfen einer dem andern die schönsten Bissen ins Maul. Dabei erklärt Brenncater triumphierend der Sissy, wie er der Finanzminister seines neuen Freundes werden, wie er ihn ausnehmen wird: »Der Junge ist noch viel mehr wert als dein verflossener Edi. Und die Krone kriegen wir doch noch.« Während so die Götter auf der Veranda thronen, ergeht sich unterdes das Volk Bosambos in Fressen, Saufen und Tanzen. All seine Krieger sind versammelt, die Weiber des Volkes, die Feuer brennen …

Und in diesem Festtumult eines ganzen Volkes hält fast unbemerkt das Geleite des Kronprinzen seinen Einzug. Zögernd nur, wie Störenfriede, gibt man ihnen den Weg zur Veranda frei. Allmählich ebbt der Lärm aber doch ab, und als Oberst Hopkins mit dem Kronprinzen die Stufen der Veranda emporsteigt, herrscht tiefe Stille. Schon lange haben Bill und Bull dem Brenncater und der Sissy das Nahen des Zuges gemeldet, so sind nur der Oberst und der Kronprinz überrascht. Mit zorniger Miene begegnet der Oberst dem spöttischen Blick Brenncaters, fassungslos hängt das Auge des Kronprinzen an seiner Sissy, die erhöht vor ihm sitzt, lieblicher und feiner denn je an der Seite dieses Negerkönigs. »Mit euch Dieben rechne ich später ab!« knirscht zornig der Oberst und gibt den unten wartenden Matrosen den Befehl, die Gastgeschenke vor die Füße seiner königlichen Majestät niederzulegen: schreiend bunte Tücher, Ketten mit Glasperlen, Kupferringe, ein Grammophon mit einem ungeheuren Schalltrichter. Allmählich, wie die Berge der Geschenke wachsen, erhellen sich die Züge Bosambos, vergeblich suchen sowohl Sissy wie Brenncater die Gaben schlecht zu machen.

Nun gibt der Oberst dem immer noch wie träumend dastehenden, um einen Blick seiner Sissy bettelnden Kronprinzen einen Stoß: Der große Moment der Kronenüberreichung ist gekommen! Mechanisch reicht der Kronprinz dem König die Krone, aber die Wirkung ist nicht so überwältigend, wie Hopkins erwartete. Der König greift in sein Kraushaar und entnimmt ihm seine Krone, er vergleicht die beiden Kronen ... Wieder flüstert Brenncater mit ihm ... Rasch entschlossen setzt sich Bosambo seine Krone wieder auf, gibt die andre dem Prinzen und verlangt mit gebieterischer Gebärde, dass er mit dieser Krone Sissy kröne ... der Schwächling hat nie einem wirklichen Befehl widerstehen können, er nimmt die Krone und setzt sie, das Knie beugend, seiner Sissy auf's Haupt.

Dies aber ist zu viel für das Ehrgefühl des Obersten Hopkins: mit einem Wutschrei reißt er die Krone Sissy aus dem Haar, versetzt dem Kronprinzen eine Ohrfeige und wird niedergeworfen von Brenncater, Bill und Bull, die auf ihn eindringen. Im nächsten Augenblick ist alles ein Kampfgetöse, unten vor der Veranda überwältigen Bosambos Krieger die Begleitmannschaften, die Kriegstrommeln dröhnen, Schüsse fallen, die Feuer werden auseinandergerissen, es wird dunkel ...

V Das Todeshaus formt einen Dichter

Essen und Fraß

Es war einmal ein junger Mann, nämlich ich, der Schreiber dieser Zeilen, den verurteilten in seiner Jugend Ärzte und Eltern, Landwirt zu werden, weil meinen Nerven nämlich das Großstadtleben »nicht bekömmlich« sei. So ist es gekommen, dass ich ein gutes Dutzend meiner Lebensjahre die Füße unter den Tisch der Rittergutsbesitzer habe stecken müssen – und dass die immer großzügige Gastgeber waren, das kann ich nicht behaupten.

Du lieber Himmel, das waren doch damals, besonders vor 1914, noch reiche Jahre, und auf ein bisschen Essen kam es eigentlich wirklich nicht an. Aber viele, die meisten wollten einfach nicht, und namentlich ihre Ehefrauen sahen es als Ehrensache an, uns nicht einmal die eigenen, auf dem Hofe erzeugten Lebensmittel zu geben, sondern schmierten uns auf unsere Stullen statt guter Butter die billigste Margarine und mästeten uns damals schon mit Mehlsuppen, die statt mit Zucker mit Saccharin gesüßt waren.

Ich denke an ein Weihnachtsfest in der Neumark, am ersten Feiertag waren auch wir Beamte an die »Tafel« des Chefs geladen. Es war alles sehr feierlich und ungewohnt herzlich, eitel Güte und Menschenliebe, wie es das Fest verlangt. Als ich aber von der herumgereichten Platte mir ein Stück Fleisch nahm, erreichten mich doch die scharfen, durch keinerlei Feststimmung gemilderten Worte meiner Kommandeuse: »Sie hätten auch gerne das Knochenstück nehmen können! Ich habe es extra für Sie vornean gelegt, Herr Fallada!«

Einmal war ich auch Feldinspektor auf der Begüterung des Grafen Bibber in Hinterpommern. Es war ein herrlicher Besitz, sieben Rittergüter und drei Vorwerke, achtzehn Kilometer fuhr der Chef über eigenes Land, ein kleiner Fürst! Ich wohnte im Beamtenhaus des Hauptgutes und wurde wie die andern Beamten von Fräulein Kannebier beköstigt. Eines Morgens kam ich durchgefroren vom Acker heim – es war später Herbst, und ich hatte die Aufsicht über die pflügenden Gespanne. Mein Frühstück steht auf dem Tisch, wie üblich zwei Brote mit Wurst und eine Flasche Bier.

Ehe ich noch abgebissen habe, warnt mich meine Nase: Diese Leberwurst stinkt zum Himmel! Betrübt stelle ich meinen Teller wieder zurück – ich war damals noch sehr jung und hatte ewig Hunger –, aber ich denke: So was kann schon mal passieren. Ich trinke meine Flasche Bier und gehe wieder auf den Acker.

Am nächsten Morgen das Gleiche: Ich habe die stinkende Leberwurst vom Vortage längst verschmerzt, aber meine Frühstücksbrote erinnern mich, sie stinken wieder.

Zornentbrannt ergreife ich den Teller und eile in die Küchenregionen. ›Du Aas!‹ denke ich. ›Das ist kein Versehen mehr!‹ denke ich. ›Ich bin kein sanftes Schaf, du!‹ denke ich. ›Ich kann auch anders –!‹

Und: »Fräulein Kannebier!« sage ich drohend. »Das ist heut das zweite Mal, dass Sie mir verdorbene Wurst zum Frühstück geben. Ich tue anständige Arbeit, ich verlange auch anständiges Essen!«

»Die Wurst ist gut!« behauptet sie und sieht mich mit ihren dunklen Augen abweisend an. Sie hat ein fettes, bleiches Gesicht, ich kann sie nicht ausstehen. Sie frisst bestimmt alles, was sie mir entzieht, und sie entzieht mir, was sie nur irgend kann!

»Die Wurst stinkt!« rufe ich wieder und schiebe ihr den Teller unter die Nase. »Da, riechen Sie doch mal –!«

Sie zieht sich einen Schritt zurück. »Tadellos ist die Wurst!« sagt sie. »Nicht einmal einen Stich hat sie!« sagt sie. »Selbst eingeschlachtete Wurst ist das«, sagt sie auch noch.

Zwischen uns ist eine Einigung nur schlecht möglich, keines will auch nur ein bisschen nachgeben. Ich schlage ihr vor, diese selbst eingeschlachtete köstliche Leberwurst einem andern und mir einfache Margarinestullen zu geben, aber sie will nicht einmal das. Allmählich erhitzt sie sich auch, sie möchte mich aus ihrer Küche loswerden, und ich weiche und wanke nicht. Ich verdiene brutto ganze sechzig Mark im Monat, davon kann ich mir kein Frühstück im Gasthof leisten. Ich will mein reelles Deputat-Frühstück.

Schließlich entschlüpft ihr im Eifer des Disputes der Satz: »Frau Gräfin selbst hat angeordnet, dass ich diese Leberwurst für das Beamtenfrühstück nehme!«

»Fräulein Kannebier!« rufe ich. »Was Sie da sagen, das kann nicht wahr sein! Das ist unmöglich! Frau Gräfin selbst soll –? Ausgeschlossen! Nein, das ist allein Ihr Werk, Fräulein Kannebier!«

»Und doch hat Frau Gräfin es angeordnet!« wiederholt die Kannebier und wendet mir den Rücken. Sie bedauert sichtlich, was sie gesagt, natürlich lügt dieses Weib.

»Ich frage Frau Gräfin selbst!« sage ich drohend.

»Tun Sie doch, was Sie wollen!« ruft die Mamsell ärgerlich. »Bloß: Gehen Sie endlich aus meiner Küche!«

Eine Minute später wandert der kleine Feldinspektor Fallada über den Rittergutshof dem Schlosse zu. Er sieht weder nach rechts noch nach links, vor sich trägt er den Teller mit den übelriechenden Frühstücksbroten. ›Der will ich es zeigen!‹ denke ich.

Ich wandere die Lindenallee durch den Schlosspark hinauf, betrete die Auffahrt, komme in die Vorhalle. Der alte Kastellan Elias, mit dem ich am Sonntagnachmittag manchmal Skat spiele, beschaut mich verwundert. »Was wollen Sie denn hier bei uns – « fragt er.

»Elias!« flüstere ich, wie ein Verschwörer. »Wo ist Frau Gräfin?«

Sein Blick wandert zwischen dem Frühstücksteller und meinem Gesicht hin und her. »Was wollen Sie denn von der Gräfin –?« fragt er argwöhnisch.

»Egal!« winke ich ab. »Sagen Sie mir nur, wo Frau Gräfin ist, alles andere geht Sie nichts an!«

Elias hat sich entschlossen. »Im Frühstückszimmer nach der Terrasse zu«, flüstert er nun auch. »Geradeaus, dann den Gang rechts, bis zur blauen Tür. – Ich habe Ihnen aber nichts gesagt!«

»Nichts!« bestätige ich. »Wir haben uns gar nicht gesehen. Wiedersehen!«

Ich stehe vor der blauen Tür. Mein Herz klopft jetzt doch ziemlich. Aber das macht nichts, jetzt gibt es kein Zurück mehr. Ich klopfe an und trete ein. Ich bleibe unter der Tür stehen.

Es ist kein Frühstückszimmer, es ist ein ganzer Saal, in dem hier gegessen wird. Die eine Wand des Saales besteht ganz aus Spiegelglastüren, die bunten Tuffs der Blumenrabatten auf der Terrasse leuchten herein, helle und dunklere Baumgruppen der alten Parkbäume – in der Sonne blinkt der See.

Sie sitzen da am Frühstückstisch, vielleicht zwanzig, vielleicht dreißig Personen – das Schloss ist immer gestopft voll von Gästen. Die bunten Friedensuniformen der Offiziere, die hellen Kleider der Damen. Es blitzt von Silber und Kristall, es riecht wunderbar nach Bohnenkaffee, nach hundert guten Dingen – und ich stehe hier unter der Tür mit meinen stinkrigen Leberwurststullen. Eine ganz andere Welt, nichts für kleine Feldinspektoren mit sechzig Mark Monatsgehalt!

Aber ich kann nicht mehr zurück. Frau Gräfin, so jung sie noch ist, hat sofort gemerkt, dass etwas nicht stimmt, schon steht sie vor mir. »Nun, mein lieber Herr Fallada«, fragt sie, »wollen Sie den Grafen sprechen? Der Graf ist jetzt nicht hier.«

Ich habe nie gedacht, dass Frau Gräfin überhaupt von meiner Existenz schon Kenntnis hat, und nun weiß sie sogar meinen Namen! Ich bin fast überwältigt. Trotzdem trage ich mein Sprüchlein leidlich vor: »Frau Gräfin, ich bekomme heute zum zweiten Male Frühstück mit verdorbener Leberwurst.« Ich hebe den Teller leicht an. Frau Gräfin richtet ihre Augen auf die Wurst und tritt einen Schritt zurück. Ich habe eigentlich nicht den Eindruck, dass Wurst und Frau Gräfin sich zum ersten Male sehen. »Die Mamsell behauptet nun, Frau Gräfin selbst hätte die verdorbene Wurst für uns Beamte bestimmt!«

»O diese Kannebier!« ruft Frau Gräfin und hebt den Blick zur schön mit Stuck gezierten und gemalten Decke. »Diese Kannebier ist doch zu dumm! Ausdrücklich habe ich ihr gesagt, sie soll die verdorbene Ware für die Leute nehmen, nun nimmt sie sie für die Beamten –!«

Einen Augenblick stehe ich überwältigt. Dann sage ich: »Ich danke vielmals, Frau Gräfin!« Geschlagen ziehe ich über den Hof heim: Es sind eben doch zwei Welten –!

Am Abend aber besucht der Graf mich auf meiner Bude und setzt mich fristlos an die Luft. Er lässt es sich sogar etwas kosten, diesen roten Revolutionär, der eine Gräfin wegen seines Frühstücks belästigt, loszuwerden: Er zahlt mir ein ganzes Vierteljahresgehalt! –

Viele Stellungen habe ich während meiner landwirtschaftlichen Periode gehabt, sehr lange habe ich es nirgends ausgehalten. Doch die kürzeste Dienstzeit absolvierte ich auf einer großen Domäne in Mittelschlesien: Sieben Stunden stand ich dort in Diensten – sieben Stunden nur, und auch wieder wegen des lieben Essens.

Das war im Jahre 1917, ich war in Berlin bei irgendeiner Kartoffelgesellschaft tätig und hungerte und fror mich durch den verdammten Kohlrübenwinter. Da hatte es der Ökonomierat Reinlich leicht, mich zu überreden, auf seiner Domäne die Bücher für eine von ihm gezüchtete Kartoffel zu führen. Schon längst hatte ich bedauert, in die Großstadt gegangen zu sein, das flache Land verlassen zu haben, wo es doch wenigstens immer noch Brot gab und Obst und Milch und Kartoffeln – nicht nur Kohlrüben!

Eines Abends kletterte ich von einem Jagdwagen, der mich von der Bahn geholt hatte, ich war auf meinem neuen Tätigkeitsfeld angelangt. Mein Chef, der Ökonomierat Reinlich, war ein guter alter Mann, übrigens Junggeselle, fett, ein bisschen schwerhörig und ein bisschen schmuddlig – für seine Körperpflege machte er von seinem Namen entschieden nur wenig Gebrauch. Er zeigte mir selbst mein zu ebener Erde gelegenes Zimmer, ganz nett. »Vielleicht richten Sie sich gleich ein bisschen ein. Wir essen in einer halben Stunde zu Abend.«

Ich hatte mich kaum gewaschen, da gongte es schon.

Alles ging hier recht patriarchalisch zu: An einem Ende der Tafel saß der angeschmuddelte Ökonomierat, am andern seine kleine verhutzelte Schwester, die ihm den Hausstand führte. Dazwischen die mancherlei Beamten: der Feldinspektor, der Hofverwalter, der Milchkontrolleur, der Rechnungsführer, die Mamsell. Und ganz patriarchalisch-ländlich begann auch das Abendessen mit einer Mehlsuppe, einer Mehlsuppe, die durch irgendwelche bräunlich-schwärzlichen Klöße einen ungewohnten Reiz bekam. Dann gab es richtiges Butterbrot mit Wurst und Käse – jaja, es war gut, dass ich hierhergegangen war, hier würde ich lange bleiben. Keine Kohlrüben mehr …

Die Tafel wurde aufgehoben, und der Ökonomierat sagte zu seiner Schwester: »Ich setze mich mit Herrn Fallada noch ein bisschen aufs Büro und bespreche die Zuchtbücher. Bring uns doch eine Flasche von dem mittleren Mosel – !«

Mittlerer Mosel und gleich etwas zu rauchen, gut, sehr gut. Dies halte fest, Fallada!

Herein kommt die Schwester mit dem Mosel. Der Chef schielt unter seiner Brille fort böse nach ihr hin. »Hundertmal habe ich dir gesagt«, knurrt er, »dass du den Deckel von der Mehlkiste geschlossen halten sollst. Aber nein! Heute schwamm wieder die ganze Mehlsuppe voll Mäusedreck!«

Da wusste ich es, was ich da für ungewöhnlich reizvolle bräunlich-schwärzliche Klößchen gegessen hatte. Und dachte: ›Nein was gleich mit Schiet anfängt, kann nur schietig weitergehen. Schüttele den Staub von deinen Füßen, Fallada, und trolle dich von hinnen!‹

Ich habe mir dann noch friedlich angehört, was alles mir der Ökonomierat von seiner schönen Kartoffel zu erzählen hatte, habe von seinen Zigarren geraucht und seinen Mosel getrunken – an den Dingen konnte ja bestimmt nichts »dran« sein. Als ich dann wieder in meinem Zimmer war, habe ich still gewartet, bis alles im Hause friedlich schlief. Ich stellte meine beiden Koffer auf die Fensterbank, kletterte hinaus und bin den Weg wieder friedlich zurückgewandert, den ich sieben Stunden vorher mit dem Jagdwagen gefahren war. Und als sie sich auf der Domäne zum ersten Frühstück hinsetzten – vermutlich mit Mehlsuppe mit, mit … –, da trug mich schon der Eilzug wieder nach Berlin – mit seiner Kälte, mit seinen Kohlrüben.

Der Ökonomierat aber hat sich nie wieder bei mir gemeldet, hat nie wieder nach mir gefragt. Vielleicht hat er es sogar verstanden, dass es Menschen gibt, die nicht einmal über einen Mäusedreck wegkommen – ich hoffe es jedenfalls!

Meine Damen und Herren!

Zur Stunde, da wir hier versammelt sind, um auch von Seiten des deutschen Volkes Stellung zu nehmen zu diesem von den Siegermächten begonnenen Prozess gegen die Kriegsverbrecher, zu der gleichen Stunde läuft dieser Prozess bereits drei Wochen. Spricht man nun mit dem sogenannten Manne von der Straße über dies Verfahren, so stößt man entweder auf völlige Gleichgiltigkeit (›Wir haben an unsern eigenen Sorgen genug zu tragen‹), oder aber die Leute sagen: ›Was kann bei diesem Prozess groß herauskommen? Im günstigsten Falle werden die Herren Göring, Streicher usw. zum Tode durch Kugel oder Strang verurteilt, und was ist das schon für eine Strafe an Männern, die nicht nur fremdstämmige, nein, die auch die eigenen Landsleute zu schrecklichem Tode durch Martern jeder Art verurteilt haben? Nein, nicht zum Tode sollten sie verurteilt werden, sondern zu einem langen Leben. Die beste Kost sollte man ihnen geben, Leibärzte sollte man ihnen halten, dass sie nicht wie der Herr Ley den Folgen ihrer Schandtaten entfliehen können. Aber man sollte sie in Eisenkäfigen wie Zirkustiere von Ort zu Ort leiten, man sollte sie ausstellen gegen Eintrittsgeld, und dieses Eintrittsgeld sollte für die Opfer der Faschisten verwendet werden: Unsummen würden dabei zusammenkommen. Das wäre eine wirkliche Strafe, noch immer zu gelinde, aber immerhin doch eine Strafe.

So sprechen viele. Ist das nun richtig, was sie da sagen? Ist das eine Einstellung, die eines Bürgers aus dem neuen, dem demokratischen Deutschland würdig ist? Rein gefühlsmäßig kann man sie beide verstehen, die Gleichgiltigen, die nur mit den eigenen Sorgen Beschäftigten und die nur auf Rache Gesinnten, die Alttestamentarischen, die nach dem Satze handeln möchten: Auge um Auge, Zahn um Zahn. Grade diese Letzteren haben wahrscheinlich unendliches Leid über sich ergehen lassen müssen. Angehörige von ihnen liegen vielleicht heute noch unter den Trümmern zerbombter Häuser, andere haben ihre Väter, Brüder, Freunde, Kinder in einem Konzentrationslager verschwinden sehen und haben nie wieder etwas anderes von ihnen gehört als die Nachricht von ihrem Tode, wieder andere sind eines frühen Morgens von einem Henkersknecht der Gestapo abgeholt worden und nie wieder ein Laut, keine Nachrichten, nichts, ausgelöscht vom Antlitz dieser Erde, ausgetilgt, nicht einmal ein Aktenstück gibt eine letzte Kunde von ihnen. Oh, man kann sie schon verstehen, diese vom Rachegedanken Besessenen.

Aber, meine Damen und Herren, wir stehen nicht nur an einem Ende, wir halten nicht nur vor einem Zusammenbruch, wir haben nicht nur das Chaos, sondern wir stehen an einem Beginn. Wir wären hier nicht zu dieser Stunde versammelt, wenn wir nicht an Deutschland glaubten, an ein neues Deutschland, wenn wir nicht hofften, mit inbrünstigem Herzen hofften, dass es noch eine Möglichkeit für dieses neue Deutschland gibt, das Deutschland der geistigen Freiheit, in dem einmal Eichendorff und Schiller, Herwegh und Beethoven unvergängliche Klänge der Welt schenkten, Klänge, wie sie kein anderes Volk der Erde so reich und so ewig hervorgebracht hat. In den schwersten Stunden, die wir alle in den vergangenen zwölf Jahren erlebten, hat uns dieser Glaube, diese Hoffnung aufrechterhalten. Wenn wir grade im letzten halbe Jahre, da die Hitler'sche Knute fortfiel, haben erleben müssen, dass ein Großteil unserer Mitbürger den niedrigsten Instinkten mit Diebstahl, Denunziation, Neid Raum gegeben hat, wenn wir also grade in der jüngst vergangenen Zeit haben erfahren müssen, wie verkommen und moralisch erniedrigt dieses Volk in den letzten zwölf Jahren geworden ist, so sagen wir uns doch immer wieder: Ein anständiger Kern ist geblieben, und unsere Pflicht ist es, diesen Kern von Anstand zu erhalten, weiterzugeben, aus dem Kern einen ganzen Saatacker zu bestellen.

Ja, dieser Rachegedanke mit der Schaustellung der Verbrecher – tut er bei ihnen überhaupt Wirkung? Wir haben in den Berichten über den Nürnberger [Prozess] gelesen, dass da ein dokumentarischer Film vorgeführt wurde über die Konzentrationslager. Während dieser Vorführung lag der Verhandlungsraum im Dunkeln, nur die Bank der Angeklagten war sachte von unten angestrahlt, um die Reaktion der Verbrecher auf diesen Film beobachten zu können. Sie haben in der verschiedensten Weise reagiert, der eine ist rot, der andere bleich geworden, der hat der Leinewand den Rücken gedreht und sie nicht einmal angesehen, der andere hat von Zeit zu Zeit einen Blick gewagt, um rasch wieder fortzusehen, wieder ein anderer hat von Anfang bis Schluss Bild auf Bild angesehen, und irgend eine Wirkung war nicht festzustellen. Und wie hat Göring, der Stellvertreter des Führers – er ruhe unselig! Nein, er finde nie Ruhe! –, und wie hat Hermann Göring reagiert? Er hat interessiert zugeschaut, er hat in den Zuschauerraum gespäht, ob man ihn auch ja beachte, wie er denn während der ganzen bisherigen Verhandlung eitel gelächelt hat, sobald sein Name fiel, sei es im Guten oder im Schlimmen.

Und dies ist ein hervorragendes Charakteristikum dieses Mannes und seiner Spießgesellen, wie verschiedenartig sie auch im Einzelnen reagieren mögen: Die Hauptsache bleibt für sie, dass sie beachten werden, dass sie für wichtig gehalten werden, lieber verabscheut sein als gar nicht beachtet werden, lieber schmählich leben als sterben! So liegt der Fall, ihr Anhänger des Rachegedankens. Noch in seinem Eisengitterkäfig wird Hermann Göring von dem Gedanken getragen werden, dass er eine höchst wichtige Person ist, man tut ihm einen Gefallen, wenn man ihn schaustellt.

Zudem: Wollen wir nicht mit der Vergangenheit brechen? Wollen wir den Rachegedanken nicht für immer ausschalten? Wollen wir nicht verzichten auch nur auf den Anschein von Justiz, wollen wir nicht endlich Recht sprechen, der Gerechtigkeit, nicht der Justiz ihren Lauf lassen? Um dieses zwölfjährige Tausend-Jahr-Reich endgiltig abzuschließen, dazu gehört auch, dass selbst die Erinnerung an diese Missetäter ausgelöscht wird. Wir wollen unsere zertrümmerten Städte wieder aufbauen, wir wollen unsere Kinder neu erziehen, die heute noch aus einem gefundenen Blechstück sich einen Tank bauen, wir wollen wieder einen würdigen Platz einnehmen im Rat der friedliebenden Völker – da dürfen wir keinem Rachegedanken Raum lassen – auch diesen Kriegsverbrechern gegenüber. Von nun an: im Hause, in der Umwelt, im Umgange mit den Völkern des Erdballes nur Gerechtigkeit, niemals wieder der Appell an die Gewalt, wahre Demokratie im Gedanken und in der Tat. (Übrigens: Demokratie ist ein aus dem Griechischen stammendes Wort, und danach ist Demokratie die Herrschaft des Volkes, im Gegensatz zur Aristokratie, der

Herrschaft weniger, wie wir sie sattsam erfahren haben in den vergangenen Jahren. Dieses Volk, also unser deutsches, so zu erziehen, dass es wirklich fähig wird, die Herrschaft zu führen ohne Gewalt, ohne Drohung und Vergewaltigung, das ist die Aufgabe der kommenden Jahre, ja, schon die Aufgabe von heute.)

Ich habe eben davon berichtet, wie der vergangene Ministerpräsident Hermann Göring sich im Nürnberger Prozess benommen hat, gelegentlich der Filmvorführungen über die Konzentrationslager. Nur seine Eitelkeit war berührt, kein Anzeichen von Scham, keine Bewegung des Entsetzens. Und ist es nicht überhaupt fast unfasslich, dass keiner von all den zweiundzwanzig Angeklagten unter dem Eindruck dieses Schreckensfilms aufgesprungen ist und spontan, erschüttert gerufen hat: ›Das habe ich nicht gewusst! – Das habe ich nicht gewollt!‹ Das wäre die Reaktion jedes anständigen Menschen gewesen. Aber wir wissen es ja nun leider, dass in den Herzen dieser Männer kein Raum für irgendeine Spur von Anstand und Menschlichkeit war. Nur von Eitelkeit war dieser Göring besessen, dieser ehemalige Morphinist, dem die Schweden, in deren Land er geflohen war, sogar die Vormundschaft über seine Kinder entzogen hatte, ihm wie seiner Frau, weil sie nicht zurechnungsfähig waren. Und dieser Unzurechnungsfähige hat dann die Geschicke des deutschen Volkes geleitet, Hunderttausende, Millionen hat er unglücklich für ihr Leben gemacht, zu schweigen von den Totengebirgen, die längs seines Weges lagen. Diesem Manne wurden dann die Geschicke des deutschen Volkes anvertraut, diesem entwöhnten Morphinisten, bei dem anstelle des Morphiumrausches der Machtrausch getreten war. Sehen wir sie doch an, diese Mitarbeiter, die sich der Führer wählte in seinen engsten Kreise: den homosexuellen Röhm, den Trinker Ley, den an Wahnvorstellungen leidenden Hess, der flieht, sobald die Sache gefährlich wird, den kleinen Göbbels, der seine Minderwertigkeitsgefühle abreagiert durch einen enormen Frauenverbrauch, der sich immer wieder beweist, dass auch ein kleiner Mann trotz Klumpfuß erfolgreich sein kann, grade in der Liebe. Alles Leute mit einem Knacks – ich will auch den Streicher nicht vergessen, diesen Bullen, tierisch mit seinen Speckfalten im Nacken, mit dem Gesicht eines Henkers, der von einer fixen Idee besessen ist, dass nämlich alles Unglück in dieser Welt von den Juden herkommt. Alles Leute mit einem Knacks, würdige Paladine eines Führers, dieses Frauenfeindes, dieses Mannes, für den in der Welt es nur Männer gab.

Da ich diese Worte zu Ihnen spreche, fällt mir ein kleines Erlebnis ein, das grade die Stellung der Juden zu Deutschland beleuchtet, dieser unseligen Menschen, die aller Willkür der Herren Streicher, Göbbels, Rosenberg usw. ausgeliefert waren. Ich hatte um das Jahr 1933 herum einen Zahnarzt, der auf den unmissverständlichen Namen Lewissohn hörte. Wir kannten uns nicht weiter, als ein Arzt einen Patienten kennt; in den Pausen, die bei einer Zahnbehandlung immer mal kommen, sprachen wir miteinander, und es gab für uns beide damals nur ein Thema: die Nazis. Wir Antinazis erkannten uns ja leicht, und wir hatten in einer feindlichen Umwelt immer das Bedürfnis, mit einem Gesinnungsgenossen zu sprechen, wir machten einander Mut auszuhalten, nicht zu emigrieren, nicht dieses Volk sich selbst zu überlassen. Der Zahnarzt Lewissohn war in einer besonders schwierigen Lage: Er sah nämlich dem Minister

Göbbels sprechend ähnlich, bis auf den Klumpfuß, der ihm fehlte. Oft wurde er auf der Straße als Minister Göbbels angesprochen, ja, angefeiert, und für einen Juden ist so etwas besonders peinlich.

Nun, eines Tages besuchte mich dieser Zahnarzt Lewissohn in meiner Wohnung. Ein Grund für diesen Besuch war nicht recht ersichtlich, ich prüfte mein Hirn, es gab keine unbezahlte Rechnung bei ihm, und irgendetwas Akutes in der Zahnbehandlung lag auch nicht vor. Er saß da so rum bei mir, und es wurde ihm sichtlich schwer, einen Anfang zu finden. Schließlich fand er ihn doch. ›Also‹, sagte er zu mir, ›ich emigriere nun auch: Ich gehe nach Australien. Es ist nicht ganz leicht für mich, denn die Engländer erkennen das deutsche Doktorexamen nicht an, als kleiner Student muss ich wieder anfangen. Es wird schwer für mich sein, besonders auch geldlich, ich habe Frau und zwei Kinder, und was werden diese Nazischweine mich von meinem Vermögen mit herausnehmen lassen? Es wird sehr schwer für mich werden!‹ ›Haben Sie‹, fragte ich ihn, ›so ganz besonders unter dem Reichsscherbentag gelitten?‹ (Das war jener Tag, an dem die SA und SS auf Befehl von Herrn Göbbels ›spontan‹ gegen die Juden vorgingen, ihre Häuser ansteckten, ihre Läden plünderten, ihre Scheiben zerschmissen. Eine Spontaneität von Königsberg bis München, von Hamburg über Berlin bis Breslau, bis in den kleinsten Ort am gleichen Tage, um nämlich dem Auslande zu zeigen, dass nicht etwa nur die Nazis, nein, dass das ganze deutsche Volk die Juden verabscheute, und dass darum die Gesetze gegen sie zu Recht bestanden. Freilich eine Spontaneität des deutschen Volkes, an die kein anständiger Deutscher glaubte, geschweige denn irgendein Mensch im

Auslande – dieser Ausbruch war nun schon gar zu kindisch angelegt.)

›Nein‹, antwortete mir mein Arzt. ›Ich bin durch irgendeinen Zufall sogar an diesem Scherbensonntag verschont geblieben. Aber ich kann und will es nicht mehr ertragen, dass meine Kinder überall verspottet, gehöhnt, gequält werden. Diese Schurken machen ja nicht einmal vor Kindern halt. Und dann meine Ähnlichkeit mit diesem Göbbels – die Galle kehrt sich mir im Leibe um, wenn mich die Leute als Göbbels ansprechen. Ich ertrage es einfach nicht mehr, so kann man doch nicht leben!‹ – Eine Weile schwieg er, dann meinte er: ›Ich habe geglaubt, Ihnen das sagen zu müssen, dass nun auch ich fortgehe. Wir waren uns ja immer einig, dass ein paar Anständige zurückbleiben sollten. Aber ich kann nicht mehr – ich reise.‹

Und wieder trat langes Schweigen ein. Dann fing er davon an zu erzählen, was er mir bisher nicht gesagt hatte, dass er seit langen Jahren Mitglied der Sozialdemokratischen Partei gewesen sei. ›Wenn sie mir darauf kommen, bin ich doch erledigt. Nein, jetzt komme ich noch hinaus.‹ Und wieder schwiegen wir. Lange, sehr lange. Plötzlich kam mir ein Gedanke. Ich besaß noch ein paar streng verbotene Platten, hauptsächlich von Ernst Busch, die den Haussuchungen entgangen waren. Jetzt holte ich sie hervor und setzte den Plattenspieler in Gang. Es kam das ›Lied der Arbeitslosen‹, es kamen die ›Säckeschmeißer‹, es kam auch das Solidaritätslied. Alte Erinnerungen wurden wach, ich nahm keine Rücksicht auf die Mitbewohner, ich fand, es sei nötig, jetzt, grade in dieser Stunde diese Platten zu spielen, noch einmal zu zeigen, dass es dies alles schon einmal gab, und die Hoffnung zu erwecken, es würde wieder kommen.

Es war ja nicht untergegangen, es gab es noch bei diesem und jenem.

Ich ging auf und ab, während diese Platten liefen, ich dachte daran, dass grade den Tag zuvor meine Frau und ich einer marschierenden SA-Kolonne in eine Seitenstraße entflohen waren, als wir die Liedworte hörten: ›Muss das Judenblut vom Messer fließen …‹ Ich dachte dieser so verwandelten Welt, heute war es ein Verbrechen, diese Platten der Brüderlichkeit, der Menschlichkeit zu spielen, aber es war eine Ruhmestat von Judenblut und Messer zu singen. Dieser eine Vergleich bewies es schon hinreichend, dass dies Dritte Reich im Bösen begründet war, dass es auf die Dauer gesehen unterliegen musste.

Die siegreichen, triumphierenden Fanfaren von der Solidarität waren verklungen, ich sah zu meinem Gast hinüber. Er hatte ganz still in seinem Sessel gesessen, die Hände vor den Augen, als wollte er nur die Klänge auf sich wirken lassen. Aber ich sah wohl, dass Träne auf Träne unter diesen Händen langsam hervorquoll. Ja, meine Damen und Herren, da haben sie es ganz kurz: So reagierte ein alter Jude, der Deutschland verlassen musste, so fest verknüpften ihn hundert Nervenstränge mit diesem Lande, und wie reagieren die Herren auf der Anklagebank in Nürnberg, die es fertiggebracht haben, in Machtdünkel und Eitelkeit fast ganz Deutschland zu zerstören, alle Deutschen unglücklich zu machen, allen Deutschen ein Schandmal aufzuheften – wie reagieren diese? Sie sehen fort von ihren Taten, sie werden vielleicht sogar rot, oder aber sie zeigen wie der Göring grade auf die eigene Brust, nur von Eitelkeit besessen. So reagiert die auserwählte Herrenrasse, und wie hat das deutsche Judentum reagiert?

All dies beweist uns, was wir doch eigentlich wussten, was wir in zwölf bitteren Jahren gelernt haben, so gelernt, dass es jeder von uns ›auswendig‹ wissen müsste, es beweist uns, dass es abgrundtiefe Verbrecher und Schurken sind, die da auf der Anklagebank in Nürnberg sitzen. Aber trotzdem, wenn sich manchmal unser Herz auch empört, wenn diese selben Männer, die nie nach Recht und Gerechtigkeit gefragt haben, wenn es galt einen Anders-Denkenden zu erledigen, wenn diese Männer für sich jedes Formalrecht in Anspruch nehmen, wenn sie durch ihre Verteidiger Anträge stellen dürfen, wenn sie Beschwerde erheben, dass ihnen dies oder jenes Schriftstück nicht rechtzeitig zugänglich gemacht wird, und wenn diesem Antrage dann sogar stattgegeben wird – ja, trotzdem wollen wir uns bezwingen, wollen wir uns nie auf ihr niedriges Gewalt- und Racheniveau stellen. Sie sollen nach Recht und Gerechtigkeit gerichtet werden, erst sie – und dann nach ihnen die kleinen und ganz kleinen Nachläufer, Anhänger, die Hitlers im Westentaschenformat, in deren Hände doch Gewalt genug gelegt war, fast jeden ins Unglück zu stürzen, ihm sein Leben zur Last zu machen. Sie mögen sich verkriechen, sie mögen sich tarnen, diese Anhänger, diese kleinen Führer, auch sie werden gezwungen werden, aus den Mauselöchern hervorzukriechen, in denen sie sich jetzt noch versteckt haben – und dann wollen wir mit ihnen abrechnen – nach Recht und Gerechtigkeit.

Wie der Herr so's Gescherr. Wie die großen Kriegsverbrecher am liebsten die Augen schließen vor ihren Schandtaten und sie heute nicht mehr sehen, nichts von ihnen wissen wollen, so und nicht anders machen es die kleinen Hitlers. Sie haben einen Fragebogen bei der Vernehmung durch die deutsche Politische Polizei auszufüllen, einen Fragebogen, an dessen Ende steht, dass die Befragten nur gezwungen der Nazi-Partei beigetreten sind, dies erklärt der Unterzeichnete an Eidesstatt. Und jeder von ihnen ist bereit, diese Erklärung abzugeben, nie sind sie aus Überzeugung der Partei beigetreten, man hat sie gezwungen, wirtschaftliche Gründe haben sie dazu bestimmt – sie unterschreiben diesen Schlusspassus alle, alle. So dass ein Vernehmungsbeamter ganz richtig sagte: »Es hat in ganz Deutschland überhaupt nur drei wirkliche Nationalsozialisten gegeben: Hitler, Himmler, Göbbels – alle andern sind nur gezwungen in die Partei getreten. Auch die Kriegsverbrecher in Nürnberg. Auch sie, grade sie. Sie haben das nicht gewusst, sie haben dieses nicht befohlen, alle Schuld wird auf die Toten geschoben, sie haben nichts getan.«

Aber sie werden vor dem interalliierten Gericht in Nürnberg mit dieser Feigheitstaktik nicht durchkommen, und sie werden auch bei uns nicht damit durchkommen. Wird je der Weg frei zu einem wahrhaft demokratischen Deutschland, so müssen vor allem diese ausgemerzt werden. Nie wieder dürfen sie irgendeine Rolle in unserm Gemeinwesen spielen. Denn sie lernen nicht um, die Gemeinheit hat ihre Statt in den Herzen dieser Nazis, und ihre Hände kennen nur den Appell an die Gewalt. Jetzt sind die meisten von ihnen stille geworden, sie ducken sich unter dem Sturm, der über das Land weht, sie sind feige, wie alle Quäler feige sind. Aber uns dürfen sie nicht täuschen, wir müssen wachsam bleiben, nicht nur heute und morgen, nein, noch manches Jahr lang. Langsam erst werden sie ihre Fühler wieder ausstrecken, sie werden versuchen, sich einzuschmuggeln in die Ämter, sie versuchen es schon heute wieder. Aber wir wollen nicht vergessen, wir dürfen nie vergessen. Wenn wir je einen Platz einnehmen wollen im Rate der friedlichen Völker, dann wollen wir sie verbannen, ihr Ideengut vernichten, schon in unsern Kindern wollen wir jeden Gedanken an die nackte, drohende Gewalt zerstören, wir wollen wahrhaft demokratisch werden!

Und noch eines lehrt uns dieser Prozess in Nürnberg. Diese Angeklagten, diese führenden Generäle und Admiräle, diese Reichsfeldmarschalle und hohen Minister – haben nicht viele geglaubt, sie seien Menschen besonderer Art? Es liegt grade dem einfachen Manne so nahe, Hochstehenden neben besonderen Fähigkeiten auch besonders hohe menschliche Eigenschaften zuzutrauen. ›Es muss doch etwas Besonderes an ihnen sein‹, hat ›der Mann von der Straße‹ gefolgert, ›sonst hätten sie es unmöglich so weit gebracht‹.

Mit diesem Glauben ist es vorbei, dieser Nimbus ist für immer zerstört. Feige, erbärmliche Schurken sind es, die da auf der Anklagebank sitzen, bereit, jeden, auch den demütigendsten Weg zu gehen, bloß um ihr liebes Leben zu retten. Solange es nur um das Leben der andern ging, da hatten sie keine Bedenken und Hemmungen, es waren eben andere Leben, gleichgiltig welche. Abe jetzt ihr Leben, ihr eigenes kostbares Leben – da kämpfen sie darum, mit jeder Waffe. Die Welt würde ja sinnlos geworden sein, wenn ein Herr Göring oder Streicher nicht mehr lebten – natürlich sinnlos für die Herren Göring und Streicher. Darum ist es notwendig, dass sie erhalten bleiben dem deutschen Volke, der ganzen Welt – denken sie.

Nun, keine Sorge, sie werden ausscheiden müssen, so oder so, aus unserm Volke, unser Volk aber wird weiterleben, besser weiterleben. Wenn heute noch vieles unendlich schwer erscheint, wenn wir zwischen Trümmern, in Trümmern leben, wenn oft das Notwendigste fehlt, wenn nicht wieder heimkehrt, nie wieder heimkehrt mancher so geliebte Mann, wenn die Söhne am Tisch fehlen – für immer – so denket stets daran: Jene in Nürnberg, sie haben all dies Unglück über uns gebracht – unser Fluch ihnen!

Und wenn wir vor langen schweren Jahren stehen, wenn wir beinahe mit nichts unsere fast unausführbaren Aufgaben lösen müssen, wenn die Welt auf alles Deutsche mit Misstrauen sieht, so denkt immer daran: Jene in Nürnberg tragen auch daran die Schuld – unser Fluch ihnen!

Und wenn wir lernen müssen, jeden Tag, wie sehr sich unsere Umwelt verändert hat, wenn wir fast stündlich erfahren, dass zwölf Jahre Nazi-Erziehung nicht spurlos an unsern Nachbarn vorübergegangen sind, dass die Geister eng und unduldsam und streitsüchtig geworden sind, wenn unsere Kinder noch ohne jeden Glauben an eine bessere Zukunft sind – auch das ist das Werk dieser Nürnberger – und darum seien sie verdammt!

Sie sind für immer ausgeschieden aus unserer Gemeinschaft, sie werden nicht mitbauen an dem neuen, dem demokratischen Deutschland, sie nicht und ihre Anhänger und Nachläufer auch nicht. Wir wollen wieder reine Hände haben, wir wollen um den Wiederaufbau kämpfen, wir wollen uns wieder Ansehen und Achtung in der Welt draußen erkämpfen – zu allen diesen Dingen brauchen wir sie nicht, diese Nazis, gezwungene und ungezwungene, ganz gleich. Wir sehen nach Nürnberg: Dort wird der Trennstrich gezogen zwischen dem grauenvollen Gestern und dem helleren Morgen des neuen Tages. Wir werden das neue

Deutschland schaffen, und ich für mein Teil hoffe, dass ich noch den Tag erlebe, dass ein Enkelkind zu mir sagt: Hitler, wer war das? – Ausgelöscht, vergessen, vorbei. Auch dann werden wir vielleicht noch kein reiches Volk sein an materiellen Gütern, aber dann werden wir errungen haben, das, was mehr ist als jeder Reichtum: die Freiheit des Geistes, die Reinheit des Denkens, wiedererkämpft das wahre Deutschland, das immer in den Zeiten seiner größten äußeren Not seine geistigen Höhepunkte erlebte. An dieses Deutschland wollen wir immer denken, wir wollen an es glauben und auf es hoffen – immer!

Ja! – Aber … Nein, doch lieber nicht

Gratis-Brot für alle – das Gefühl sagt unbedingt Ja, aber es handelt sich nicht um Gefühle. Man könnte auch argumentieren: Da der Staat verlangt, dass jeder gezeugte Mensch auch geboren werde, übernimmt er die Pflicht, für das Leben dieses Geborenen zu sorgen, für ein Mindestleben, begrenzt durch Luft, Licht, Wasser und Brot.

Der Staat also würde der Träger dieser Brotversorgung sein, und überdenkt man den Fall, so stellen sich vom Standpunkt des Erzeugers Argumente für eine solche Regelung ein. Brot heißt in Deutschland – und das hat selbst die törichte Roggenbrotpropaganda nicht ändern können – Brot also heißt Roggenbrot, namentlich auch im Sinne solcher Regelung. Würde Weizengebäck einbezogen, so wäre ein solches Gesetz schon sehr schwierig, denn weizenfähig sind nicht alle Böden bei uns, Roggen aber kann jede Wirtschaft produzieren.

Man denkt sich die Sache also etwa so, dass ein nach der Bevölkerungszahl errechneter Bedarf an Roggen auf sämtliche Wirtschaften nach ihrer Größe und Ertragshöhe, auch nach ihrer bisherigen Roggenanbaufläche umgelegt wird. Bauer Meier wird 150 Zentner, Rittergutsbesitzer Lehmann 2000 Zentner Roggen zu den und den Terminen und zu feststehenden Preisen abliefern.

Die Vorteile eines solchen festen Lieferkontingents liegen auf der Hand. Heute produzieren wir ständig mehr Roggen als wir aufessen. Der Überschuss wird gelagert, vom Staat, um die Preise zu halten, geldlich gestützt, schließlich verfüttert oder zu Verlustpreisen exportiert. Der produzierende Landwirt kann heute nicht mit Sicherheit auf den

Absatz seines Produktes rechnen, vielleicht bleibt er darauf sitzen, grade dann, wenn er am nötigsten Geld braucht. Er weiß weiter nicht, welchen Preis er erzielen wird. Bei der neuen Regelung kann er für Jahre fest einen bestimmten Prozentsatz seiner Anbaufläche für Roggen in die Fruchtfolge einsetzen, ein ganz großer Vorteil für die Wirtschaftsführung. Er kann weiter mit einem bestimmten geldlichen Ertrag zu bestimmten Terminen rechnen, zweiter Vorteil. So unpopuläre Experimente wie die Roggenstützungsaktion, die nur die Erbitterung zwischen Stadt und Land verschärfen, können unterbleiben. Dritter, sehr großer Vorteil.

Ein derartiges Unternehmen ist auch nicht ohne Vorgang. Bei Kartoffeln lag schon vor dem Kriege die Sache immer so, dass im guten, auch im mittleren Erntejahr sehr viel mehr produziert wurde, als man verkaufen und verfüttern konnte. Die Kartoffel-Industrien, in erster Linie die Brennereien, waren das Sicherheitsventil bei Überangebot und fallenden Preisen. Dann wurden Brennkontingente geschaffen: Jedes Gut mit Brennerei durfte so und so viel Spiritus erzeugen, so und so viel Kartoffeln verbrennen. Alleinkäufer war und ist der Staat, der zu festgesetzten Preisen kauft und abnehmen muss. Jedes Gut hat also ein Lieferrecht, aber keine Lieferpflicht.

Das könnte ganz analog bei der Brotversorgung gemacht werden. Will der Landwirt aus irgendeinem Grunde Roggen nicht abliefern, so kann sich der Staat bei seinem Nachbarn oder auf dem Weltmarkt – und das billiger – eindecken.

Vom Produzenten aus sehe ich also kaum Bedenken auf dem eigentlichen Gebiete der Produktion. Es gibt natürlich auch da Fragen wie etwa diese: Was wird bei Missernten?

Was wird in regnerischen Sommern mit dem verregneten, ausgewachsenen, dumpfigen Korn? Wer trägt das Risiko, der Staat oder der Erzeuger? Wie wird es bei sehr guten Erntejahren, da es ja Absatzmöglichkeiten für Überschuss im Inlande kaum gibt und die Preise stets erheblich über den Weltmarktpreisen liegen werden? – Doch das alles lässt sich bei einigem guten Willen lösen.

Die eigentlichen Bedenken liegen auf dem Gebiet der Verteilung und der Finanzierung. Es ist ja nicht so, dass man Wasser- und Brotlieferung miteinander vergleichen kann. Der grundlegende Unterschied zwischen Wasser und Brot ist der: Wasser entnimmt man nur so viel, wie man tatsächlich braucht, man kann es verschwenden, aber man kann es nicht verkaufen. Brot kann man verkaufen, zu Futterzwecken, in den Restaurants, an Ausländer, die an der Versorgung nicht teilhaben.

Wie hoch ist der Bedarf an Brot? Bei einem Arbeitslosen, der sich sonst nichts kaufen kann, höher als bei einem arbeitenden Angestellten, bei einem Angestellten höher als bei einem reichen Manne. Der Bedarf aber muss festgesetzt werden nach dem Schwächsten, dem Arbeitslosen. Soll nun der reiche Mann jeden Tag zwei Brote ins Haus bekommen, da er doch nur ein halbes braucht? Nun gut, es wird so sein, dass jeder auf seiner Verteilungsstelle nur so viel fordern darf, wie er tatsächlich braucht, aber werden nicht viele das erhältliche Maximum fordern und Handel treiben? Wasser ist unverwertbar, Brot ist verwertbar.

Man muss also ein Kontrollsystem einrichten, Strafen, Verteilung, Inhaberkarten. Es würde bis in die Aufnahmestellen der Produktion, bis zu dem Produzenten, ein sehr starres System werden – das wissen wir ja – mit unzähligen neuen Beamten und unzähligen Fehlleistungen. Und dieses System würde enorm teuer sein, mit Abzügen, Zuschlägen und Subventionen wird da nichts zu machen sein. Diese Verteilung, diese Kontrollen, diese Strafen allein würden Millionen und wieder Millionen kosten, und, gesetzt den Fall, wir hätten das Geld, wollen wir es für so etwas ausgeben?

Ich glaube nicht, dass dafür Stimmung ist, weder auf dem Lande, noch auf der Stadt. Man muss nur einmal die Formulare der Reichsmonopolverwaltung gesehen haben und man sagt danke.

Osterfest 1933 mit der SA

Die folgenden Seiten bringen ein Bruchstück aus meinem Erinnerungsbuch an die Nazis, die Jahre 1933 bis 1945 umfassend. Sie wurden niedergeschrieben im Alten Zuchthaus zu Strelitz, wohin mich im Sommer 1944 eigene Torheit und die Feindschaft der braunen Umwelt geführt hatten. Die Niederschrift erfolgte in einer nur mit der Lupe zu lesenden, von mir selbst erfundenen Geheimschrift gewissermaßen unter dem Patronat des Herrn Generalstaatsanwalts zu Schwerin und vor den Augen der Strafanstaltsbeamten. Ich wagte viel mit dieser Niederschrift, ich spielte um meinen Kopf – aber das Maß war voll bei mir: Nach zwölf Jahren erzwungenen Schweigens, Ertragens, ohnmächtigen Sichwehrens musste ich endlich einmal meinem Herzen Luft machen.

Hier folgen einige wenige dieser Blätter: mein erster Zusammenstoß mit des Führers Sturmabteilungen.

Der Erfolg meines Romans »Kleiner Mann – was nun?« war im Beginn des Jahres 1933 bereits verebbt (und mit ihm die Hochflut in meiner Kasse). Andere Erfolge hatten den meinen abgelöst, und es war hart an der Zeit wieder etwas Vernünftiges zu arbeiten und dem Dahinschwinden des Geldes Einhalt zu gebieten. So wurde beschlossen, auf das Land zu ziehen, wo es keine Versuchungen, wie Bars, Tanzdielen und Varietés gibt. Nach einigem Suchen wurde eine Villa am Ufer der Spree in dem Dörfchen Birkenau gefunden; wir mieteten uns in ihrem oberen Stockwerk ein und beschlossen, von hier aus noch weiter draußen auf dem Lande einen eigenen Besitz zu suchen, bis dahin aber hier wohnen zu bleiben.

Alles, was wir antrafen, schien übrigens unsern Wünschen aufs Trefflichste zu entsprechen. Die Villa lag am Ende des Dorfes dem Walde gegenüber, eines der wenigen städtischen Gebäude in diesem ausgesprochenen Bauerndorf. Nach der kaum befahrenen Straße zu lag ein ebenes Stück Garten, das hinter dem Hause nach der Spree zu, die hier gradlinig reguliert verlief, steil abfiel. Es gab viele Obstbäume, reichlich Wirtschaftsgebäude, und alles war ein wenig vernachlässigt, im Beginn des Verfalls.

Das kam daher, dass unsere Wirtsleute vollständig mittellos waren. Er, Donner, ein Siebziger, mit einem glatten, flächigen Schauspielergesicht und schneeweißem Haar, trug stets ein Samtjackett und kleine flatternde Halsbinden; er gab sich für ein Stück Künstler aus. Mit dem Künstler hatte er bestimmt die Geschäftsuntüchtigkeit gemein. Er war Besitzer einer kleinen Fabrik in Berlin gewesen, in der man nach von ihm gefertigten Entwürfen Alabasterschalen in vielen schönen Farben hergestellt hatte, die als Lampen dienten. Die Fabrik war einmal sehr gut gegangen, als Alabasterlampen noch Mode waren, dann hatte der Geschmack sich andern Arten von Leuchten zugewandt. Donner hatte sich verbissen gegen diesen Geschmackswechsel gesträubt, immer weiter hatte er seine geliebten Alabasterschalen nach eigenen Entwürfen angefertigt. Er hatte alle seine Ersparnisse in diesen sinnlosen Protest gegen den Wechsel des Zeitgeschmackes gesteckt, er hatte sein Haus an der Spree bis zum letzten Dachziegel mit Hypotheken belastet und seine Läger mit Unmengen von unverkäuflichen Lampen gefüllt – bis zum Zusammenbruch: Die Alabasterleuchten waren nicht wieder Mode geworden.

Frau Donner, sein angetrautes Weib, hatte etwas von einer entthronten Königin, von einer Maria Stuart in der Stunde vor ihrer Enthauptung. Auch ihr Haar war über dem fetten, fahlen Gesicht schneeweiß. Ihre Figur war junonisch; sie ging nie, sie »schritt«. Nicht schwer war zu sehen, dass sie in der Ehe die unbedingt Führende war. Der abgedankte Künstler kannte der entthronten Königin gegenüber nur blinden Gehorsam. Ob das immer so gewesen war, möchte ich bezweifeln. Die kluge oder doch listige Frau hätte den Mann sicher nicht sehenden Auges in den Ruin hineinlaufen lassen. Dieses sinnlose Weiterproduzieren von unverkäuflichen Lampen hatte er wohl hinter ihrem Rücken betrieben, und erst als der Ruin da war, hatte sie die Zügel des Regimentes an sich gerissen.

Zu spät! Denn nun waren sie arme Leute, schlimmer noch als das, Wohlfahrtsempfänger! Was ich an Miete zu zahlen hatte, ging restlos an die Hypothekengläubiger, die froh waren, ein wenig Zinsen für ihr dargeliehenes Geld zu erhalten. Donners aber lebten von der jämmerlichen Rente, die das Wohlfahrtsamt in diesen Hungerjahren an solch völlig Verarmte zahlte: Es waren wohl dreißig Mark im Monat, für die beiden Eheleute zusammen natürlich. Wie man so sagt: zum Leben zu wenig, zum Sterben zu viel.

Dies waren unsere Wirtsleute und dies ihre näheren Lebensumstände. Im Ganzen waren wir miteinander recht zufrieden; wir waren ja auch keine kleinlichen Mieter und wenn irgend etwas am Hause zu reparieren war, ließ ich es auf meine Kosten machen, wenn es auch Sache des Wirts gewesen wäre. Ich gab dem alten Manne zusätzlich ein kleines Monatsgeld, für das er in meinem Teil des Gartens ein wenig nach seinen schwachen Kräften herumbastelte.

Um die entthronte Fürstin aber gingen wir mit der größten Vorsicht herum. So herablassend und freundlich sie sich auch gab, wir trauten ihr nie ganz. In ihren großen Augen war manchmal ein Leuchten wie von Qual; ich dachte oft, sie hasste uns, weil wir besaßen, was sie verloren hatte: Besitz, Sorglosigkeit, Glück.

Die Tage gingen dahin und wurden zu Wochen und Monaten; wir fühlten uns immer wohler in der Villa an der Spree. Unser dreijähriger Sohn Uli jubelte jedem Schleppdampfer zu, der fast unter unsern Fenstern lange Reihen von Zillen, dicken, schwarzen Dampf ausstoßend, Berlin zuschleppte. Wir machten weite Spaziergänge, und oft vergaßen wir für viele Stunden dieses Berlin, in dem unterdes die Nazis ihre Herrschaft immer mehr befestigten, Parteien auflösten und deren Eigentum beschlagnahmten. Kamen wir aber einmal wieder nach Berlin und sahen die Gliederungen der Partei in ihren Braunhemden und mit ihren Standarten durch die Straßen marschieren, wobei sie wilde »Kampflieder« sangen, von denen mir noch die eine Zeile erinnerlich ist, von dem Judenblut nämlich, das vom Messer fließen muss, so fingen meine Frau und ich zu laufen an, um an der nächsten Ecke abzubiegen. Denn es war die Verordnung herausgekommen, dass alle Passanten bei solchen Umzügen stehenzubleiben und die Standarten mit der erhobenen Hand zu grüßen hatten. Wir waren bei weitem nicht die einzigen, die einem solchen erzwungenen Gruß entliefen.

Wenn wir dann wieder nach Birkenau zurückkamen, beglückwünschten wir uns zu unserm dörflichen Frieden. Wir sahen uns an und sprachen: »Gottlob, die Bauern hier auf dem Lande bekümmern sich nicht um die Nazis! Die bestellen ihren Acker und sind zufrieden, wenn sie in Ruhe gelassen werden!«

Wir ahnungslosen Toren, wir! Bald sollten uns die Augen über den dörflichen Frieden aufgehen!

Mittlerweile gefiel uns aber unser jetziges Heim so gut, dass wir beschlossen, dort zu bleiben, wo wir waren, aber aus Mietern Eigentümer zu werden. Das war ohne Einwilligung der Donners nicht möglich. Wir gingen also zu ihnen und machten ihnen folgenden Vorschlag: Ich wollte von den einzelnen Besitzern die Hypotheken aufkaufen, und er sollte seine Zustimmung zur Zwangsversteigerung geben. Bei der Zwangsversteigerung wollte ich dann das Haus erwerben, Donners aber sollten als meine Gegenleistung für die Einwilligung zur Versteigerung ein lebenslängliches Wohnrecht in ihrer um die Hälfte verkleinerten Wohnung erhalten, dazu eine Geldrente für Lebenszeit, die doppelt so hoch war wie die vom Wohlfahrsamt gezahlte.

Es war ein Vorschlag, wie er den Donners günstiger nicht gemacht werden konnte. Um so erstaunter war ich, als die Leute zögerten, in meinen Vorschlag einzuwilligen. Ich drängte in ihn, und schließlich meinte er, durch die Einwilligung in die Zwangsversteigerung gebe er sich doch ganz in meine Hand. Sei das Haus erst einmal in meinem Besitz, so könne ich meine jetzigen Versprechungen ableugnen und Donners aus dem Hause jagen.

Ich antwortete lachend: solche Bedenken seien auf die leichteste Weise zu beheben: wir brauchten nur gemeinsam zu einem Notar zu gehen und die gegenseitigen Verpflichtungen urkundlich festlegen. Er versprach, es sich zu bedenken, einen Tag oder zwei.

Ich verstand ihn nicht, er hätte doch mit beiden Händen zugreifen müssen. Was ich ihm bot, war ein reines Geschenk. Aber die Menschen sind nun einmal wunderlich, und alte Leute zumal.

Er kam aber dann – guter Rat kommt über Nacht – schon am nächsten Morgen zu mir und gab seine Einwilligung. Ich schlug ihm vor, gleich mit mir zu einem Notar zu fahren und alles festzumachen. Aber plötzlich hatte das Zeit. Er habe etwas auf der Brust, meinte er. Es eile ja wirklich nicht so, er wisse, ich sei ein Ehrenmann, Ende dieser oder Anfang der nächsten Woche könnten wir nach Fürstenwalde zum Notar gehen.

Ich war zufrieden. Die Aussicht, Hausbesitzer zu werden, nachdem ich bis zum Erfolg des »Kleinen Mannes« gar nichts besessen, berauschte mich. Ich glaubte, alles sei bestens abgemacht, und fuhr nach Berlin, um bei einer Großbank die Haupthypothek einzuhandeln. Man gab sie mir willig genug, froh, dieses Papier loszuwerden, das nie Zinsen gebracht hatte. Dann machte ich mich an den Ankauf von fünf oder sechs kleineren Hypotheken über Tausenderbeträge nur. Donner hatte sie wohl aufgenommen, um sich in seinen schlimmsten Zeiten von Monat zu Monat über Wasser zu halten und weiter unverkäuflichen Alabaster zu produzieren.

Dies vollbracht, setzte ich mich in mein Heim und wartete in Frieden darauf, dass mein guter Wirt es nicht mehr so auf der Brust hatte und mit mir zum Notar fahren konnte.

Nun kommt ein Zwischenspiel, nicht ohne tiefere Bedeutung. Das liebe Osterfest, zu dem wir unserm Jungen bunte Eier verstecken würden, war nahe. Am Gründonnerstag besuchte uns ein Herr Salm, Romanschreiber wie ich. Warum er mich eigentlich in meiner ländlichen Stille aufgesucht hat, dessen erinnere ich mich nicht mehr. Vielleicht wollte er mir nur die neuesten Witzchen über Hitler und seine famose Partei vorsetzen, das war damals so eine Art Gesellschaftsspiel: Gar nicht schnell genug konnte man diese Witze verbreiten! Salm war ein plaudersamer Mann, er kannte jeden Menschen in der Literatur und Kunst, die Stunden verflossen rasch genug in seiner Gesellschaft. Es wäre vielleicht ein wenig klüger gewesen, wenn wir diese Unterhaltung nicht gerade auf unsere Diele, sondern in ein mehr abgeschlossenes Zimmer verlegt hätten. Aber wer kann immer klug sein? (Von meiner politischen Ahnungslosigkeit ganz abgesehen.) Und wer kann immer daran denken, dass man im unteren Stockwerk nur eine Tür zu öffnen braucht, um jedes oben gesprochene Wort zu hören? Die Akustik geht sonderbare Wege: Mal hört man zu wenig, an diesem Gründonnerstagnachmittag hörte man verdammt ein bisschen zu viel!

Folgt Zwischenspiel Nummer 2, wiederum nicht ohne tiefere Bedeutung, diesmal auch für die Kenntnis der menschlichen Charaktere. Es ist nun Karfreitag geworden, meine Frau und ich, wir gehen im Garten spazieren, zwischen uns der auf seinen dreijährigen Beinen munter einherwackelnde Sohn. Es ist noch nicht spät am Vormittag, eben rüsten sich die Kirchgänger zum Gottesdienst in der Dorfkirche. Wir bewundern die Krokusse, Tulpen und Hyazinthen, die sich durch das welke Laub hindurchgezwängt haben und ihre leuchtenden Farben in der Sonne strahlen lassen. Wir hindern den Sohn bald mehr, bald weniger erfolgreich daran, diese Blüten abzureißen.

Da treten aus der Tür des Hauses die Donners, Gesangbücher in der Hand, schwarz gekleidet, zum Kirchgang bereit, sie mehr denn je Zoll für Zoll entthronte Königin, er ohne Samtjackett in einem langen Bratenrock wie ein Begräbnisteilnehmer. Sie marschieren stracks auf uns zu und machen vor uns halt.

»Wir haben«, sagt Frau Donner mit ihrer tiefen, immer etwas klagenden Stimme, »wir haben die Gewohnheit, am heiligen Karfreitag das heilige Abendmahl zu nehmen.« (Schon die Häufung von Heiligem störte mich an diesem Beginn.) »Und wir haben weiter«, fuhr sie fort, »bevor wir das heilige Abendmahl nehmen, unsere Freunde, Bekannten und Verwandten um Vergebung zu bitten für alles, was wir ihnen wissentlich oder unwissentlich in Gedanken und Werken Übles getan haben. Frau Fallada, Herr Fallada – wir bitten Sie um Vergebung, verzeihen Sie uns!«

Wahrhaftig, den beiden standen vor Rührung die Tränen in den Augen. Wir andern beiden aber, meine Frau und ich, wären vor zorniger Scham am liebsten im Erdboden versunken. »Sie sollen mich zufrieden lassen mit ihrem religiösen Privatquatsch!« dachte ich wütend. »Das ist ja alles heuchlerisches Theater. Die Königin bereut nie, ist fehlerlos und kann gar nicht um Verzeihung bitten, und er ist bloß ein alter Trottel. Eine ekelhafte Belästigung ist das!«

Aber was soll man machen? Man ist nun eben so erzogen, dass man solche Gefühle nicht laut werden lässt, sondern gute Miene zum bösen Spiel macht. Ich versicherte ihnen also, ich hätte ihnen nichts zu vergeben, unsertwegen könnten sie ruhigen Herzens das Abendmahl nehmen.

Sie dankten uns wiederum mit Tränen der Rührung, sie

drückten immer wieder unsere Hände. Hätte ich damals gewusst, was ich vierundzwanzig Stunden später ahnen und in einer Reihe von Wochen wissen sollte, dass diese beiden alten Schurken uns schon in jener Bittstunde den Nazis verkauft hatten, und dass sie für schäbiges Geld Kummer, Krankheit und Lebensgefahr auf unser Haupt herabbeschworen hatten, ich glaube, ich hätte sie in jener Minute mit eigenen Händen erdrosselt!

So sah ich ihnen nur nach, wie sie in feierlichem Schwarz, ihre Gebetbücher in den Händen, aus dem Garten wandelten, und fragte meine Frau: »Wie findest du das?«

»Einfach ekelhaft!« brach sie aus. »Ich finde, dies Theater hätten sie uns ersparen können. Oder glaubst du ein Wort von dem ganzen Getue?«

»Kein einziges«, antwortete ich, und dann stiegen wir durch den Garten zur Spree hinunter und vergaßen über der Freude unseres Jungen an Wellen und Zillen die beiden alten Heuchler.

Der nächste Morgen kam, es war der Sonnabend vor dem schönen Osterfest, und die Mutter hatte mit Kochen und Backen vielerlei zu tun. So gingen Vater und Sohn selbander aus, wieder an die Spree, und zwischen sich ließen sie den Teddy mitgehen, ein wunderbares, unverwüstliches Stofftier. Der Teddy bleckte seine rote Stoffzunge, und seine Freude an dem schönen Frühjahrshimmel schien ebenso lebhaft wie die meines Sohnes. Eine Weile vergnügten wir uns nur mit Schauen, dann gingen wir zu aktiveren Spielen über und durchstöberten eine kleine Schilfwildnis, aus der Vögel, unwillig über die Störung tschilpend, aufflatterten. Den Teddy hatten wir solange abgesetzt auf einem Maulwurfshaufen.

Wir waren noch beim Stöbern, da standen plötzlich vor uns zwei Gestalten in jenen braunen Hemden, die ich schon damals verabscheute, und an deren Anblick ich mich bis heute nicht gewöhnt habe. In der Hand hielt jede dieser Gestalten eine Pistole, die unverkennbar auf mich gerichtet war.

»Nanu!« dachte ich. »Was soll denn das bedeuten?«

»Sind Sie der Fallada?« wurde ich gefragt. Der Sprecher sagte aber nicht Fallada mit dem Ton auf der ersten Silbe, wie ich es liebe, sondern er sprach es Falláda, was immer so klingt, als falle man gleich und liege da. Recht hatte er eigentlich damit, denn ich sollte nun gleich fallen, aus meinen schönen Osterfestträumen zum mindesten, aber auf der Nase würde ich deswegen doch nicht liegen.

»Der bin ich«, antwortete ich, fasste die Hand meines Sohnes fester, und fand diesen ganzen Aufwand angesichts meines friedfertigen Charakters reichlich theatralisch.

»Dann kommen Sie mit!« wurde mir barsch geantwortet. »Und denken Sie an keinen Fluchtversuch – wir schießen sofort!«

»Ich darf vielleicht erst unsern Teddy holen?« fragte ich freundlich, und schweigend duldeten es die beiden Finsteren, dass wir den Teddy von seinem Maulwurfshaufen fortnahmen.

So marschierten wir durch den aufsteigenden Garten der Villa zu, mein Sohn und ich, zwischen uns der Teddy und die beiden Braunhemden mit ihren gezückten Pistolen an unserer Seite. Ich fand, ich verdarb ihnen ihren theatralischen Aufzug sehr, aber sie hatten nicht das geringste Gefühl dafür. Noch nie haben Menschen so wenig Sinn für Humor gehabt, wie Herr Hitler und sein gesamter Anhang.

Ihnen war alles blutiger Ernst, und der ist es ja dann auch bis in den allerletzten Sinn dieses Wortes geworden.

Im Übrigen machte ich mir über diesen Morgenbesuch nicht viele Gedanken. Das war wahrscheinlich wieder eine der jetzt so beliebten Nachsuchungen nach Waffen und kommunistischen Schriften – sie sollten gerne suchen, ich war sicher, bei mir würden sie nichts finden. (Ich unschuldsvoller Engel ahnte damals noch nicht, dass man sich auch mitbringen kann, was man finden will, ein unbedingt sicheres Mittel, Missliebige unter allen Umständen zu erledigen.)

Bei mir aber ging es an jenem Tage nicht um solche Dinge. Die Politik war ferne, Geldinteressen überwogen, aber das alles sollte ich zu seiner Zeit noch genauestens erfahren.

Ich fand das stille Haus am Dorfende in der lebhaftesten Bewegung. Es wimmelte nur so von SA-Leuten, zwanzig oder fünfundzwanzig von ihnen hatten mich gleichzeitig beehrt, unter ihnen ein großer Mann mit irgendwelchen Abzeichen in Gold. War es ein Standartenführer? Ein Scharführer? Ein Rottenführer? Ich ahnte es nicht, bis heute habe ich mein Hirn nicht mit der Kenntnis all der Uniformspielereien belastet, in denen das neue Deutschland seit 1933 den gröbsten Unfug trieb. In diesem Punkt bin ich gar kein Deutscher: Im Gegensatz zu meinen Landsleuten hasse ich Uniformen. Ich möchte auch ohne Orden und Ehrenzeichen sterben.

Also irgendein höherer SA-Mann führte an, wohler aber meinem Herzen tat ein biederer Landgendarm, in der vertrauten grünen Uniform, mit einem Tschako auf dem Kopf. Es war nämlich damals kürzlich eine Verordnung des Herrn Göring herausgekommen, dass Haussuchungen und Verhaftungen von nun an nicht mehr von Gliederungen der Partei allein vorgenommen werden durften, sondern dass stets ein Beamter der ordnungsgemäßen Polizei dabei sein musste. Die Brutalitäten und Übergriffe nämlich, die sich die Herren von der Partei ihren Gegnern gegenüber herausgenommen hatten, waren wie ein wüster Gestank zum Himmel emporgestiegen, und zu jener Zeit gab es wirklich noch ein paar Parteinasen, die empfindlich waren gegen solchen Gestank. Diese Empfindlichkeit gab sich freilich rasch, die Herrschaften sahen bald ein, dass sie sich dem deutschen Volk gegenüber einfach alles erlauben durften, es war eben schon gar zu dumm!

Der Anblick eines Gendarms also gab mir – in Erinnerung an jene Verordnung – ein gewisses Gefühl der Sicherheit; es würde doch wenigstens einigermaßen »legal« zugehen. (Binnen jetzt und drei Stunden sollte ich erfahren, wie es mit dieser Legalität aussah und welchen Nutzen ein Landgendarm hatte.)

Der Gendarm sagte zu mir ganz höflich: »Wir müssen eine Haussuchung bei Ihnen abhalten, Herr Fallada. Es liegt eine Anzeige gegen Sie vor. Geben Sie mir Ihre Schlüssel.«

»Bitte sehr!« antwortete ich und gab sie ihm.

Wir gingen in das Haus hinein, ein stattlicher Aufmarsch. Ich hatte meinen kleinen Sohn und den lächerlichen Teddy mit seiner roten Stoffzunge noch immer an meiner Hand. Uli war mucksmäuschenstill mit großen blauen Augen all diesen spannenden Vorgängen gefolgt. Einen Augenblick sah im Erdgeschoss Frau Donner aus der Tür heraus, die Augen der entthronten Königin glühten. Ich hatte ein ungemütliches Gefühl, als sie mich so ansah.

Und mit diesem Gefühl hatte ich, ohne es zu wissen, recht: Sie glaubte, mich zum letzten Mal gesehen zu haben.

Wir stiegen die Treppe hinauf, in der Küche sah ich meine Frau wirtschaften. Sie war ein wenig bleich, aber das Geschirr, mit dem sie hantierte, klirrte und klapperte nicht. Ich schickte ihr den Jungen hinein; der Gendarm sagte: »Es ist Ihnen verboten, mit Ihrer Frau oder sonst irgend jemand in Verbindung zu treten.«

Ich neigte den Kopf.

»Und nun zeigen Sie uns zuerst, wo Sie Ihre Briefschaften aufbewahren.«

Ich tat es. Ich bin immer stolz auf die Ordnung gewesen, in der ich meine Privatsachen halte. Meine doppelte Buchführung würde keinem bilanzsicheren Buchhalter zur Schande gereichen, und meine Korrespondenz ist schön übersichtlich nach Empfängern geordnet.

Ich schloss den Schrank, der sie enthielt, auf. Der erste Ordner, den sie herausnahmen, war nicht der mit dem »A«, sondern der mit dem »S«.

»Aha!« dachte ich, dieser Besuch in der Morgenstunde hängt mit Herrn Salm zusammen.

Doch sie fanden nicht einen Brief von oder an Herrn Salm, der war nur eine Plauderbekanntschaft. Das entmutigte sie aber nicht, wenn es sie auch im ersten Augenblick enttäuschte. Sie gingen Mappe für Mappe durch, und als sie damit fertig waren, nahmen sie meine Bücher vor. Jedes Buch wurde gut durchgeschüttelt, ob auch etwas zwischen seinen Seiten verborgen sei, sehr zum Schaden der Bucheinbände. Da ich damals noch nicht so viele Bücher wie heute, aber doch schon eine ganze Menge besaß, dauerte diese Prozedur eine ganze Weile.

Ab und zu liefen sie zu ihrem goldgeschmückten Führer und zeigten ihm ein Buch, das ihnen besonders auffiel, etwa das Erinnerungsbuch von Max Hölz »Vom weißen Kreuz zur Roten Fahne« oder Marx' »Kapital« oder die Broschüre »Radikaler Geist«. Aber der Führer schüttelte den Kopf. Solche Kleinigkeiten interessierten ihn heute nicht, ihm ging es um etwas Größeres.

Übrigens beteiligte sich der Gendarm nicht an dieser Haussuchung, er sah nur ziemlich gelangweilt zu und ließ die Braunhemden allein toben. Dies nahm ich für ein schlechtes Vorzeichen, es handelte sich also um eine Angelegenheit, die nur die Partei, nicht die Polizei interessierte.

Als einzige Ergebnis der fast dreistündigen Haussuchung legten sie mir schließlich einen Zettel vor, den sie in der Arbeitsmappe für meinen Roman »Der Blechnapf« gefunden hatten. Auf dem Zettel stand neben einer kleinen Zeichnung das Wort »Maschinengewehr«.

»Was haben Sie mit einem Maschinengewehr zu tun?« wurde ich gefragt. »Und was soll diese Zeichnung bedeuten?«

Alle hatten sich um mich versammelt und hörten gespannt zu. Auf ihren Gesichtern lagen Schadenfreude und Neugierde, sie glaubten schon, sie hätten mich!

»Meine Herren«, sage ich, »ich arbeite, wie Sie aus der Mappe dort sehen können, an einem Roman über das Schicksal der Strafgefangenen. Dazu habe ich allerlei Material über das Leben in den Gefängnissen gesammelt, so auch das »Maschinengewehr«. Dieses Maschinengewehr ist nämlich gar kein Maschinengewehr, sondern es sind wie sie aus der Zeichnung sehen können, acht Gefangene, die einen neunten, der sich etwa durch Klauerei missliebig gemacht hat, in eine Decke gehüllt haben und nun auf besondere Art verprügeln wollen. So etwas nennt man im Kittchen ›Maschinengewehr‹.«

Ich sah sie zufrieden an. Aber ich begegnete in ihren Gesichtern nur offenem Unglauben, und der Goldbestickte fuhr mich wütend an: »Das sind ja alles faule Ausreden! Mit solchen Lügen können Sie uns nicht dumm machen! Gestehen Sie auf der Stelle, wo Sie das Maschinengewehr vergraben haben, oder ich ziehe andere Seiten auf! Ich scheue auch vor dem Schwersten nicht zurück, sage ich Ihnen …«

Er sah mich drohend an. Mir fiel schwer aufs Herz, daß ich kein Beweismittel besaß, wenn diese Herren mir nicht glauben *wollten*. Ich war ganz in ihrer Hand; meine Unschuld interessierte sie nicht, wollten sie mich für schuldig halten.

In diesem Augenblick der Gefahr kam Hilfe von dort, wo ich sie am wenigsten erwartet hätte: nämlich von einem derben, schlägerhaft aussehenden Manne im Braunhemd. »Doch!« rief er »wir haben selber mal einen in Plötzensee auf dem Schlafsaal vertrimmt, da sagten wir auch Maschinengewehr dazu …«

Er brach ab auf einen Wutblick seines Führers hin, der nicht gerne das Vorleben eines wackeren SA-Mannes in Gegenwart eines solchen Außenseiters wie ich erörtert sah.

»Also!« sagte der Führer dann mürrisch in die allgemeine tiefe Stille hinein und schob den Zettel mit dem »Maschinengewehr« zu eventuell weiterer Verwendung in den Aufschlag seines Uniformärmels. »Ich werde diese Sache noch genauer prüfen. Jetzt untersucht erst einmal die anderen Räume!«

Sie taten es gründlich, aber nicht mit übergroßem Geschick. Mit Vergnügen stellte ich fest, dass ein Hausbesuch, eine jüdische Dame, sich ohne allzu große Mühe den Herren entziehen konnte. Sie bekamen sie überhaupt nicht zu Gesicht, trotzdem meine Zimmer doch eigentlich von SA wimmelten. Einmal sah ich die Freundin auf dem Balkon in einem Winkel sitzen. Ich nickte ihr zu, sie nickte lächelnd zurück: Ich sollte mir ihretwegen nur keine Sorgen machen.

Auch die Durchsuchung der übrigen Räume ergab nichts Belastendes; in mürrischem Schweigen wurde auf den Boden gestiegen, dort ging man an meine Koffer und Kisten. Ich stand unterdes an dem einen Bodenfenster, am andern besprachen sich der SA-Führer und der Gendarm. Plötzlich hörte ich den Gendarmen mit erhobener Stimme sagen: »Es hat sich nicht der geringste Anhaltspunkt ergeben. Ich darf den Mann nicht verhaften.«

Der Führer antwortete hitzig: »Aber es ist so – wir haben die bestimmtesten Nachrichten! Sie müssen ihn festnehmen!«

Worauf der Gendarm den Tschako auf seinen Schädel stülpte und sein Koppel zurechtzog. »Ich kann es nicht, und ich tue es nicht«, wiederholte er mit Entschiedenheit.

»Dann nehme ich ihn eben fest«, rief der Goldfasan ärgerlich.

»Machen Sie, was Sie wollen, ich habe nichts damit zu tun«, antwortete der Gendarm gleichmütig und verließ den Bodenraum. Mit ihm verließ die »Legalität« das Haus. So also sah es mit der Befolgung der Göring'schen Verordnung aus. Bis zu dieser Minute hatte ich das Ganze als ein wohl etwas lästiges, aber doch auch belustigendes Spiel angesehen. Die Brüder konnten mir gar nichts wollen, ich war unschuldig!

Jetzt begriff ich, dass es nicht auf »Unschuld« ankam, wenn sie mir ernstlich an den Kragen wollten. Ich begriff, dass mir wirklich Gefahr drohte: Besser für mich war es schon, das Ganze nicht als Lappalie anzusehen.

Man führte mich in mein Arbeitszimmer zurück und ließ mich dort unter Bewachung von zwei SA-Leuten. Die übrigen, auch der Führer, zogen ab. Schaute ich aber aus dem Fenster, so sah ich, dass an der Gartenpforte ein SA-Posten stand. Wahrscheinlich war auch hinter dem Hause, nach der Spree zu, ein Posten. Ich schien ihnen sehr kostbar zu sein!

Horchte ich in das Haus, so war alles totenstill. Dieses Warten war nicht angenehm. Was hatten sie mit mir vor? Warum hielten sie mich hier fest? Ich sah in die Gesichter meiner beiden Bewacher und zog es vor, sie nicht zu befragen. Es waren die rohen Raufboldgesichter von Männern, die in hundert Saalschlachten mit Schlagring und Stuhlbein den Worten ihres Führers Nachdruck verliehen hatten. Es waren die gemeinen Gesichter bedenkenloser Henker, die auf ein Wort jeden Schädel zerschlagen hätten.

Ich habe immer gefunden, dass dieses typische SA-Gesicht, dessen Hochkommen wir nach der Machtergreifung erlebt haben, seinen stärksten Ausdruck in der Visage des Gauleiters von Franken, Streicher, fand, dieses intimen Duzfreundes des Führers, der das antisemitische Blatt »Der Stürmer« herausgab, ein so schmutziges Blatt, wie kein Intimitätenblatt je schmutziger gewesen ist. Wenn ich das Bild dieses Mannes sah, stiegen Ekel und Abscheu in mir auf. Diese kleinen Augen, die niedrige Stirn, das überentwickelte Kinn und vor allem der Nacken mit seinen sechs, sieben Speckfalten – das alles charakterisierte so sehr das Böse, den Ungeist, dass ich diesen Mann nie anders als den »Henker« bezeichnet habe. Und so etwas war nun einer der besten Freunde des Führers! Wahrhaftig, von welchem Blickpunkt man auch an diese Partei heranging: alles stank! Solche Visagen hatten auch meine beiden Bewacher, Leute, denen man es ohne Weiteres zutrauen konnte, dass sie ein Kind bei den Beinen packten und so lange gegen den Kühler ihres Autos schlugen, bis es tot war.

Zwei, drei Stunden verstrichen im Warten. Ich verstand nicht, worauf eigentlich gewartet wurde. Später habe ich erfahren, dass die SA Schwierigkeiten hatte, für meinen Abtransport ein Auto im Dörfchen aufzutreiben. Schließlich fuhr er aber doch vor, der älteste Wagen, den ich je in Betrieb gesehen, ein devastiertes, rumpelndes Gefährt von Anno dazumal, das noch nicht einmal einen Starter hatte, sondern von vorne angekurbelt wurde.

Zu diesem Gefährt führte man mich hinunter. Vergeblich suchte ich noch einen Blick auf Frau und Sohn zu erhaschen, alles war still im Haus, nur hinter einer Gardine des Erdgeschosses glaubte ich das fahle Gesicht Maria Stuarts zu sehen. Auf den Hintersitz des Autos, dessen Polster vollständig zerfetzt waren, wurde ich zwischen zwei SA-Leute gezwängt, vorn saß mit einem dritten SA-Mann der goldbestickte Führer, der selbst chauffierte.

Wir fuhren ab in Richtung Berlin. Ich sah auf das Haus zurück. Es war ein schöner Frühlingstag. Die Sonne spiegelte sich in den Scheiben: Wenn mir ein Gesicht nachschaute, ich sah es nicht. Aber ich sah wohl, dass der Posten an der Gartentür auch nach meinem Abtransport nicht eingezogen war – er wanderte weiter auf der Straße hin und her. Bewachten sie nun auch meine Frau? – Das Herz war mir schwer.

Wir klapperten durch das Dorf, fuhren dann zwischen Feldern und kamen endlich in den Wald, monotonen, dürren Kiefernwald, der bezeichnend für diese Gegend ist, eigentlich nur dünne Stangen mit etwas Grünem obendrauf. Der Führer war jetzt merkwürdig höflich, immer wieder wandte er sich zurück; er forderte mich auf, doch zu rauchen, und erkundigte sich besorgt, ob wir nicht zu eng säßen.

Dies völlig veränderte Wesen machte mich stutzig: In seiner Freundlichkeit lag so viel Gezwungenes, etwas, das fast wie Angst aussah. Jedenfalls war der Mann sehr aufgeregt, ich fühlte, er hatte etwas vor.

Plötzlich hielt der Wagen, mitten im dürren Walde, die Straße war leer. Die beiden SA-Leute bei mir stiegen aus, auch vorne die beiden stiegen aus. Ich blieb allein im Wagen sitzen. Ich sah, wie sie an den Chausseerand traten und ihr Geschäft verrichteten. Sie blieben dort stehen, zündeten sich Zigaretten an und flüsterten leise miteinander. Einer rückte an seinem Koppel, schob die Pistolentasche nach vorn. Meine Unruhe stieg von Sekunde zu Sekunde.

Der Führer ging über die Straße weg auf mich zu. Seine Stimme klang merkwürdig leise und erregt, als er sagte: »Wenn Sie vielleicht auch austreten möchten? Bitte sehr!« Sein Gesicht sah jetzt sehr blaß aus. Er fuhr fort: »Wir werden noch eine ganze Weile fahren müssen, diese alte Kaffeemühle schafft ja nichts.« Er versuchte zu lachen.

Ich antwortete: »Danke vielmals, ich brauche nicht auszutreten. Danke wirklich.«

Er bestand darauf: »Nein, wirklich. Erledigen Sie das bitte jetzt! Nachher soll ich dann in einem Augenblick halten, wo es gar nicht passt. Dieser alte Kasten ist schwer wieder in Gang zu bringen. Ich bitte wirklich darum!«

Das klang schon mehr wie ein Befehl. Aber während er so zu mir sprach, hatte ich immer die Überschrift eines erst ganz vor kurzem gelesenen Zeitungsartikels vor Augen: »Auf der Flucht erschossen.« Wie gut hier alles passte: die stille Straße, der einförmige Wald, so einsam! Sie würden mich der Frau ins Haus tragen: »Auf der Flucht erschossen. Tut uns leid, dass er so töricht war ...«

Nein, sie würden ihr einfach meine Sachen in einem Pappkarton schicken: »Auf der Flucht erschossen.« Bedauern unnötig.

Ich sagte wieder, mit zäher Beharrlichkeit: »Danke sehr, ich muss wirklich nicht austreten. Ich halte es noch Stunden aus.«

Sein Gesicht rötete sich vor Zorn. Er sah zu seinen Leuten hinüber, die schweigend vom Chausseerand zu uns herüberschauten, die Zigarette im Munde. »Also machen Sie jetzt keine Geschichten!« sagte er grob. »Sie haben auszutreten, ich befehle es! Ich will keine Scherereien mit Ihnen haben!«

Ich sah ihn fest an. »Und ich steige nicht aus diesem Wagen!« rief ich und klammerte mich schon jetzt mit den Händen in die Polster. Plötzlich verließen mich meine Nerven. Ich schrie ihm ins Gesicht: »Sie werden mich nicht ›auf der Flucht‹ erschießen! Wenn Sie so was vorhaben, dann müssen Sie mich schon in Ihrem Wagen umbringen! Und wenn die Polster noch so zerfetzt sind, man wird es doch sehen!«

Einen Augenblick blickten wir uns beide stumm an. Sein Gesicht war schneeweiß, wahrscheinlich sah meines nicht anders aus. Es herrschte tiefe Stille zwischen uns.

Plötzlich wandte er sich scharf um und rief zu seinen Leuten hinüber: »Ihr da, kommt mal her!«

Ich klammerte mich noch fester, ich zitterte an allen Gliedern. »Sie sollen mich nicht hinausschleppen«, dachte ich. »Nur im Wagen sollen sie mich erschießen.«

All mein Wille war nur darauf konzentriert, im Wagen erschossen zu werden. Das wollte ich. Dass ich erschossen werden würde, das interessierte mich im Moment kaum noch, aber nachweisbar sollte dieses Erschießen sein, nachweisbar, nicht auf der Flucht, sondern im Wagen!

Langsam kamen die Leute über die Landstraße, die Zigaretten brannten noch immer, alle Augen sahen auf mich. Die Stunde der Entscheidung war gekommen.

Der Goldbestickte sagte leise, mit zitternder, vor Aufregung heiserer Stimme: »Schmeißt das Schwein da aus dem Wagen, er will nicht.«

Doch da fiel die Entscheidung ganz anders, als wir alle erwartet hatten. Wir waren so in unsere Auseinandersetzung vertieft gewesen, dass wir nicht gemerkt hatten, wie ein großer Wagen von Berlin her näher gekommen war. Wir fuhren alle zusammen, als er plötzlich bei uns hielt und unser guter Hausarzt aus dem Fenster zu mir sprach: »Aber Herr Fallada, was ist denn mit ihnen los? Kann ich Ihnen irgendwie behilflich sein?«

»Alles in Ordnung, Herr Doktor«, antwortete ich. »Ich fahre mit diesen Herren nur ein bisschen nach Fürstenwalde aufs Gericht. Grüßen Sie meine Frau und sagen Sie ihr bitte, dass ich dort in Fürstenwalde erreichbar bin.«

»Schön, schön«, sagte der Arzt. »Ich will es gern ausrichten. Gute Fahrt denn!«

Aber er gab seinem Chauffeur keine Weisung, weiterzufahren, sein Wagen blieb auf der Landstraße neben uns halten.

Meine Eskorte hatte sich Blicke zugeworfen. Man hatte sich verständigt. Nun stiegen sie alle wieder ein, der letzte drehte die Kurbel bis der Motor angesprungen war. Wir fuhren ab von dem dürren Platz, an dem ich hatte sterben sollen, wir fuhren von ihm fort. Ich hatte das sichere Gefühl, dass ich fürs erste gerettet war. Schon die mürrischen unzufriedenen Gesichter meiner Begleiter verrieten mir das. Und dann, wenn ich den Kopf wandte, sah ich den großen Wagen des Arztes, der uns im Schneckentempo folgte. Er war nicht weiter gefahren – oh, man wusste es schon ein paar Monate nach der Machtergreifung in den deutschen Landen, was ein Wagen mit SA, ein Zivilist dazwischen, bedeutete!

Wir fuhren in Fürstenwalde ein. Es ist nur ein kleines, ärmliches märkisches Städtchen mit einem erbärmlichen Kopfsteinpflaster, aber ich begrüßte es wie die hochgebaute Stadt Zion, die Stadt des Erlösers, die spielenden Kinder auf der Straße, der schlichteste Bürger, alles verstärkte mein Gefühl von Sicherheit. Die schwerste Gefahr war erst einmal überwunden, auf der offenen Straße legten die Nazis damals noch nicht ihre Gegner um.

Wir hielten vor der Polizeiwache, in der mein Führer mit einem seiner Trabanten verschwand. Wir mussten lange warten, auch diesmal schien mit mir nicht alles glatt zu gehen. Es ging wirklich nicht glatt, wenn seine eigene SA auch Görings Anordnungen nicht befolgte, andere taten es. Damals war das Gerichtswesen des Staates von der Partei noch nicht völlig verseucht, aus der Justitia war noch keine gefällige Hure des Herrn Hitler geworden.

Nach einer Weile, einer langen Weile, erschien mein Führer wieder mit einem blau uniformierten Stadtsoldaten, zeigte auf mich und sagte: »Das ist er. Nehmen Sie ihn in Schutzhaft!«

»Das tue ich nicht«, antwortete der Stadtsoldat störrisch. »Ohne Papiere tue ich das nicht.«

»Aber ich sage Ihnen doch, ich besorge die Papiere! Ich kann den Mann doch nicht so lange frei herumlaufen lassen! Der wird auf mich nicht warten. Also los!«

»Erst die Papiere«, war die unveränderte Antwort. »Ohne Papiere können wir hier keinen reinnehmen.«

Der Mann blieb unerschütterlich.

»Himmelarschundwolkenbruch!« fluchte der Goldfasan zornig. Und besann sich, ein Ausweg war ihm eingefallen. »Also kommen Sie rein. Ich selbst werde Ihnen die Papiere ausstellen.«

Sie verschwanden, und diesmal waren die Verhandlungen erfolgreich. Als sie wieder erschienen, brummte der blau Uniformierte mir zu: »Also kommen Sie mit!«

Ehe ich ihm folgte, warf ich noch einen Blick auf die Braunhemden. Das mehrstündige Beisammensein mit ihnen hatte meine Sympathien für sie nicht verstärkt. Sie standen am Wagen und auch sie starrten mir nach. In ihren Blicken glaubte ich ein Bedauern darüber zu lesen, dass sie so von mir scheiden mussten. Bestimmt dachten sie an jene dürre Waldstelle, an der zur Unzeit der Wagen meines Arztes aufgetaucht war.

Die Zelle, in die ich gebracht wurde, war das allergemeinste, allerschweinischste Loch, in dem ich je in meinem

Leben gewesen bin. Ich meine nicht einmal so sehr die Unflätereien, mit denen die ehemals geweißten Wände von oben bis unten bedeckt waren, teils mit Bleistift gekritzelt, teils mit einem Nagel in die Wand geritzt, sondern ich meine die allerprimitivste Sauberkeit. Der Strohsack, der völlig zerlumpt war, das Stroh, das faulig und stinkend aus ihm hervorkroch, der verdreckte, mit Schmutzbrocken bedeckte Boden, all das legte ein deutliches Zeichen dafür ab, dass in der Verwaltung der guten Stadt Fürstenwalde im Dritten Reiche etwas nicht stimmte. Als ich den Strohsack mit zwei Fingern anhob, entdeckte ich Scharen von Wanzen, und nun erst einmal aufmerksam geworden, fand ich ihre Spuren überall an den Wänden, in der Nähe des Bettes: breite, braunrote Blutplacken oder breitgeschmierte, zerdrückte Wanzenleichen, mit ihren spitz verlaufenden Blutbahnen hinter sich.

Das Schlimmste aber an diesem ekelhaften Ort war der Kübel in der Ecke, der, defekt und lange nicht geleert, eine breite Schmutzpfütze aus Kot und altem Urin um sich hatte. Obwohl die meisten Scheiben in dem hoch angebrachten Zellenfenster zerbrochen waren, erfüllte die ganze Zelle ein geradezu infernalischer Gestank, der alles Atmen zur Qual machte. Ja, man ekelte sich zu atmen, es war einem widerwärtig, diesen unsauberen Gestank auch nur für einen Atemzug in den eigenen Körper zu lassen. Man konnte nicht sitzen und nicht liegen, eigentlich konnte man auch nicht hin und her gehen, nur ein kleiner Fleck unter dem Fenster war so weit sauber, dass man wenigstens auf ihm stehen mochte.

Es ist seltsam zu sagen: eben erst war ich einem fast sicheren Tode entronnen, ich befand mich nun in einiger Sicherheit und Geborgenheit, aber die Empörung über den Saustall, in den man mich gesteckt hatte, ließ mich alles eben erst Erlebte fast ganz vergessen. Schon war ich auf die Braunhemden, die mich doch hatten morden wollen, nicht annähernd mehr so wütend wie auf den blau Uniformierten, der mir diese Wanzen, diesen Dreck und Gestank zumutete. Ich war ein Schutzhaftgefangener, und mir wagte er es, solche Pennerzelle zu bieten; ein Loch für unsauberes Gesindel. Wussten die Kerle denn gar nicht mehr, was Recht in Deutschland war? Dann war es an der Zeit, dass ich es ihnen beibrachte!

Und ich fing an, abwechselnd mit den Händen und mit den Hacken gegen die eisenbeschlagene Tür zu trommeln. Es hallte dumpf im Gang wider, eine andere Wirkung tat es leider nicht. In Abständen trommelte ich weiter dazwischen, brüllte ich, aber niemand kam. Das verwunderte mich aber nicht weiter. Ich wusste, welch eiserne Nerven Polizeibeamte haben konnten, die eine Nacht lang in der Bereitschaft auf der Pritsche liegen und schlafen. Während nebenan sistierte Betrunkene wütend delierieren oder gar ein von Alkohol wild gewordenes Weib seine Zoten herausgellt. Ich konnte es mir also ganz gut vorstellen, dass mein blau Berockter bei all meinem Getobe ein ruhiges Nachmittagsschläfchen abhielt, zumal dies der erste wirklich warme Frühlingsnachmittag war. Ich hämmerte und schrie deswegen aber ruhig weiter: Es war doch ein gewisser Zeitvertreib.

Wieder war ich nach einer kleinen Atempause am schönsten Hämmern und Johlen, als plötzlich die Zellentür überraschend aufging und ein blau Uniformierter vor mir stand. Es war aber ein anderer als der vom Nachmittag.

»Was machen Sie denn hier für einen Krach?« fragte er gemäßigt ungnädig und ohne jedes wirkliche Interesse.

»Erstens verlange ich eine anständige Zelle und nicht solch ein Scheißloch!« schrie ich wütend. »Und zweitens verlange ich ein Mittagessen. Ich bin Schutzhaftgefangener und habe ein Recht, das zu verlangen!«

»Na, denn seien Sie man froh, dass Sie so'n Recht haben!« antwortete er und schmiss die Tür wieder zu. Der Riegel klirrte und über mein neuerliches Wutgebrüll hörte ich ihn gemütlich auf dem Gang kichern.

Die Stunden schlichen nur so dahin, teils dem Studium der Pornographie an den Wänden, teils neuerlichem Gelärm gewidmet – ich musste mich doch irgendwie beschäftigen. Es dämmerte schon, da öffnete sich meine Zellentür wieder.

»Kommen Sie mit!« befahl der blau Uniformierte und führte mich in die Wachtstube. Dort übergab er mich einem grau Uniformierten mit den Worten: »Das ist der Mann«, drehte sich um und sofort war ich in seinem Bewusstsein für immer entschwunden.

»Kommen Sie mit!« befahl auch der grau Uniformierte. Wir gingen nur ein paar Schritte die Straße hinunter auf ein rotes Gebäude zu, das die Inschrift »Amtsgericht« trug. Es ging hinein in das Amtsgericht, es ging hinein in ein Büro, in dem ein älterer verstaubter Mann saß, der an seinem Federhalter kaute und um den Kopf herum gerupft aussah.

»Das ist der Mann«, sagte mein Führer, der mich betreffende Verkehr schien mit sehr wenig Redewendungen auszukommen.

Der Schreiber warf einen schnellen, schiefen Blick auf

mich, suchte dann lange in einem dicken Stoß Akten, entschloss sich aber schließlich doch, ein direkt vor ihm liegendes Blatt zu nehmen.

»Da –!« sagte er nur und reichte es mir über den Schreibtisch.

Ich entfaltete das Blatt: Es stammte vom Landrat des Kreises Lebus und teilte in einem Satz mit, dass er, dieser Landrat, die Schutzhaft über mich, den Schriftsteller Hans Fallada, verhängt habe, da ich an einer Verschwörung gegen die Person des Führers beteiligt sei.

»Ich protestiere!« sagte ich lebhaft. »Das ist doch vollkommener Unsinn! Ich bin ganz unpolitisch …«

»Das geht uns alles nichts an«, sagte der Schreiber gleichmütig und kratzte sich hinter dem Ohr. »Wir führen hier nur die Schutzhaft durch. Sonst noch was –?«

»Dann möchte ich mich sofort mit meinem Anwalt in Verbindung setzen«, sagte ich.

»Sie können ihm schreiben«, sagte der Verstaubte und reichte mir Blatt und Umschlag. »Sonst noch was?«

»Meiner Frau möchte ich auch schreiben.« Ich bekam eine zweite Ladung.

»Sonst noch was –?«

»Ich weiß im Augenblick nicht …«, sagte ich zögernd.

»Sie können sich«, sagte der Mann und sah mich plötzlich voll an, »als Schutzhaftgefangener selbst beköstigen, das heißt, Sie können sich Ihr Mittag- und Abendessen aus dem Gasthof holen lassen.« Er sah mich noch einmal an, dann setzte er rasch hinzu: »Falls Sie nämlich eigenes Geld haben sollten.«

»Das habe ich!« rief ich und packte aus.

»Wachtmeister, diesem Mann wird das Essen regelmäßig

aus dem »Armen Ritter« am Markt geholt. – Sonst noch was?«

Ich wusste im Augenblick wirklich nichts mehr, mein Schutzhaftglück zu vollenden, wenigstens nichts, was mir der Sekretär erfüllen konnte.

»Wachtmeister führen Sie den Mann in seine Zelle!« Und der Schreiber versank wiederum in Federkauen und Zerrupftheit.

Gottlob war die Zelle, wie ich im letzten Licht des Tages noch feststellen konnte, wenigstens eine saubere Zelle, sie war auch, wie ich nach der ersten dort verbrachten Nacht feststellen konnte, wanzenfrei.

Ich war schon früh wach, ich baute mein Bett und schrieb meine beiden Briefe. Den Anwalt bat ich nur, mich doch möglichst bald zu besuchen; in dem Brief an meine Frau stand außer der gleichen Bitte noch einiges mehr, alles, was ich unter den gegebenen Umständen sagen konnte. Ich sah sie vor mir, sie hatte jetzt keine guten Tage, sie erwartete ein Kind, sie erwartete sogar Zwillinge, wie wir wussten, das machte ihr viel Beschwerden. Und dann sah ich mich fortfahren vom Haus, in diesem Klapperwagen der SA, und ein Posten blieb vor ihrer Tür zurück.

Wie würde sie das alles ertragen, bei ihrem Zustand ertragen? Ein bisschen beruhigte es mich, dass sie über mein Leben wenigstens ruhig sein durfte; der gute Onkel Doktor würde ihr meine Grüße schon überbracht haben. Doch dann fiel mir schwer aufs Herz, dass nicht einmal dies sicher war: Würde der Posten denn Besuche zu ihr lassen? Was sollte solch ein Posten für einen andern Sinn haben, als sie zu isolieren? Und ich sah sie vor mir, allein mit dem Jungen im Hause, vielleicht sogar das Telefon gesperrt –

und zu Rat und Hilfe nur unsere Wirtsleute unten im Hause, alte Leute, die Donners.

Plötzlich fiel mir der hassglühende Blick von Frau Donner ein, den sie auf mich geworfen hatte, als ich, von SA eskortiert, nach oben gegangen war. Ein unangenehmes Gefühl wollte mich beschleichen. Donners – hatten sie etwa auch ihre Finger in diesem üblen Handel? Gleich fiel mir der Gründonnerstagnachmittag ein, die Witzchen des Herrn Salm – aber das war doch unmöglich! Was sollten Donners für ein Interesse haben, mich zu schädigen? Sie hatten im Gegenteil jedes Interesse, mir behilflich zu sein; ich hatte ihnen mehr geboten, als es je ein anderer getan hatte: ein sorgenfreies Alter!

Nein, die Donners würden meiner Frau schon helfen, soweit bei so alten und ganz wesensfremden Leuten eben Hilfe zu finden war. Diese Szene am Karfreitagmorgen vor dem Abendmahl war wirklich reichlich widerlich gewesen – Suse würde zu solchen Leuten nie volles Vertrauen haben können. Aber selbst in dieser unangenehmen Szene lag eine gewisse Beruhigung: So heuchlerisch, so verderbt waren diese alten Leute bestimmt nicht, dass sie, den Verrat im Herzen, zu uns gegangen wären, unsere Verzeihung zu erbitten. Unmöglich! Sie hatten so etwas ja gar nicht nötig …

Nein, diese ganze Suppe hatte mir dieser ewige Verschwörer und Tollkopf Salm eingebrockt! Verschwörung gegen die Person des Führers – das sah ganz nach ihm aus. Aber wieso kam man darauf, dass ich ein Mitverschwörer war? Schließlich konnte man doch nicht alle Personen, die Herr Salm in dieser Zeit besuchte, als Mitverschwörer ohne Prüfung verhaften und in Schutzhaft nehmen!

Wie ich auch grübelte, ein Rest blieb ungeklärt, und immer wieder sah ich dann, wie das einzig Greifbare in all dieser Wirrnis, den hasserfüllten Blick von Frau Donner.

So gingen meine Gedanken, und ich war ordentlich froh, als der Wachtmeister aufschloss und mir einen trockenen Kanten Brot und einen Becher Zichorienwasser als Morgenfrühstück hereinreichte. Er nahm meine Briefe in Empfang, warf einen Blick auf mich, einen zweiten in die Zelle ... Der Blick blieb auf dem Bett haften, das, vorschriftsmäßig gebaut, jetzt an der Wand hochgeklappt war. »Zum erstenmal sind Sie auch nicht im Kittchen«, stellte er fest. »So baut nur ein Alter den Kahn.«

Er hatte leider recht mit dieser Bemerkung: In meinem vielbewegten Leben hatte ich schon dann und wann eine Zelle bevölkert. Aber ich ärgerte mich doch, dass er das gemerkt hatte. Unterdes war ich ein bekannter Schriftsteller geworden, und die Zeiten meiner Jugendtorheiten lagen weit zurück.

Ich antwortete ihm nicht.

Er warf wieder einen Blick auf mein Gesicht. »Vor dem Mittagessen sehe ich noch mal rein und erkundige mich, was Sie haben wollen.«

»Irgend ein Fleischgericht mit Suppe und Kompott. Und ein großes Glas Bier. Und zwanzig Zigaretten.« (Das Glas Bier hatte ich mir nur bestellt – ich liebe sonst Bier gar nicht –, weil mich Bier so schön müde macht. Ich hoffte dadurch auf einen ausgiebigen Nachmittagsschlaf, dann verging die Zeit schneller.)

»In Ordnung«, sagte er und ging.

Ein langer Tag voll Warten lag vor mir, und ich wusste es

aus mancher bitteren Erfahrung, wie unendlich lang und qualvoll solch ein Tag in der Zelle werden kann, wenn man keinerlei Arbeit hat und sich nur seinen Grübeleien über das Kommende und den Sorgen um Weib und Kind überlässt. Die Fähigkeit zu »dösen« besitze ich überhaupt nicht, und meine Schlafbegabung ist auch in normalen Zeiten nur gering.

So hatte ich mir denn auch eine Arbeit vorgenommen. Gewiss, meine Zelle war sauber, aber nach den Reinlichkeitsbegriffen meiner aus Hamburg stammenden Frau war sie in Dreckstall. Ich wusste, man konnte an einem Kübeldeckel aus Zink einen ganzen Tag lang putzen, ehe er jene spiegelnde Glätte aufwies, die auch nicht eine stumpfe Stelle von der Größe eines Stecknadelkopfes stört. Also frischauf und ans Werk!

Zuerst die Fenster – und die Stunden verflogen mir wirklich so rasch, dass ich ganz erstaunt war, als der Wachtmeister aufschloss und mir mein Mittagessen in einer Menage des Hotels brachte. Sogar das bestellte Glas Bier war dabei, was ich eigentlich gar nicht zu hoffen gewagt hatte.

Ich warf mich nach dem Essen trotz aller Gefängnisvorschriften auf das schnell hinuntergeklappte Bett, müde genug, schläfrig genug. Natürlich fingen die Gedanken, als hätten sie nur auf diesen Augenblick gewartet, sofort an, um die schutzlos zurückgelassene Frau und um diese rätselhafte Verschwörung gegen die Person des Führers zu kreisen. Nicht unerfahren aber in solchen kleinen schlafstörenden Belästigungen machte ich mich an das innerlich lautlos vorgenommene Memorieren von Gedichten, beginnend mit den Terzinen Hofmannsthals (»Noch spür ich ihren Atem auf den Wangen«) und fortfahrend mit

Münchhausens Balladen (»Es ritt nach Krieg und Reisen …«).

Irgendwann war ich dann auch wirklich der Mühle meiner Quälereien entronnen und fest eingeschlafen, als natürlich sofort der Schlüssel im Schloss klirrte und ich schuldbewusst von meinem Lager aufsprang. Der Wachtmeister sagte aber kein Wort wegen des zur Unzeit benutzten Bettes, sondern mustere mich eine Weile schweigend. Dann tat er die ein wenig überraschende Frage: »Spielen Sie eigentlich Skat?«

Ich antwortete: »Jawohl, Herr Wachtmeister.«

Er mustere mich wieder, er schien sich etwas noch einmal zu überlegen. Dann kam er zu einem Entschluss.

»Wissen Sie«, sagte er und deutete mit dem Daumen den Zellengang hinter, »wissen Sie, da hinten in der Zelle sitzen zwei alte Jidden, die suchen einen dritten Mann zum Skat. – Haben Sie eigentlich was gegen die Jidden?«

»Eigentlich nicht«, gestand ich.

»Schön«, sagte er dann. »Denn kommen Sie mal mit, denn will ich Sie bei den beiden einschließen.«

Er ging mir voran, den Gang hinunter, blieb aber noch einmal stehen. »Sie dürfen aber keinem Menschen ein Wort davon erzählen«, flüstere er.

»Tu ich nicht, Herr Wachtmeister. Ich hab hier ja auch keinen, dem ich was erzählen könnte.«

»Vor allem«, fuhr er fort, »nicht meinem Kollegen, der morgen Nachmittag Dienst hat. Der ist nämlich Nazi, und ich bin Stahlhelm. Sie verstehen doch?«

Ich verstand ihn gut genug. Die Feindschaft zwischen Stahlhelm und Nazis, besonders zwischen Stahlhelm und SA, in die man den Stahlhelm überzutreten gezwungen hatte, war bekannt. Ich konnte also verständnisvoll mit dem Kopf nicken und versichern, dass der Kollege bei mir nicht das Geringste erfahren sollte.

Um die Pointe dieser kleinen Geschichte gleich im Anschluss zu bringen, eile ich nur einen Tag voraus. Wieder klirrt der Schlüssel in meinem Schloss, wieder überrascht mich ein Wachtmeister beim verbotenen Schlafen, aber diesmal ist's der andere, der böse Nazi. Und wiederum werde ich nicht angebellt wegen Schlafens zu verbotener Stunde, sondern wiederum werde ich »zum Skatspielen bei den ollen Jidden« hinübergeschlossen und wiederum mit dem dringenden Befehl, dem Kollegen nichts zu sagen.

»Denn der ist nämlich Stahlhelm, und ich bin Nazi, und wo der Kerl mich reinlegen kann, da tut er es.«

Ach, es war ein ganz gutes kleines Gefängnis, dieses Gerichtsgefängnis in Fürstenwalde an der Spree! Niemand machte mir das Leben zur Last, keiner ranzte mich an, es wurde kein Anstoß daran genommen, dass ich Schutzhaftgefangener war, der sich gegen die geheiligte Person des Führers verschworen hatte. Wir schrieben eben 1933, die Nazis waren erst kurze Zeit am Ruder und hatten noch nicht jedes Gefühl für Anstand und Menschlichkeit zerstören können.

Meine beiden Skatpartner, die alten Jidden, wie sie nur genannt wurden, waren gebildete, anständige Menschen. Der Skat gab nur den Vorwand für unser Beisammensein ab, meist saßen wir und plauderten. Sie waren Lehrer auf einer in der Nähe Fürstenwaldes gelegenen Schule gewesen, die Lehrbetrieb und einen großen Gutshof in sich vereinigte.

Also, äußerlich hatte ich kaum etwas auszustehen im

Gerichtsgefängnis Fürstenwalde. Zwar, nach einer Woche wurde mir das große Glas Bier gestrichen: Irgendein Aufsichtsbeamter war hinter diesen im Gefängnis völlig unstatthaften Alkoholgenuss gekommen und hatte ihn untersagt. Das war leicht zu tragen.

Unangenehmer war schon, dass nach zwei Wochen vergeblichen Wartens mir eine kurze Mitteilung meines Anwalts übergeben wurde, es sei ihm untersagt worden, sich mit mir in Verbindung zu setzen und meine Interessen wahrzunehmen.

Als ich jenen Bescheid des Anwalts in Händen hielt, wurde mir sofort klar, dass auch meine Frau nicht würde zu mir vordingen können, vielleicht war mein Brief an sie überhaupt nicht befördert worden. Als die Tage und Wochen weiter öde vorübergingen, wurde mir weiter klar, wie völlig aussichtslos meine Lage war. Sie konnten mich hier steckenlassen bis zum – Ende des »tausendjährigen« Reiches. Niemand interessierte sich für mich, niemand konnte mit mir in Verbindung treten. Die Justizbehörde war nicht für mich zuständig, denn ich war ja ein »politischer« Gefangener. Der Herr Landrat, der diese Haft gegen mich verhängt hatte, der auf die einfachen, ganz unbewiesenen Behauptungen eines SA-Führers seine Entscheidung gefällt hatte, sah die Angelegenheit mit meiner Unterbringung für erledigt an. Und die SA, die mich verhaftet hatte, der ich solchen Ärger dadurch bereitet hatte, dass ich mich nicht gutwillig auf der Flucht erschießen ließ? Nun, diese SA hatte schließlich doch ihren Zweck erreicht, ich lebte hier hinter diesen Mauern wie ein Toter, keine Stimme erreichte mich mehr, gestorben war ich für die Welt, ohne Nachricht von ihr oder an sie!

Wenn ich so weit mit meinen Gedanken gelangt war, kam immer der Augenblick da ich mir sagte: Hier stimmt etwas nicht. Die SA war doch wirklich auffallend eifrig um mich bemüht gewesen, erst der Streit mit dem Landgendarmen, dann die versuchte Erschießung.

Das macht man doch nicht wegen einer gleichgültigen Festnahme, die aus Berlin angeordnet worden ist! Denn in Berlin musste doch wohl die Verhaftung angeordnet sein, dort lebte dieser Herr von Salm, und wenn er wirklich einen Putsch vorbereitet hatte, so musste man mich doch wohl nach Berlin bringen und mich nicht hier verschimmeln lassen.

Nein, die Steine dieses Puzzlespiels stimmten niemals zusammen, ich mochte sie legen, wie ich wollte.

Wiederum, wie schon tausendmal, kehrten meine Gedanken zu der entthronten Königin zurück, zu ihrem hasserfülllten Blick. Es gab manche Stunde, da war ich fest davon überzeugt, dass Donners hinter all diesem steckten, doch dann stelle ich mir wieder die alte Frage der Römer, die man bei jedem Verbrechen stellen soll: Cui bono? Zu wessen Nutzen ist es begangen? Und bei den Donners konnte ich nicht den geringsten Nutzen, eher nur Schaden für sie entdecken.

Immer größer aber wurde in den so langsam verrinnenden Wochen meine Sorge um Frau und Kind, und manchmal stand ich bis in die tiefe Nacht unter dem hohen Zellenfenster, fest überzeugt davon, dass jetzt auch Suse am Fenster stand, auf den noch immer wandernden SA-Posten hinabsah und an mich dachte. Ohnmächtige Wut und Verzweiflung schüttelten mich. Eingesperrt zu sein, ohne Protest-, ohne jede Redemöglichkeit – es war fast unerträglich!

Was taten sie unterdes mit ihr? Was hatten sie ihr gesagt? Hatten sie ihr vielleicht gar nichts gesagt?

Aber schließlich ging ich doch immer wieder ins Bett und schlief auch einiges. Was sollte ich denn auch anderes tun? Ach, ich armes Gespenst, ich war gut aufgehoben, ich konnte gar nichts machen! Manchmal dachte ich, es würde immer so weitergehen und ich würde immer nur leben in dieser Zelle und nie mehr etwas von meinen Lieben hören.

Da kam plötzlich die Wendung!

Eines Morgens stand plötzlich der Wachtmeister in meiner Zelle und sagte: »Kommen Sie mit, Fallada, Sie haben Besuch.«

»Was?« rief ich und wollte meinen Ohren nicht trauen, »Besuch? Wer besucht mich denn hier?«

»Na, wer wohl?« fragte er dagegen und betrachtete meine Erregung mit Verwundern. »Wer sonst wohl als Ihre Frau?«

»Meine Frau?!« rief ich und war im ersten Augenblick so erschüttert, dass ich vor Glück beinahe losgeheult hätte. »Also, meine Frau! Ja, freilich, dann ist ja alles gut!«

Und ich nahm mich zusammen, rückte an meinem schon recht schäbig gewordenen Zivilanzug und folgte meinem Führer.

Da stand denn in einem breiteren Gang meine Frau, den Jungen an der Hand, und sah mir entgegen. So viel Lächeln lag auf ihrem sanften Gesicht, so viel gutes, geduldiges, blasses Lächeln!

Da hatte ich also meinen Besuch, aber, dass ich es gleich sage, dieser Besuch war eine gewaltige »Fehlleistung« des Gerichtsbüros, dieser Besuch hätte überhaupt nicht stattfinden dürfen. Ach, ich habe es ja schon früher gesagt, in dieser ersten Zeit nach der »Machtergreifung« gab es noch an vielen Stellen Anstand und auch persönlichen Mut (der seitdem vollkommen ausgerottet worden ist). Da hatte ich nun Wochen und Monate hier im Gefängnis gesessen, und wenn ich auch nur mit meinen beiden Wachtmeistern Nazi und Stahlhelm in Berührung kam, so war eben doch durchgesickert, dass ich ein ruhiger und ordentlicher Mann von gesittetem Benehmen war. Niemand wird in den Gefängnissen höher geschätzt als der, der keine »Scherereien« macht. Ich hatte nie Anträge gestellt, Beschwerden eingereicht, nicht einmal Briefe hatte ich geschrieben, und weit war ich davon entfernt gewesen, Kassiber aus dem Bau zu schmuggeln. Ich war gewesen wie nichtexistent, das ganze Gegenteil eines Verschwörers, wobei ich es ganz dahingestellt sein lasse, wie man eine Etage tiefer, auf den Büros nämlich, über meine Verschwörung gegen die geliebte Person des Führers dachte – im geheimsten, völlig privaten Innern natürlich.

Und da war denn an diesem Morgen eine Frau gekommen, einen kleinen Jungen an der Hand, müde diese Frau, mit allen Anzeichen einer sehr weit fortgeschrittenen Schwangerschaft, und hatte dringend gebeten, ihren Mann sprechen zu dürfen. Der Mann war nur Gast in diesem Hause, ein »Politischer«, ein Schutzhaftgefangener, darum kam Besuchserlaubnis keinesfalls in Frage. Besuchserlaubnis für diesen Mann erteilte der Landrat in Lebus, nicht die Gefängnisverwaltung.

Aber man hatte zum Wachtmeister gesagt: »Führen Sie die Frau da oben in den Gang, nein, nicht ins Besuchszimmer. Dies ist kein richtiger Besuch, wir nehmen gar keine

Notiz davon. Die beiden Eheleute sollen sich nur einmal wiedersehen, verstehen Sie, eine Minute oder so …«

Ich bin natürlich nicht dabei gewesen auf dem Büro, aber so ungefähr wird dort gesprochen worden sein. Und so sahen wir uns denn wieder, wir beide, sahen uns nur an …

Der Wachtmeister vom Stahlhelm sprach fast drohend: »Sie wissen doch, dass Sie von Ihrer Sache nichts sprechen dürfen, kein einziges Wort! Und höchstens fünf Minuten!«

Er sah uns noch einmal drohend an, dann machte er plötzlich kehrt und ging an das andere Ende des Ganges, wo er durch ein Fenster sehr interessiert auf die Straße schaute, uns seinen breiten Rücken zukehrend. Wir aber fielen uns um den Hals und küssten uns ab und weinten ein bisschen vor Rührung und Freude, und der Junge war auch zwischen uns und fragte: »Papa, warum bist du gar nicht mehr bei uns? Papa, warum bist du hier in diesem hässlichen Haus? Müssen wir jetzt hier immer wohnen in diesem hässlichen Haus, Papa?«

Schließlich kam aber doch in all dem Jubel und Trubel der Augenblick, wo meine Frau einen vorsichtigen Blick über ihre Schulter nach dem Wachtmeister warf – er drehte uns unentwegt den Rücken zu – und mir dann mit Betonung ein Wort zuflüsterte, und dieses Wort war der Name unserer Wirtsleute, Verräter und Judasse: »Donners –!«

Und dann kamen wir in ein langes Erzählen, das heißt, Suse erzählte; ich hatte von meinem gleichförmigen Leben ja kaum etwas zu berichten. Dieser für das Dritte Reich nicht existente Besuch hat sicher sehr viel länger als fünf Minuten gedauert, vielleicht fünfzehn, vielleicht aber auch fünfzig Minuten. Die Zeit lief uns dahin, lief, lief …

Bis sich schließlich der Wachtmeister umdrehte und sagte: »Jetzt müssen Sie aber wirklich Schluss machen!«

Und auf einen bittenden Blick von uns hin: »Na, denn meinethalben noch zwei Minuten! aber wirklich nur zwei Minuten!«

Nach irgendeiner Zeit trennten wir uns, meine Frau ging hinaus in die Freiheit, ich aber zurück in meine Zelle, die Brust durchstürmt von Gefühlen.

Alles, was mir eben erzählt worden war, ließ ich mir noch einmal durch den Kopf gehen, und die Wut und der Hass über so viel abgrundtiefe Gemeinheit wollten mich völlig überwältigen. Mein dunkles Gefühl hatte eben doch recht behalten, recht hatte ich gesehen, in jenem letzten Blick der entthronten Königin war Hass gewesen, jener infame Hass, den der Mörder gegen sein Opfer hegt. Und viel besser als eine Mörderin war dieses Weib nicht, dem nur der Mut fehlte, selbst zu morden, feige hatte sie die Tat selbst andern Händen anvertraut.

Als ich fortgebracht war und Suse allein in dem Hause mit dem Kinde zurückblieb, hatte sie als erstes mit meinem Verleger telefonieren wollen. Aber auf ihren Ruf war keine Antwort vom Amt gekommen, und so war es in all den Tagen seitdem geblieben: Der Anschluss war gesperrt. Auch der Postbote war nur in das Erdgeschoss des Hauses zu den Wirtsleuten gegangen, zu ihr hatte er nicht einmal mehr die Zeitung gebracht.

Sie war an den Posten auf der Straße herangegangen und hatte versucht, an ihm vorbeizugehen, da hatte er ihr barsch gesagt, dass sie das Haus nicht verlassen dürfe und dass bei jedem Fluchtversuch auf sie geschossen würde. Und auf die Frage, wie sie denn die Lebensmittel für sich und das Kind besorgen solle, hatte er ihr nur geantwortet, das könne sie halten, wie sie wolle, aus dem Hause dürfe sie jedenfalls nicht. Vielleicht würde Frau Donner so gut sein, obwohl man es ihr bei solchem Verrätergesindel, das dem Führer nach dem Leben trachte, nicht zumuten könne.

Dies war der erste leise Wink, dass Frau Donner vielleicht auf der andern Seite stand; er war fast unmerklich, machte meine Frau aber schon misstrauisch.

Jetzt wäre es gut gewesen, wenn die jüdische Freundin noch im Hause weilte. Durch sie hätte man eine Botschaft nach Berlin senden können. Aber sie war schon bei der letzten Phase der Haussuchung entschlüpft und wusste nicht einmal etwas von meiner Festnahme.

Mit Unruhe saß meine Frau zu Hause. »Wo haben sie ihn hingebracht?« fragte sie. »Wann wird er wiederkommen?« Gottlob waren ihr jene fettgedruckten Zeilen »Auf der Flucht erschossen« nicht ins Gedächtnis gekommen, um mein Leben sorgte sie sich nicht, nur um mein Wiederkommen.

Aber sie war immer ein sehr geduldiger Mensch, der sich ohne Hadern auch in das Schlimmste zu schicken wusste, was das Schicksal sandte. Sie hatte ihre Arbeit und das Kind, so arbeitete und spielte sie sich ihre trüben Gedanken fort. Es verwunderte sie ein wenig, dass Donners nach einem solchen Ereignis und solcher Unruhe nicht einmal nach ihr sahen, und als es dämmrig wurde an diesem ersten Tage, stieg sie hinunter zu den Wirtsleuten, um sie wegen Besorgung von frischer Milch und Gemüse für das Kind zu bitten.

Sie fand die beiden Alten im fast dunklen Zimmer totenstumm hocken. Die Königin klöppelte trotz der Dunkelheit an einer Spitze, wie sie es gerne tat, und der alte Mann mit dem Schauspielergesicht döste ein wenig vor sich hin, wie er auch gerne tat.

Sie wurde recht freundlich aufgenommen und mit jenem wortreichen Bedauern und Bemitleiden überschüttet, das ihr so verhasst war, das sie jetzt aber geduldig anhören musste. Auch wurde sie ausgefragt, was denn eigentlich losgewesen sei und was ich denn getan habe.

Die Versicherung meiner Frau, ich habe gar nichts getan, es müsste alles ein Irrtum sein, der sich rasch aufklären würde, wurde mit kühlem, ablehnendem Schweigen aufgenommen, und als sie etwas erregt hinzufügte, alles hänge vielleicht mit dem Besuch des Herrn Salm zusammen, den man seines Namens wegen vielleicht für einen Juden gehalten habe, wurde auch dazu nichts gesagt, aber doch ablehnend gelächelt (das Licht war unterdes eingeschaltet worden).

Frau Donner ging an diesem Abend schon so weit, dass sie zu meiner Frau sagte, sie kenne die SA und ihre Führer zu gut, um nicht zu wissen, dass da Übergriffe nie vorkämen. Es werde wohl bei meiner Frau wie bei allen Frauen sein: Der Mann mache seine Streiche heimlich, und die Frau müsse hinterher am schwersten daran tragen. Maria Stuart schoss dabei einen bitterbösen Blick auf ihren Mann, der tief aufseufzte.

Nun fügte Frau Donner weiter noch hinzu, dass sie gut bekannt, ja befreundet mit dem Ortsgruppenleiter der Partei, einem Bauunternehmer Herrn Schütte, sei. Bei dem werde sie sich mal erkundigen, was denn eigentlich gegen den Herrn Fallada vorliege, und sie werde meiner Frau gerne davon berichten, falls ihr das erlaubt werde.

Meiner Frau gefielen weder Worte noch Ton der Wirtin, sie brachte eilig ihre Bitte wegen der Besorgungen vor und wollte gehen. Aber so leichten Spieles sollte sie nicht fortkommen, denn nun begannen die Donners bitter über meine Leichtfertigkeit, die auch ihre Zukunft gefährde, zu klagen.

Es sei doch ein festes Abkommen getroffen über eine zu zahlende Rente und ein lebenslängliches Wohnrecht in diesem Hause – wie es denn damit stehe? Ob wenigstens die Hypotheken aufgekauft seien?

Meiner Frau missfielen diese Klagen, die so klangen, als sei mit mir überhaupt nicht mehr zu rechnen, aufs äußerste. Sie stand auf und sagte kurz, dass wir uns zu unsern Verpflichtungen hielten, gleich, ob sie von der Frau oder vom Manne erfüllt würden, hörte befremdet ein erleichtertes Aufatmen und ging.

Ich will es hier nicht weitläufig erzählen, wie meiner Frau allmählich die Augen aufgingen über die Arglist der Donners, wie sie von Tag zu Tag immer deutlicher erkannte, dass die Angst vor einem verarmten Alter die beiden in bedenkenlose Verbrecher verwandelt hatte. Ihre meisten Nachrichten empfing sie von einem alten Weiblein, das Zeitungen und Brot austrug und das mit der vereinsamten, hochschwangeren Frau ein herzliches Mitleid hatte. So isoliert unser Haus auch lag, es wurde scharf beobachtet im Ort, man wusste dort vieles und ahnte noch mehr.

An jenem Abend, als ich den Donners den meiner Ansicht nach so großzügigen Vorschlag gemacht hatte, gegen die Einwilligung in die Versteigerung für ihr Alter zu sorgen, hatten sie sich's nicht bedacht, wie sie mir gesagt hatten, sondern sie waren gegangen, sich Rat zu holen bei ihrem Freunde, dem Bauunternehmer Schütte, dem Ortsgruppenleiter der Partei.

Ich selbst kann aus eigener Beobachtung nicht viel über diesen Mann sagen, ich habe ihn nur einmal, und das sehr viel später, gesehen, einen schlanken Mann mit merkwürdig kleinem Kopf und hartem, bösem Gesicht. Er hatte, wie so viele kleine Unternehmer, in den schlimmen Zeiten der Arbeitslosigkeit den Bankrott über sein Geschäft hereinbrechen sehen, wahrscheinlich gar nicht einmal aus Untüchtigkeit, sondern wegen der allgemeinen Not der Zeit oder wegen seines Eintretens in *die* Partei oder aus allen beiden oder allen drei Gründen gemeinsam. Bankrott war er also gewesen, und was für ein jämmerliches Leben solch bankrotter Mann in einem harten, besitzstolzen Bauerndorf geführt haben mag, das ist eigentlich nicht sehr schwer auszudenken.

Nun aber war der Führer ans Ruder gekommen, und mit ihm zugleich hatten Zehntausende solcher kleinen bankrotten Existenzen ihr Ruderchen ergriffen, fest entschlossen, jetzt ihren Anteil an Macht und Besitz zu bekommen. Über Nacht waren sie Herren über Leben und Tod, und wenn nicht das, so doch über Glück und Unglück ihrer Mitmenschen geworden und war man vorher mit ihnen nicht gelinde verfahren, so waren sie fest entschlossen, jetzt mit äußerster Härte gegen ihre Mitmenschen vorzugehen.

Was sollte solch ein Mann seinem guten Freunde Donner für einen Rat geben, wenn der ihm seinen Fall vortrug? Seinem Freunde, von dem er wusste, er lebte von einer jämmerlichen Wohlfahrtsrente und wohnte in einem Hause, das ihm alle Tage fortgenommen werden konnte? So wird er etwa gesagt haben: »Der Mann ist ein Schriftsteller und nicht in der Partei, und aus den Witzen, die er sich von seinem jüdischen Besucher hat erzählen lassen, wissen wir, dass er gegen die Partei ist. Deswegen können wir ihn allein schon festsetzen lassen. Aber das nützt uns nicht viel, denn nach einem halben oder ganzen Jahre ist er doch wieder draußen, und wir stehen da wie vorher. Nein, wir werden ihn sehr schwer beschuldigen, und wir werden eine Haussuchung bei ihm machen, und wahrscheinlich finden wir was. Finden wir aber nichts, so ist es auch noch so: Dann setzen wir ihn unter unserer schweren Beschuldigung fest, und da er nicht befragt werden wird, kann er sich auch nicht rechtfertigen. Am besten ist es natürlich, er versucht auszureißen, dann sind wir ihn für immer los, so oder so.

Das machen wir natürlich alles erst, wenn die Hypotheken aufgekauft sind und er dadurch praktisch der Besitzer des Hauses geworden ist. Du sagst ja zu seinen Vorschlägen, gibst aber nicht deine Einwilligung zur Zwangsvollstreckung. Ich kenne diese Leute aus der Stadt, sie können nicht warten, nichts kann ihnen schnell genug gehen, er wird kaufen auf dein Wort hin. Dann ist also der Besitzer aus dem Wege, und wir haben ein leichtes Spiel mit der Frau. Versteigern kann sie nicht ohne deine Einwilligung, und das Wohnen dort wollen wir ihr schon gründlich verekeln, ich weiß auch schon, wie. Wir lassen sie aber erst fortziehen, wenn sie die Miete sichergestellt hat für die längstmögliche Zeit, und vor allem erst dann, wenn sie die dir und deiner Frau versprochene lebenslängliche Rente ausbezahlt hat, in einer Summe und auf einmal, und ich kann dir schwören, Donner, ihr werdet beide lange, sehr lange noch leben!«

So oder ähnlich wird der alte, ausgekochte, in vielen Saalschlachten lederzäh geprügelte Parteigenosse Schütte gesprochen haben. Natürlich ist nicht alles auf einmal gekommen, sondern ein Plänchen ist nach dem andern entstanden, bis die ganze hübsche Gemeinheit bildschön beisammen war. Vor ihrem Gewissen werden sie sich alle drei damit entschuldigt haben, dass ich ein Feind der Partei sei und mit dieser guten Entschuldigung sind ja dann während der nächsten zehn Jahre so viel Gemeinheiten in Deutschland begangen worden, dass die mir zugedachte nur eine ganz kleine, ganz fromme, ganz harmlose war.

Meine Frau hat das alles auch nur tropfenweis erfahren, hier hat sie eine Beobachtung bei den Donners gemacht, dort ein Wort von der alten Zugeherin gehört. Es ist nur gut, dass dieser Platzregen nicht auf einmal über sie niederging, es wäre doch wohl etwas zu viel gewesen. Auch an die schlimmsten Gifte gewöhnt der Körper sich, sie müssen nur langsam eingeführt und gesteigert werden.

Unterdes gingen die Tage einer nach dem andern, ein Posten stand auf der Straße, ein anderer Posten stand hinten an der Spree, und nichts geschah. Hätte sie nur gewusst, wo ich steckte, sie hätte schon früher versucht, diesem Gefängnis zu entfliehen. (Der gute Arzt hatte ihr natürlich keine Botschaft bringen könne, für so etwas stand ja gerade der Posten da.) Schließlich erzählte ihr die Botenfrau, dass man sich im Dorf erzähle, ich sitze im Kittchen in Fürstenwalde.

Kaum hatte meine Frau diesen Wink bekommen, so war ihr Entschluss gefasst. Sie wartete bis in den späten Abend, bis nach dem Essen, bis ins Dunkelwerden hinein. Dann ließ sie, die bösen Donners zu täuschen, gewaltig das Wasser in die Badewanne rauschen, auch das Radio laut spielen, und nun nahm sie den schlafenden Jungen aus dem Bett und kleidete ihn an. Mit ihm auf dem Arm, schlich sie auf Strümpfen in den dunklen Garten – all unser Eigentum ließ sie hinter sich. Im Garten zog sie sich die Schuhe an und schlich bis zu seiner Pforte.

Sie hatte es längst beobachtet, dass die Posten, zumal des Nachts, wohl auf Posten zogen, dass sie es aber, des langen Überdienstes müde, nicht mehr so genau mit dem Bewachen nahmen, oft wanderten sie die Straße ein weites Stück auf und ab, setzten sich auch unter einen Baum und rauchten eine Zigarette.

Einen solchen Augenblick, da der SA-Mann wohl achtzig oder hundert Schritte entfernt war, wartete meine Frau ab, trat über die Straße weg in die dunklen Kiefernstangen und wanderte nun ohne Weg durch den nächtlichen Wald fort. Das Schwierigste bei alledem war das Kind auf ihrem Arm, das, von ihrer Erregung angesteckt, nicht wieder einschlafen wollte, sondern immerzu fragen musste. Sie brachte den Jungen aber – und damit sich selbst – durch leise erzählte Geschichten schließlich zur Ruhe.

Sie ging immerfort durch den weglosen dunklen Wald, stieß sich an ungesehenen Ästen, stolperte über Wurzeln, fiel auch manchmal und wurde doch immer weiter getrieben von ihrem unbeirrbaren Willen. Sie hatte die Bahnstation nahe genug, aber sie scheute sich, dorthin zu gehen. Sie war nun so weit, unseren Feinden alles zuzutrauen. Vielleicht hatten sie ihr Signalement auf der Station abgegeben, ein leicht erkennbares Signalement: eine große, hochschwangere Frau.

So tastete sie sich denn durch den Wald, immer weiter

gehend, bis sie schließlich das Dorf umgangen hatte. Da suchte sie die Landstraße, fand sie auch und ging auf ihr etwas bequemer fort, dieselbe Straße, die ich vorher mit der Kaffeemühle gefahren war. Sie kam auch an jener Stelle vorüber, die ich nie in meinem Leben vergessen werde, an der ich hatte aussteigen sollen, und wo ich um mein Leben kämpfte. Ich hatte sie in Sonne getaucht gesehen, und ich werde sie immer in Sonne sehen, mit den dürren Kiefernstangen. Sie ging in der Nacht vorüber. Ihr sagte die Stelle nichts, ihr Herz schlug darum nicht schneller. Es ist ein seltsamer Stern, auf dem wir leben, und die sich am nächsten stehen, wohnen noch immer sehr fern voneinander.

Es ist gar nicht so sehr weit von unserem Dörfchen bis zur guten Stadt Fürstenwalde an der Spree, kaum mehr als zehn oder zwölf Kilometer, aber für eine hochschwangere Frau mit einem dreijährigen Kind auf dem Arm ist es ein sehr, sehr weiter Weg. Wochenlang hatte sie fast bewegungslos im Haus gesessen, und nun marschierte und marschierte sie. Manchmal lief der Junge ein Stückchen neben ihr, und dann wieder setzte sie sich auf einen Kilometerstein und ruhte eine Weile. Sie dachte natürlich auch an die beiden Kinder, die sie unter dem Herzen trug, und sie sagte sich, dass all diese Aufregung und dieser Kummer und diese Überanstrengung ihnen unmöglich gut sein konnten, aber das half alles nichts. Und dass jeder Kilometer eine Meile lang wurde und dass die überbelasteten Füße sie mit vielen Schmerzen quälten, das half auch nichts. Und dass sie mit Ungewissheit und Sorgen an mich und mein künftiges Schicksal dachte, auch das half nichts.

Ihr Wille trieb sie vorwärts, sie ging den Weg, den sie gehen musste, ob er nun glatt oder beschwerlich war, es gab keine Wahl. Um sie war die Nacht, und vielleicht standen die Sterne über ihr, diese Tröster aller gequälten Herzen, und ein Wind begleitete sie.

Aber während sie dies alles tat, dachte sie auch an die, durch deren Tun dies alles gekommen war, dass sie wie eine Landstreicherin nachts auf heimlichen Wegen schleichen musste. Sie dachte an die, die jetzt das Regiment in Deutschland ergriffen hatten, und auf einen Schlag war die kleinste persönliche Freiheit vernichtet und jeder Willkür Tür und Tor geöffnet, und dieses Denken half. Es lehrte nämlich dieses gütige und verzeihende Herz hassen, es machte.

Diese Augen, die sonst stets nur nach dem Guten im Leben ausschauten, klarsichtig, und nie, auch nur eine Sekunde lang, ist sie in den folgenden zehn Jahren wankend geworden in ihrem Hass. Sie wusste es für immer: Diese Menschen sind schlecht, und sie wollen nur das Schlechte.

Sie kam nach Fürstenwalde, da war es schon Morgen. Sie ging auf den Bahnhof. Sie machte sich und das Kind frisch, und sie frühstückte ein wenig. Dann ging sie zu mir. Sie sah mich wieder auf jenem Gefängnisgang, wir sahen uns wieder, und jedem von uns war eine große Last vom Herzen genommen. Ich konnte ihr auf den weiteren Weg nur einen Rat mitgeben: »Geh zu meinem Verleger, er wird schon einen Ausweg wissen.«

Zu ihm also ging sie, und er wusste wirklich Rat: »Man muss immer gleich zu dem Alleröbbersten gehen«, sagte Rowohlt und telefonierte mit einem berühmten Manne, einem Anwalt, der im Auftrage der Partei den »Reichstagsbrandstifter« van der Lubbe so erfolgreich »verteidigt« hatte, dass er schließlich hingerichtet werden konnte. Sie vereinbarten eine Unterredung, und sie kamen zusammen, der Anwalt, der Verleger und meine Frau. Sie war ja etwas empört, diese Frau, als sie merkte, dass der Anwalt, übrigens ein sacksiedegrober Herr und ein altes Parteimitglied, an ihrer Geschichte überhaupt nichts Aufregendes fand, es schien ihm ein Fall aus dem Dutzend. Sondern der Anwalt rief nur ganz vergnügt: »Das passt ja ganz ausgezeichnet, gnädige Frau! Der Landrat von Lebus ist nämlich ein Schulkamerad von mir. Wir setzen uns beide gleich in ein Auto und rutschen zu ihm hinüber, und ich möchte wetten: In einer halben Stunde bekomme ich Ihren Mann frei!«

Diese nie erwartete rasche Befreiungsaussicht vertrieb meiner Frau die Empörung über die gleichgültige Aufnahme eines so ungerechten Falles. Sie stieg wohlgemut in ein Auto zu dem Anwalt, winkte dem Verleger noch einmal zu, und die beiden fuhren los.

Was nun der Anwalt mit dem Landrat unter vier Augen geredet haben mag, über Verschwörungen gegen den Führer, gute und schlechte politische Witze, und den Herrn Salm, das ahnen wir nicht. Jedenfalls kam der Anwalt schon nach einer Viertelstunde in das Vorzimmer zu meiner Frau geeilt, die dort mit klopfendem Herzen gewartet hatte, drückte ihr ein Blatt Papier in die Hand und sagte: »Nehmen Sie ein Auto und fahren Sie, was Sie können, nach Fürstenwalde. Dies ist die sofortige Haftentlassung für Ihren Mann. Aber wir haben Sonnabend, und nach zwölf Uhr entlässt am Sonnabend kein deutsches Gefängnis einen Gefangenen, sondern dann erst am Montagmorgen. Also machen Sie, Sie können es vielleicht gerade noch schaffen!«

Sie schaffte es wirklich! Fünf Minuten vor Mittag störte sie den verstaubten Sekretär aus seinem Federhalterkauen auf, und fünf Minuten nach zwölf Uhr standen wir beide draußen vor dem Amtsgericht auf der Straße – oh, so glücklich!

Ich will es hier nun nicht weiter umständlich erzählen, welche Opfer und Kämpfe es mir machte, um von den Donners loszukommen und von den Hypotheken auf ihrem Haus und von der SA und dem Bauunternehmer Schütte.

Es hat mich noch viel Sorgen und manches gute Stück Geld gekostet, bis wir schließlich im Wiederbesitz unserer Sachen in Mecklenburg saßen, im Dörfchen Mahlendorf.

Das Dorf Birkenau mit den Donners und seiner SA liegt endgültig hinter mir. Die Monate vergehen, und wir leben in Mahlendorf, und ein Jahr ist vergangen, und wir leben tief in das zweite hinein, und immer noch sind wir in Mahlendorf, meist glücklich ... Wir haben Birkenau mit seinen Donners fast vergessen. Manchmal, wenn es mir doch wieder gerade einfällt, bei meinen langen Spaziergängen mit den Hunden, kommt es mir fast sagenhaft vor, dass wir einmal in einem Haus an der Spree wohnten, dass unter unserem Fenster Dampfer tuteten. Unser Sohn Uli hat das alles schon völlig vergessen.

Aber dann werden wir wieder daran erinnert. Ein Brief kommt mit der Post. Er ist mit einem schwarzen Rande versehen, es ist also eine Todesanzeige. Es ist gestorben in seinem 80. Lebensjahr der Fabrikant Emil Donner usw. usw. Selig sind die Friedfertigen, denn sie werden Gott schauen. In tiefer Trauer Friederike Donner!

Nein, dieser Brief kommt nicht aus dem Dörfchen Birkenau, er erreicht uns aus der Stadt Berlin, aus ihrem Osten, aus einer jener langen Straßen, die so überbevölkert sind wie ein Bienenstock im Sommer voll Bienen. Richtig, der Vollstreckungsschutz ist inzwischen aufgehoben worden. Donners haben nicht mehr auf Kosten ihrer Gläubiger behaglich in einer Villa leben können. Die armen Volksgenossen mussten dorthin, wo man sehr eng zusammenrücken muss, mussten es auf ihre alten Tage – trotz Freund Schütte, SA und Partei.

Soll man sie bedauern – muss man es? Die Anzeige wandert in den Papierkorb. Donners sind uns gleichgültig geworden. Sie haben uns einmal sehr weh getan, aber das ist verwunden und vergessen. Ruhe sanft, alter Mann!

Wieder vergehen einige Wochen, als uns ein neuer Brief mit einem schwarzen Rand erreicht. Sollte die Königin so rasch ihrem Mann gefolgt sein? Nein, sie lebt, sie schreibt uns sogar, mit einer festen, großen Schrift schreibt sie uns einen Brief. Wir haben sie erzürnt, die Königin.

»Ich habe Woche um Woche gewartet auf ein Wort des Beileids zum Tode meines lieben Mannes. Er war ein guter Mann, er hat es gut mit Ihnen gemeint. Was er getan hat, das hat er erst nach vielen Kämpfen mit sich getan, er musste es tun als getreuer Anhänger des Führers …«

»Papierkorb, Suse!« sage ich. »Warum regst du dich auf? Diese Frau ist verrückt, denke doch nur an ihre Augen. Nein, kein Wort an sie, einfach Papierkorb!«

Wieder vergehen die Wochen, wieder vergessen wir die Donners. Was haben wir für eine Ursache, an eine arm gewordene, alt gewordene Frau zu denken, die mit Hass und Wut an ihr vertanes Leben denkt? Und dann kommt wieder ein Brief von ihr, diesmal ohne Trauerrand, diesmal ohne ein Wort. Aber ein Bild liegt darin, das Foto unseres Jungen, das Suse vielleicht einmal den Donners schenkte oder das vergessen im Hause zurückblieb. Nur das Foto – sie gibt die Geschenke zurück. Ich sehe das Bild näher an: Sie hat dem Kinde mit einer Nadel beide Augen ausgestochen –!

Seltsam, heute, da ich dies schreibe, freue ich mich fast, dass diese Frau diese letzte größte Gemeinheit beging. Denn mit ihr rechtfertigte sie alle die Hassgefühle, die ich gegen sie und ihren Mann hegte, im Voraus schon hat sie jedes Wort gerechtfertigt, das ich hier über die beiden geschrieben habe. Vielleicht lebt sie noch, uralt, wenn diese Zeilen erscheinen. Ich möchte wünschen, dass sie sie dann noch mit Verstand lesen kann. Dies ist der Nachruf, den ich ihr und ihrem Manne widme. So entlasse ich sie aus meinem Leben, nun endgültig für mich abgetan, weit hinaus über Liebe, Hass und Verzeihen! –

Noch einmal Osterfest 1933 mit der SA

Anfang Dezember vergangenen Jahres veröffentlichte ich in den Nummern 170 bis 175 dieser Zeitung Erinnerungen an meinen ersten Zusammenstoß mit den Nazis. Dieser Beitrag hat einen recht lebhaften Widerhall bei meinen Lesern gefunden: Ich bekam eine Reihe von Zuschriften, die nicht ganz uninteressant für die Öffentlichkeit sind. Es würde zu viel Raum beanspruchen, wollte ich hier auf diese Briefe im Einzelnen eingehen; es ist das auch nicht nötig, denn sie lassen sich im Großen und Ganzen in zwei Gruppen einteilen.

Da sind einmal diejenigen, denen meine Erinnerungen das Gedächtnis an selbst erlittene Unbill wachriefen; sie schreiben mir nun, sie erleichtern ihr Herz, indem sie mir das eigene Leid erzählen. Weit spannt sich der Bogen dieser Bekenntnisse: von der Hausmannsfrau in Leipzig bis zum ehemaligen Reichspräsidentschaftskandidaten, der sich als ›Oberstleutnant a. D. Opfer des Faschismus!‹ unterzeichnet, sind viele Städte und Berufe vertreten. Dem Nazismus war keiner zu gering oder zu hoch, gleichmäßig wurde jeder verfolgt, gequält, am Leben bedroht, der sich seinen Ideen widersetzte.

Nicht ohne Erschütterung liest man viele dieser Briefe. Wie klein kommt mir nun das selbst erlittene Leid vor, wenn ich erfahre, wie andere so viel mehr haben leiden müssen, so viel mehr ertrugen, heute noch wirtschaftlich und menschlich die Schäden der Verfolgung nicht haben überwinden können. Der eben erwähnte Oberstleutnant zum Beispiel, dessen Name früher jedem Deutschen bekannt war, hat durch zwölf lange bittere Jahre nicht einmal frei aufatmen können, immer war er unter Beobachtung, auch wenn er einmal nicht verhaftet war. Gemein beschimpft, mit dem Tode bedroht, ebenso unbegreiflich plötzlich eingesperrt und unbegreiflich wieder entlassen, hat dieser Mann ungebeugt den Nazis widerstanden, mit Stolz schreibt er: »Trotz schwerster Androhungen habe ich niemals das ›Heil Hitler!‹ gesagt. (Grotesk mutet es am Schlusse dieses Berichtes an, wenn der Staatsanwalt dem Verfolgten unter dem 17. Juli 1945 (!) mitteilt, er habe nun das Ermittlungsverfahren wegen Zersetzung der Wehrkraft eingestellt. Es geht eben doch nichts über eine gute, ordentliche, bürokratische Aktenerledigung – im alten wie im neuen Deutschland!) Heute steht dieser Mann völlig mittellos da, alles hat er verloren, er haust in *einem* kleinen Zimmer einer Siedlung, fast siebzig Jahre alt, ein Leben ohne Hoffnung, ohne Aussicht …

Oder da ist ein kleiner Redakteur in der Provinz – er hat nichts Schlimmeres getan als einem Jugendfreunde, der ihn auf der Durchreise besuchte, ein Paket aufzubewahren. Das Paket wurde nicht abgeholt, es wurde auf den Boden gestellt und vergessen. Dann kam eine Bodenentrümpelung, ein neugieriger Luftschutzwart schaut in das Paket und findet einen Abziehapparat, der nach dem letzten Wachsbogen zu urteilen zur Herstellung kommunistischer Druckschriften benutzt worden ist. Und die Hölle bricht über den kleinen Redakteur hinein! KZ und Volksgerichtshof, zum Tode verurteilt – in letzter Stunde Rettung durch den Russeneinmarsch – – – Aber der Heimgekehrte findet seine Frau und die Kinder nicht wieder – Bomben!

Oder jene Hauswartsfrau in Leipzig, deren Hausgemeinschaft sich in der Hauptsache aus Nazis zusammensetzt –

und ihr Mann steht im Rufe, Sozialdemokrat zu sein! Verfolgungen, Schikanen, Verdächtigungen durch ein Jahr, durch fünf Jahre, durch zehn, durch zwölf Jahre – der ganze kleine miserable Alltag, der einen Menschen zerbrechen kann. (Bloß mit Schikanen kann man einen Menschen zum Selbstmord treiben!)

Diese Frau hält das aus – aber mit Wut im Herzen erlebt sie heute, wie ihre Verfolger von ehemals, die Nazis im Hause, sich schon wieder den Folgen ihrer Schändlichkeiten entziehen, wie sie entstellen, lügen, sich tarnen. ›Unsereiner wird immer der Dumme sein‹, schreibt diese Frau, ohne Hoffnung. (Sie fangen ja schon wieder an, ihr absichtlich das Treppenhaus zu verunreinigen, bloß um sie zu ärgern!)

Kleines Leid, großes Leid, eine unermessliche Summe von Leid in Deutschland – oben wie unten, fast jeder könnte davon erzählen, stundenlang. Aber wo sind die, die es anhören mochten? Meine lieben Briefeschreiber, es ist nicht anders: Dieser eine Hinweis muss euch genügen. Ich kann nicht euer aller Schicksal in der Zeitung erzählen. Wir aber wollen hoffen, wir glauben fest daran, dass diese unendliche Summe von Leid nicht umsonst vom deutschen Volke erlitten wurde: Die Erinnerung an das Erlittene muss die Wiederholung des einmal Geschehenen unmöglich machen.

Aber da ist die zweite Gruppe von Briefeschreibern, biedere, brave Leute, getreue Leser des Romanschreibers Fallada – und eben ihre getreue Anhängerschaft bringt sie dazu, mir gewissermaßen ihr Beileid zu dem am Osterfest 1933 Erlebten auszudrücken. Ja, so etwa steht es da geschrieben. Es gibt Leute, heute noch, unter uns, in dieser Stadt Berlin, die mir ihr Erstaunen, ihre Empörung darüber ausdrücken, dass die Nazis es gewagt haben, einen Schriftsteller wie diesen Fallada derart zu behandeln usw. usw.

Man liest es, man fasst sich an den Kopf, man versteht nichts mehr. Ja, was heißt denn das? Es gibt also heute, im Jahre 1946, nach dem fürchterlichsten, dem umfassendsten Zusammenbruch, den ein Volk je erlebt hat, noch Menschen unter uns, die da meinen, es hätte für ›die Partei‹, für die SA, für die SS irgendeine von Anstand oder Menschlichkeit gezogene Grenze gegeben, die diese Verbrecher respektiert hätten –?! Jeden Tag bringen die Zeitungen ausführliche Berichte über den Prozess in Nürnberg, sie enthüllen Scheußlichkeiten, die in diesem Umfang kein Volk der Erde je begangen, ja, die auch die verderbteste Phantasie sich nie erfunden hat – aber noch immer sind die nicht alle geworden, die da sagen: Es war ja alles nur halb so schlimm, im Grunde waren es gute Kerle, diese Burschen von der SA und der SS, nur ein bisschen verhetzt waren sie …

Meine gar nicht Lieben, eure Briefe habe ich ohne alle Freude und Sympathie gelesen, so sehr ihr mir auch versichert, wie hoch ihr meine Bücher schätzt. Es wird endlich an der Zeit, dass ihr aufwacht, dass ihr ohne Zwinkern mit offenen Augen das Trümmerfeld anschaut in ganz Europa, die Gräberfelder vom äußersten Osten bis zur englischen Insel, und dass ihr an die eigene Brust schlagt und bekennt: Mea culpa! Mea maxima culpa!

Denn grade ihr Lauen, ihr, die ihr nie etwas gesehen oder gehört haben wollt – ihr tragt euern vollen Anteil an der allgemeinen Schuld! (Ich selbst habe bis zur Veröffentlichung der Nürnberger Dokumente mich auch Täuschungen hingegeben über die Größe und den Umfang der moralischen

Erkrankung, die das ganze deutsche Volk erfasst hatte. *Das* hätte ich nie für möglich gehalten. Aber ich gestehe ein, dass auch ich, vor dem Zusammenbruch, Zeiten schwerster Depression hatte, in denen ich einfach nicht hören, nicht sehen wollte. Ich bedauere es heute aufs Tiefste, dass ich damals bewusst die Augen geschlossen habe; ich wäre doch wohl etwas aktiver in der Gegenwehr gewesen.)

Nein, diese Briefe wären besser ungeschrieben geblieben, ich meine, es wäre besser, es gäbe niemanden im deutschen Volke mehr, der solche Briefe schreibt. Denn erst, wenn sich alle ganz klar darüber sind, wie weit unser aller Schuld geht, wächst aus dieser Erkenntnis der Wille, diese Schuld, soweit überhaupt möglich, bis auf den letzten Rest abzutragen, ohne Murren. –

Einer dritten Gruppe von Briefeschreibern brauche ich kaum Erwähnung zu tun, es sind jene, die mich anonym oder auch mit Namensunterschrift (die nicht richtig zu sein braucht) beschimpfen. Zu offensichtlich spricht aus diesen Briefen der Neid, die Missgunst, der Hass auf den Mann, der sich wohl manchmal verirrte, der aber immer guten Willens war, bei seinem Volke auszuharren, in guten wie in schlimmen Tagen. Derartige Beschimpfungen gelten mir nichts, nicht eine Minute verderben sie meine Laune.

Das Todeshaus formt einen Dichter

Alfred Schmidt, genannt Sas, wurde am 26. März 1895 als Sohn eines Bäckers in Schlegel in der Lausitz geboren. Er besuchte das Lehrerseminar in Löbau und wurde in Leipzig Volksschullehrer. Schon frühzeitig kam er mit der kommunistischen Partei in Berührung, wollte darum einen Diensteid nicht leisten und ging als Arbeiter nach Hamburg. Später kehrte er nach Leipzig zurück, studierte auf dem Konservatorium Musik und war später an einer marxistischen Schule als Lehrer tätig.

1933 wurde er wegen seiner Betätigung für die kommunistische Partei seines Amtes enthoben und kam in Haft. Später entlassen wurde er Musikerzieher in Berlin, wurde wiederum 1940 verhaftet und kam ins KZ Sachsenhausen. Im März 1942 entlassen, holte ihn im Juni 1942 die Gestapo zurück. Diesmal kam er vor das Volksgericht, von seinen sieben Mitangeklagten hatte er nie einen von Angesicht gesehen, am 9. Oktober 1942 wurden sie alle zum Tode verurteilt. Rund hundertachtzig Tage und Nächte lang musste er dann im Todeshaus in Plötzensee auf die Vollstreckung des Urteils warten. Am 5. April 1943, am Tage der Hinrichtung, war er eigentlich zum ersten Male davon überzeugt, dass er doch begnadigt worden sei: Man hatte ihm von acht Jahren Zuchthaus gesprochen. An diesem Tage fiel sein Kopf.

Dies sind die wenigen äußeren mir erreichbaren Daten eines Lebens, wie es in den Jahren zwischen 1933 und 1945 nicht viel Ungewöhnliches bietet. Was diesem Leben seinen besonderen Stempel verlieh, war die Wandlung, die dieser Mann in den fürchterlichen hundertachtzig Tagen im Todeshause erfuhr: Während er sich unter Kämpfen und

Krämpfen noch lebend, immer stärker liebend von dieser Gestalt des Lebens und der Liebe löste, wurde ein Dichter aus ihm. Er, der bis dahin nie daran gedacht hatte, Verse aufs Papier zu bringen, dichtete plötzlich. Das Leben, von dem er doch stündlich Abschied nahm, wurde dicht in ihm, es nahm feste Gestalt an – er musste, in den gefesselten Händen ein Bleistiftstümpchen, niederschreiben, was in ihm war: Dies war plötzlich das Wichtigste in seinem Lebensrest geworden.

Ehe ich aber Weiteres von dieser Wandlung sage und einige dieser Gedichte wiedergebe, möchte ich doch noch von den Gründen sprechen, die zu jenem Todesurteil führten. Ich habe hier zwei verschiedene Versionen gehört. Nach der einen, die wohl die wahre ist, konnte Sas nicht aufhören, das, was in ihm als unumstößliche Gewissheit lebte, auch andern mitzuteilen: also seinen tiefen Glauben an die Wahrheit der kommunistischen Lehre. So kam es von selbst, dass sich ein Kreis von Menschen um ihn sammelte, denen er Lehrer, Mahner und Tröster war. Dieser Mann, der von einer fast rührenden Ungeschicklichkeit in der Regelung seiner äußeren Lebensumstände war, besaß eine unverrückbare Festigkeit in seiner inneren Haltung zur Umwelt, zum Leben. Diese Festigkeit breitete ein so starkes Gefühl von Sicherheit, Ruhe, ja, Heiterkeit um ihn aus, dass alle seine Hörer davon erfasst wurden.

Sie lebten in einer gefährlichen Zeit. Es war nicht nur Krieg an den Grenzen des Landes, auch im Innern war einer des andern Feind; schon jedes Wort, das im Kreise um Sas gesprochen wurde, war lebensgefährlich. Aber unter dem starken, beruhigenden Einfluss dieses Mannes verlor sich der Gedanke an Gefahr; er teilte ihnen die Gewissheit einer kommenden besseren Weltordnung mit, ordnete auch das Verwickelteste, wusste in jeder inneren Not Rat und Hilfe und gab die Kraft auszuharren.

So entstand in diesem Kreis bald der Gedanke, auch mit Taten gegen das Hitler-Regime vorzugehen. Sas war damit einverstanden. Eine Druckmaschine wurde beschafft, Flugblätter verfasst, gedruckt und schließlich auch verteilt. Sas, dieser in allen Dingen des äußeren Lebens ganz ungewandte Mensch, hatte alle diese Arbeiten den andern überlassen. Seine Tätigkeit war die des Lehrers und Trösters; er war ein Befruchter. So hatte er auch ganz übersehen zu prüfen, in die Hand welcher Menschen diese Arbeit gelegt war. Erst als ihm die ersten Flugblätter zu Gesicht kamen, stutzte er. Dies war nicht, was zu geschehen hatte, es war Stümperei, Verschwommenheiten. Dies musste anders gesagt sein und dieses gar nicht. So konnte es nur mehr Schaden als Nutzen tun. Wohl waren die Ausführenden guten Willens gewesen, aber ihre Fähigkeiten hatten bei weitem nicht zur Bewältigung dieser wichtigen Aufgabe ausgereicht.

Sas sah, dass alles einen falschen Weg ging. Seinem Einfluss gelang es, diese nutzlose, ja, eher schädliche Arbeit abzustoppen. Er nahm den Druckapparat an sich. Aber es war schon zu spät. Die Gestapo war aufmerksam geworden, Ungeschicklichkeiten hatten sie leicht genug auf die Spur der Täter gebracht, und der ganze Kreis der Hersteller und Verbreiter wurde verhaftet. Der Name von Sas, der bei der Gestapo nicht in Verdacht stand, wurde ganz unnötig genannt, die Druckmaschine wurde bei ihm gefunden und auch er geriet in Haft. Man hatte den ›Rädelsführer‹ – den Mann, dessen Kopf fallen musste.

Es ist tragisch zu sehen, dass grade eine der liebenswertesten Eigenschaften von Sas dazu beigetragen hat, einen Mann ins Verderben zu stürzen, den wir in heutigen Tagen bitter nötig gebraucht hätten. Seine kindliche Unbeholfenheit dem Leben gegenüber, sein Glaube an das Gute im Menschen, seine heitere Unbekümmertheit jeder Gefahr gegenüber, diese Eigenschaften sind es letzten Endes, die ihn in das Todeshaus von Plötzensee geführt haben. Er hätte noch lange, bis in unsere Tage wirken können, wenn er vorsichtiger, argwöhnischer, berechnender gewesen wäre. Aber dann wäre er eben nicht mehr Sas gewesen, Sas, ein Mensch, den grade wegen seiner klaren Offenheit jeder lieben musste, der ihn kennenlernte.

Nach der zweiten Version traf Sas in der Berliner Innenstadt einen ehemaligen Parteigenossen. Sie begrüßten sich, sie sprachen miteinander: Der eine war ganz Musikerzieher geworden, der andere wirkte noch immer illegal für seine Partei. Dieser bat Sas, ihm doch für ein paar Tage einen schweren Handkoffer aufzubewahren; er werde ihn in ein paar Tagen, auf seiner Rückreise, wieder abholen. Sas schleppte den Koffer nach Haus und stellte ihn auf den Flur. Nach vierzehn Tagen, noch immer nicht abgeholt, wurde der lästige Koffer ins Badezimmer verbannt, ein Vierteljahr später wanderte er auf den Boden. Dort verstaubte er und blieb vergessen, bis die Gestapo bei einer Hausuntersuchung in ihm eine Druckmaschine fand, die zur Herstellung von kommunistischen Aufrufen benutzt worden war.

Man denke sich diesen Koffer, dieses wahre Danaergeschenk, das von Hand zu Hand wandert, wie er feige dem Nächsten, dem Freunde, dem Fremden in die Hand gespielt wird, immer mit dem Versuch, die eigene Spur zu verwischen. Vielleicht erklären sich so die sieben Mitverurteilten, alle unbekannt, sie waren vielleicht einmal alle Vorbesitzer des Koffers gewesen. Hatten seinen Inhalt gekannt, hatten Pläne geschmiedet und waren eines Tages – endlich! – nach Haus gegangen: ›Den bin ich los! Deswegen brauche ich keine Angst mehr zu haben!‹

O armes Deutschland, o du elendes verirrtes geschlagenes Volk, in dem es eine Wohltat geworden war, ein Segen, den Bruder in Gefahr zu bringen! In Todesgefahr! – Diese Version braucht im Tatsächlichen nicht wahr zu sein, aber sie war möglich in diesem Lande, an jedem Tage, auf hundert Arten und in tausend Häusern. Rette sich, wer kann – mögen die andern alle verrecken, wie gleichgültig mir das ist!

Sas hat in seinem Leben nie gelogen, er war offen, freimütig, ein wahrer Mann mit den besten Kindereigenschaften. Wenn Kindsein heißt, die Welt immer wieder neu sehen. Nichts wurde alt für ihn, nichts war ohne Leben für ihn. Die Art seiner Tätigkeit war eigentlich gleichgültig, weil alles lebendig für ihn war, alles unverfälschtes, reines, heiteres Leben. Keiner ging von ihm, der nicht von ihm empfangen hätte.

Ich erinnere mich noch, wie ich einmal in Berlin bei einem Glas Wein mit ihm zusammensaß. Die Sonne brach durch die Fenster und ließ den Wein im Glase hell schimmern. Sas war nie ein ›Zecher‹, wie er überhaupt alle künstlichen Anregungen im Leben nie brauchte, weil das Leben selbst ja schon so voll, so strahlend, so ›lebendig‹ war. Aber jetzt sah er den Sonnenstrahl im hellen Weine, er hob das Glas, er ließ den Wein im Lichte spielen und tanzen. Wie ein Kind vergnügte er sich dabei, und wie ein Kind hatte er auch gleich etwas entdeckt: den Wurm im Weine. Ja, plötzlich sahen wir ihn auch, plötzlich spielten wir alle mit unsern Gläsern und sahen im duftenden Wein ein goldfarbenes Schlänglein sich bewegen.

Es war ein Augenblick, ein Nichts, das Sonnenlicht in den Fenstern, der duftende Wein im Glase, ein verspielter Mann – und warum ist es mir heute noch, als seien dies Minuten tiefsten Glückes gewesen? Weil dieser Mann das Leben neu sah, er empfand die Seligkeit des Lebens, des Daseins so stark, dass jeder in seiner Umgebung davon angesteckt wurde. Der Wurm im Weine, der war es nicht, aber dass er das Leben so stark fühlte als ein einmaliges Geschenk, das war es –!

Und weiter erinnere ich mich eines seiner Besuche, den er bei mir auf meinem Mecklenburger Höfchen machte. Es war Sommerszeit, ich hatte alle möglichen Leute im Haus, darunter auch aus der jüngsten Verwandtschaft, die bei mir ihre Ferien genoss und mich durch ihre sture hitlerische Haltung ärgerte. Ich konnte mit all diesen Neffen und Nichten nicht das Geringste anfangen; wie es aber kam, ich weiß es heute noch nicht: Sas hockte plötzlich mit der ganzen Gesellschaft in einer Ecke meines großen Arbeitszimmers auf dem Boden; sie hatten sich einige Decken und Kissen dazugeholt. Eigentlich wirkte es, wie sie da so beieinander saßen, wie ein indianisches Lagerfeuer, an dem die großen Häuptlinge zur Beratung beieinander waren.

Und wirklich hatte Sas es im ganz Kurzen fertiggebracht, dass diese Sturköpfe miteinander sprachen wie wirkliche Menschen. Er bekam sie dahin, dass sie anfingen, über all diese Schlagworte wie Ariertum, Gemeinnutz, Führerschaft, und was weiß ich, nachzudenken, wenigstens ein bisschen nachzudenken, die Möglichkeiten einer andern Denkart wenigstens zu erwägen. Es war das Leben in ihm, dieses ernst-heitere Leben, das sich auf jeden, der mit ihm zu tun hatte, übertrug. Ich sage euch, er hätte noch einen Stein zum Sprechen gebracht, er konnte alles, was er wollte, aber wollte nur, was des Könnens wert war.

Und eines Tages war dieser Mann plötzlich eingesperrt im Todeshaus in Plötzensee, er war zu Tode verurteilt, und von Anfang an glaubte er nicht an seine Begnadigung. Schon ganz früh, kurz nach seiner Verurteilung, heißt es in den Briefen an seine liebste Frau: »Am Freitag war der Rechtsanwalt da. – Ein Mensch ohne Glauben. Sein Gesuch schludrig, kaltherzig – eben ohne Glauben. Ich weigere mich anzunehmen, dass mein Leben von solchen niederen Faktoren abhängen sollte.«

Und: »Allem Lebendigen ist der Tod fremd, unnatürlich, unbegreiflich. Jeder Atemzug, jeder Gedanke und jedes Gefühl verbindet aufs Neue mit dem Leben, mit der Fortdauer des Werdens, des Suchens, des Sehnens. Deshalb muss ich täglich und stündlich bitter sterben.« Aber: »Wie arm wäre ich, wenn ich ›leicht‹ stürbe.«

So steht es schon auf den ersten dieser Briefblätter, keine Hoffnung beseelt diesen Mann, der die regierende Welt durchschaut hat, und nun heißt es, hundertachtzig Tage lang bitter zu sterben. Hundertachtzig Tage lang kann jeder unvermutete Aufschluss seiner Zelle den Ruf zum Henker bedeuten, hundertachtzig Tage lang bricht ihm bei jedem Knacken des Türschlosses der Todesschweiß aus. Das ist ein halbes Jahr unermesslicher Qual, in dem dieser so lebendige Mensch sich vom Leben löst. Was ihm allein hilft, ist der Gedanke an die einzig geliebte Frau. In den ersten im

Todeshause verbrachten Tagen, da er noch nichts von ihr gehört, heißt es noch: »Wo fange ich an? Drei Wochen bin ich jetzt in dem Totenhause, dem Haus Nr. 3. Mit hundert andern oder Hunderten. Die ersten Tage war ich wie betäubt von dem Keulenschlag. Alles war wie eine böse Verzauberung. Mich zu waschen, über den Hals zu streichen, meine Fingermuskeln spielen zu sehen, war mir unheimlich …«

Dann hat er sie sehen dürfen, und nun heißt es schon ganz anders: »Die Woche, die nun kam, brachte mich viel weiter. Ich konnte laut für mich sprechen, Deinen Namen, mit dir. Es ging sehr auf und nieder: endlich wieder. Die Starre löste sich. Wenn mir vom Sitzen beim Erbsensortieren der Rücken weh tat, rieb ich den Linoleumfußboden der Zelle ab, las (wir bekommen jede Woche *sechs* Bücher, eine Wohltat!) und atmete. Das ist aber kein gewöhnlicher Atem, sondern im Andante nach diesem Rhythmus und mit den Worten:

||: . . . −̤ | −̤ . −̤ −̤ :||
starke atmende Stille, o liebste Ili
(5 Zählzeiten aus-, 3 Zählzeiten einatmen)

– schließe ich mich, ob im Gehen, Sitzen, ob nachts beim Liegen, ganz innig einem mächtigen Kraftstrom an, der mich zuerst zu dir trägt und die große Geborgenheit auslöst.«

Das ganze Leben, das ihm geblieben, richtet er nun auf jene, die über ihn hinaus leben wird. Zuerst hilft es ihm schon, an das äußere Leben zu denken, das *sie* führt. Es gibt da ein paar Gedichte auf den Hund, der Gefährte dieser

Frau ist, von denen ich wenigstens eines hierhersetzen möchte:

Peterles Anhänger

Peter. Wau. Sekund so heiß ich,
Wer mein Frauchen ärgert, den beiß ich,
Was sich schickt, soll ich nicht vergessen,
Aus fremder Hand soll ich nicht fressen,
Bei Tisch soll ich nicht betteln,
Auf dem Gassi nicht Streit anzetteln.

Das ist der Anfang: die Umwelt der geliebten Frau noch einmal erleben. Aber wie schwer ist es, sich von dieser Welt zu lösen, die von je der Inhalt seines ganzen Lebens war. Es gibt da ein Gedicht aus diesen Tagen:

Für *mich ist* jede Stunde ein Verlust ...

Wie hass' ich jene Seelen flach und matt,
Für die ein jeder Tag schon ein Gewinn,
Weil er vergangen ist. – Sie leben hin
Geduldig, fast zufrieden, flach und platt.

Für mich ist jede Stunde ein Verlust,
Die nicht etwas zurücke lässt, was bleibt,
Das Weltenrad der Güte weitertreibt,
Und sei's auch nur in meiner eignen Brust.

Und dann ist da jenes Gedicht zum Weihnachtsfeste 1942. Es lautet:

Das alles schenkst du mir: In fahler Todeszelle
Schäumt unbekümmert stark und schön des
Lebens Welle.

Weg, Wille, Fühlen, Welt war winklig und
verschroben,
Nun geh ich graden Schrittes vorwärts und nach oben.

Zwei Sterne leiten mich und leuchten ohne Trug:
Der eine: »Nichts zu viel!«, der andre: »Nie genug!«

In meines Herzens Kern ruht aller Ding' Gewicht,
Und was ich anschau, hat ein neu und tief Gesicht.

Wie folgsam trägt mich nun das wilde Sinnentier.
Es eint sich Sinn und Tat. Ich blieb – und ward
doch ›Wir‹.

O Lust zu atmen! – Selbst in fahler Todeszelle
Schäumt unbekümmert hell und schön des
Lebens Welle.

Und diesem folgt am zweiten Weihnachtstage ein anderes Gedicht:

Fällt über dich wie Bergsturz das Geschick,
Darüber schwingt
Ein Lied. – Es singt
Der Vogel Hoffnung,
Der liebe Vogel Hoffnung.

Und selbst des Todes Schweigen ist nicht stumm:
Die Stille klingt,
Hörst du, es singt
Der Vogel Hoffnung,
Der liebe Vogel Hoffnung.

›Hier bin ich, Tod.‹ Noch auf dem Knochenfinger,
Der mir winkt,
Sitzt und singt
Der Vogel Hoffnung,
Der liebe Vogel Hoffnung.

So verdichtete sich das Leben in den folgenden Wochen immer mehr in ihm, er gibt alles auf, was nur dem flüchtigen Augenblick gilt, er macht alles dicht und fest, was Bestand in ihm hat. Es gibt da viele, viele Stunden, da er nur auf seinem Strohsacke sitzt, Erbsen sortierend (die seine heimliche Hauptnahrung sind), und leise vor sich hinsingt. Die Tränen laufen noch oft über seine Wangen, jedes unvermutete Öffnen der Zelle erschreckt ihn. Aber das sind nur die äußerlichen Dinge: Alles wird immer fester in ihm, und ein ewiges Zeugnis geben davon die Briefblätter und seine Gedichte ab.

Eh ich noch einige wenige dieser Gedichte hier anführe, möchte ich einen Gedanken wenigstens noch andeuten, der mich, den ewigen Bücherschreiber, besonders seltsam anrührt. Das Todeshaus in Plötzensee hat also aus dem Musikerzieher Sas einen wirklichen Dichter gemacht, davon glaube ich jetzt schon meine Leser überzeugt zu haben. Ist es nicht ein sehr seltsamer Gedanke, dass dieser selbe Mann, wenn der Henker auch am hundertachtzigsten Tage an seiner Zelle vorübergegangen wäre, wenn er durch die Russen etwa seine Freiheit zurückbekommen hätte, eines Tages ins Leben zurückgekehrt wäre und seine alten Tätigkeiten begonnen hätte –? So starb er als ein Dichter. Aber so ist es: So wenig sind wir und so viel können wir aus uns machen, macht das Leben aus uns, wenn wir nur wollen.

Und nun noch einige Gedichte:

Wolkenmusik

Eine lautlos himmlische Wolkenmusik
Umklingt den steilen Hang.

Vom Eisgesicht her, der den reinsten Blick
Des Lichts von Urbeginn an trinkt,
Schimmert es weiß, wie heller Gesang.

Mit blaurotsilbernen Schatten spielt
Die Sonne gelassene Melodien.
Die über Wälder und Matten ziehn,
Über Felsenrippen und schneeige Breite.

In seinem Gestühl aus uraltem Stein
Ragt das Gebirge Berg bei Berg
Und schaut mit träumenden Augen ins Weite.

Tief unten duckt sich das Menschenwerk,
Lärmt Zwergenunrast durch Häuser und Gassen.

O du liebe himmlische Wolkenmusik,
So voller Glück! –

Und ich wusste dich nicht zu fassen!

O seltsam dichtes Leben dicht am Tod …

Fast neun Schritte lang
Ist meine letzte weißgetünchte Welt.
Vielleicht neun Tage noch,
Dann fällt
Mein Kopf,
Der jetzt noch denkt und spricht und sieht und hört.

So nahe wartet schon der große Schlaf
Mit seiner dunklen Schwinge überschattend
Die grelle Glut von Wünschen oder Ängsten.
Er sänftiget die längsten, allerbängsten,
Die Augenblicke bitterer Menschennot.

O seltsam lichtes Leben dicht am Tod …

Mitternacht

Lautlos und langsam
Sammelt sich die Zeit,
Hängt wie ein dunkler Tropfen überm Rande
Und löst sich zögernd …
Fällt
Und fällt
Und fällt.
Wohin?
Es hallt kein Ton zurück aus jenem Lande.

Liebste

Liebste, deutlich spüre ich,
Wenn du an mich denkst,
Wenn du deiner Sehnsucht Boot
An mein Ufer lenkst.

Dann dringt tags in meinen Raum
Plötzlich deine Welt,
Nächtlich leuchtet mir ein Traum,
Der mich bei dir hält.

Weiter Mantel hüllt mich ein,
Zauberhaft und warm,
Und mein Kopf – ein müdes Kind –
Ruht in deinem Arm.

Auf Gold gemalt

Nicht mehr scheinen,
Nur noch sein.
Nicht mehr sorgen,
Nur noch rein, hell und stark als Flamme stehn,
Innig wissen, dass du bei mir bist,
Dass nun auch die Schwärze
Selbst der fürchterlichen Stunden,
Die das Herze
Grausam auf den Tod verwunden,
Noch auf Gold gemalet ist.

Das Lied vom Totenhaus

Draußen in der Plötze überm Hause drei,
Leuchten keine Sterne, kein Vogel fliegt vorbei.
  Wenn nachts die Hunde bellen,
  Dann rinnen Tränenquellen
  Wohl in den Todeszellen
  Im Totenhaus.

Hungrig steht das Messer, sein Eisen blinket matt,
Es schneidet schon viel besser und wird doch
                    niemals satt.
  Wenn stille sind die Hunde,
  Dann macht der Tod die Runde
  Wohl durch die Todeszellen
  Im Totenhaus.

Auf hartem Bett gefesselt, wer lieget da und wacht
Und starrt ins Licht und grübelt in langer,
                    langer Nacht?
  Wenn nachts die Hunde bellen,
  Dann rinnen Tränenquellen
  Wohl in den Todeszellen
  Im Totenhaus.

Wer sehnt sich nach den Seinen, nach Mutter, Frau
                    und Kind,
Die doch auf dieser Erde für ihn versunken sind –?

Selbst wenn er sein Leben als heilig Opfer gab,
Es gibt für ihn kein Mitleid, für ihn gibt es kein Grab.

Wenn nachts die Hunde bellen,
Dann rinnen Tränenquellen
Wohl in den Todeszellen
Im Totenhaus.

Schmettert die Trompete: ›Alle zum Gericht!‹
Sind auch die Ohneköpfe zur Stelle und fehlen nicht.
Erhört sind ihre Bitten,
Wer so wie sie gelitten,
Wer so wie sie gestritten,
Dem wird vergeben sein.

Aufstülpen sie die Köpfe und stehn in langen Reihn,
Hell glänzen ihre Augen, von langem Weinen rein.
Erhört sind ihre Bitten,
Wer so wie sie gelitten,
Wer so wie sie gestritten,
Soll unvergessen sein!

Der diese Reime schrieb, erfand auch die Musik,
Es war zur Weihnachtszeit und war sein letztes Stück.
Tut ihr das Liedlein singen,
Vergesst nicht, die noch ringen,
Wohl in den Todeszellen
Im Totenhaus.

Und nun zum Schluss noch einige wenige Worte aus den Abschiedsbriefen, die Sas am 5. April 1943 schrieb, als er die Nachricht von seiner nahe bevorstehenden Hinrichtung bekam.

»Am hohen blassblauen Frühlingshimmel stand eine kleine weiße Wolke. Einige Atemzüge später hatte sie sich im All aufgelöst. War sie deshalb weniger da als vorher? Nichts kann vergehen, was einmal war. – Es bleibt im Weltgesicht.«

»Gegen 15.^{00}. Liebste, ... das am Morgen gesparte Brot habe ich langsam zur größerer Hälfte gegessen; jetzt eben. Die andere schicke ich dir. Unser Hochzeitsmahl. Iss es auch, so erfüllt von mir, wie ich von dir dabei war, dann geh an dein Leben und pack es! Denn von mir blieb das Eigentliche (so scheint es mir wenigstens, obwohl es im Augenblick für mich nicht mehr wichtig ist) ungetan. Ich gehe nun gleich aus dieser Gestalt (nicht aus der Welt!!!); länger als höchstens dreißig Jahre hätten wir doch nicht zusammenbleiben können. Mir ist es vergönnt gewesen, den Längen-Verlust meiner Tage durch Güte mehr als quitt zu machen (vergiss nie: Deine Liebe hat mich dazu befähigt). Du bleibst noch. Was zu dir kommt, was dich glücklich, froh, stark, gut und ehrfürchtig vor Leben, Menschen und vor dem Unbegreiflichen macht: in diesem allen komme ich zu fir und bin bei dir: in der Musik, im Bild, im Buch, in unserer guten Mutter der Natur, im Streben, Irren und Gelingen des menschlichen Herzensdranges. Sei nicht länger mehr traurig, als es natürlich ist. Denke daran, dass ich nicht mehr Fleisch und Blut bin und also niemand verdränge.«

»Die Zeit ist um. Seid gut zu Sas, indem ihr gut zu denen seid, die um euch sind ...«

»18.^{00}. Liebste, in einer Stunde bin ich unter den Lebenden wohl, aber nicht mehr als Lebender. Ich wünsche gar sehr und herzlich, dass du diesen Sturz aus der höchsten Hoffnung in das Unbegreifliche gut überstehst. Dies Vertrauen habe ich zu dir, du bist ja nicht weniger als ich. Nur durch dies ausschließliche Hingerichtetsein auf die – Verwandlung wird es mir leichter, als es dir im Wust des Alltags werden muss. Meine letzte Kraft werde ich auf den Gedanken richten: Dir helfen!«

»Und unser Spruch ist nicht zuschanden geworden: Durch Liebe wurde mir geholfen, nichts, kein Leiden, kein Kämpfen war umsonst. An mir hat es sich schon gezeigt. Über eine Zeit, und du wirst es auch spüren.«

»Was der Welt notwendig ist, wird getan werden. Mein Ausfall wird keine Bresche sein. Lasse keinen Kleinmut in dir aufkommen, glaube an das Gute, so hat es schon an entscheidender Stelle gesiegt: in dir.«

Und so wollen wir von dem Dichter Sas Abschied nehmen. Zwei Sätze haften in diesem Augenblick stark in mir, gerade in diesen Tagen: »Seid gut zu Sas, indem ihr gut zu denen seid, die um euch sind«. Und: »Was der Welt notwendig ist, wird getan werden.«

Tun wir es, hoffen wir es.

Kalendergeschichten

1 Der arme Neapolitaner

Diese Geschichte hat sich vor vielen Jahren in der italienischen Stadt Neapel ereignet; sie könnte aber, zumal heute, in jeder Stadt der Welt geschehen, auch in Berlin.

Ein Neapolitaner, der so arm war, dass er nur noch einen Soldo in der Tasche und nicht die geringste Aussicht hatte, sich weitere Soldi zu erwerben, war seines Lebens Not überdrüssig und beschloss, sich im Meere zu ersäufen. Auf dem Wege dorthin kam er an einem Stand vorüber, auf dem ein Händler geröstete Peluschken zum Kaufe feilhielt. Der Mann kaufte sich für seinen letzten Soldo eine Tüte und setzte seinen Weg zum Meere fort, wobei er aus der Tüte von den Peluschken aß und die Schalen auf die Straße spuckte.

Wie er aber so tat, kam es ihm vor, als husche und raschele es hinter ihm, ganz so, als schleiche jemand auf seinen Spuren. Er drehte sich um, konnte aber zunächst niemanden sehen – vielleicht wegen der rasch zunehmenden Dunkelheit, denn es war die Nacht hereingebrochen. Als sich aber das Huschen und Rascheln immer weiter fortsetzte, sah er sich noch einmal und sehr rasch um und entdeckte einen Mann, der auf seinen Spuren schlich, die ausgespuckten Schalen sammelte und aß.

Da blieb der Neapolitaner mit einem Ruck stehen und sagte zu sich: »Was?! Ich habe mich für den Ärmsten der Armen gehalten, und da ist einer, der es nicht verschmäht, von meinen Abfällen zu leben! Für ihn also bin ich nicht arm, sondern reich.« Sein Vorsatz, sich im Meere zu ersäufen, war völlig von ihm abgefallen; er machte kehrt und ging in die Stadt zurück, fest entschlossen, sich am nächsten Tage eine Arbeit zu suchen und auch zu finden.

Merke: Es ist keiner so arm, dass es nicht noch einen Ärmeren gäbe. Es ist keiner so voll Sorgen, dass nicht irgendwo ein noch Sorgenvollerer lebe. – Merke auch dies: Keine Lage ist so verzweifelt, dass ein mutiger Entschluss sie nicht verbessern könnte.

2 Der bestohlene Arzt

Diese Geschichte hat sich heutzutage in der Stadt Berlin ereignet.

Einem Arzt in Berlin wurde in der Sprechstunde, gewissermaßen unter seinen Augen weg, von einem Patienten eine Ledertasche gestohlen, in der er für seine Hausbesuche das notwendigste Gerät verwahrte, dazu die wichtigsten, kaum noch ersetzbaren Medikamente, um in höchsten Notfällen Hilfe zu leisten. Der Arzt war sehr ärgerlich über diesen frechen Vertrauensbruch eines bei ihm Ratsuchenden, aber alle Nachforschungen blieben erfolglos: Die Tasche war weg. Das Telefon klingelte, und der Arzt wurde zu einer Schwerkranken gerufen. Scheltend, aber eilig raffte er aus seinen Schränken einiges Ersatzgerät zusammen und lief los.

Unterdes hatte der Dieb sich in den Garten des Arztes geschlichen. Um nämlich nicht mit der Tasche unter dem Arm etwa im Hause ergriffen zu werden, hatte er sie listig an einem Strick in einem unbewachten Augenblick aus dem Fenster gelassen, so dass er sie jetzt nur abzuschneiden brauchte – wie er glaubte. Denn als er in den Garten kam, sah er schon einen andern bei diesem Geschäft. »Hallo!« rief er. »Das ist meine Tasche!« Der andere Dieb antwortete frech: »So rufe jemanden aus dem Hause, der die Tasche als die deine anerkennt.«

Nach mancherlei Maulheldentum einigten sie sich schließlich, die Tasche auf Teilung zu verkaufen, und sie machten sich unverzüglich zum schwarzen Markt auf. Während des Wegs dorthin rieten sie nun beide daran, was die Tasche wohl enthalten möge, und sie stimmten darin überein, dass sie bei der Stellung des Arztes mindestens ein oder zwei Päckchen Zigaretten und einiges Geld vorfinden würden. Von ihrer Neugier getrieben, traten sie in einen Hausflur und schauten in die Tasche hinein. Wie enttäuscht waren sie nun, als sie darin nichts sahen als einiges verbrauchtes ärztliches Werkzeug und ein paar Pappschächtelchen mit Medikamenten.

Der zweite Dieb kam aber gar nicht mehr dazu, den ersten wegen solchen wertlosen Diebstahls zu beschimpfen, denn plötzlich trat ein Polizist zu den beiden und forderte sie auf, ihm zur Wache zu folgen. Schon eine ganze Weile hatte er auf der Straße und dann durch das Fenster des Hausflurs ihr Heimlichtun beobachtete. All ihr Protestieren und all ihre Beteuerungen halfen ihnen nichts, die so nutzlos gestohlene Tasche verriet sie deutlich als Diebe.

Unterdes stand der Arzt hilflos bei einer schwer Herzkranken, der er gerne mit einer Spritze Erleichterung verschafft hätte. Aber es fehlte ihm sowohl die Spritze wie das Medikament. Boten wurden ausgesandt, aber sie kamen erfolgslos zurück: Nichts von beiden war in einer der näher gelegenen Apotheken zu beschaffen. Eben wollte der Arzt von der Leidenden forteilen, um selbst Nachfrage zu halten, als es an der Flurtür klingelte und ein Polizist ihm die gestohlene Tasche brachte. Der Name des Arztes auf der Innenklappe der Tasche hatte sofort auf den Besitzer hingewiesen, von dessen Wohnung der Polizist dem Arzt zur Patientin nachgeschickt worden war.

Der Arzt eilte an das Krankenbett zurück, machte die Einspritzung, die der Kranken sofortige Erleichterung verschaffte. Er drückte die wiedererlangte Tasche fest unter seinen Arm und ging zum nächsten Patienten.

Merke: Auch ein ganz wertloser Diebstahl kann großen Schaden anrichten – bei andern. Merke weiter: Jeder Diebstahl, ob klein oder groß, bringt dich in Gefahr und in die Hände anderer, Guter und Böser, die mit dir tun werden nach ihrem Gefallen.

3 Der Streit um das Feuerwerk

Diese Geschichte hat sich vor vielen Jahren in einem kleinen italienischen Dorfe begeben.

Dieses kleine, Positano genannte Dorf verehrte besonders zwei heilige: den heiligen Vinzenz und die heilige Maria von Positano. Alljährlich wurde zu Ehren von jedem dieser beiden Sonderheiligen des Dörfchens ein großes Fest gefeiert: für den heiligen Vinzenz im Frühjahr, wenn das letzte Maiskorn im Boden war, für die heilige Maria von Positano aber, wenn im Sommer der erste Weizen geschnitten wurde.

Es wäre nun bei diesen Festen erbärmlich zugegangen,

denn die Besitzer des Dörfchens waren blutarm und besaßen nichts, womit Feste zu feiern sind, wenn nicht eben wegen dieser großen Armut alljährlich die kräftigsten Burschen und Männer nach Amerika ausgewandert wären, um dort ihren Unterhalt zu finden. Doch vergaßen sie in der neuen reichen Welt nie das arme Dörflein Positano, und wenn sie ein wenig Geld verdient hatten, sandten sie davon in die Heimat, am liebsten aber mit dem ausdrücklich geäußerten Verlangen, das Fest eines der beiden Dorfheiligen besonders fröhlich zu begehen.

Nun begab es sich einmal, dass eine größere Geldsendung aus Amerika mit dem Wunsche, davon ein Feuerwerk für den heiligen Vinzenz abzubrennen, erst dann in Positano eintraf, als das Fest dieses Heiligen grade gefeiert worden war. Darüber hätte sich beinahe das ganze Dorf verstritten. Die einen waren dafür, das Geld bis zum Fest des heiligen Vinzenz im nächsten Jahre aufzuheben, die andern wollten damit lieber das Fest der heiligen Maria von Positano verschönen!

Darüber erhitzten sich die Köpfe immer mehr, und es war schon nahe daran, dass der Streit nicht nur mit den Zungen ausgefochten wurde; da kam der Priester des Ortes dazu und sagte schlichtend: »Was denkt ihr denn, meine Lieben! Für die heilige Maria dürfen wir das Geld unmöglich verwenden, sonst setzt sich euer dörflicher Streit womöglich noch im Himmel fort, und der heilige Vinzenz verklagt mit Recht die heilige Mutter Maria von Positano vor dem lieben Gott, dass sie ihn um sechshundert Lire oder ein Feuerwerk geschädigt habe. Unmöglich aber dürfen wir das Geld bis zum nächsten Jahre liegenlassen, denn der Spender hat gewünscht, dass es noch in diesem Jahre dem heiligen Vinzenz zugute komme. So ist es wohl am besten, wir brennen schon in den nächsten Tagen als Nachfeier dem heiligen Vinzenz sein Feuerwerk ab.«

Über diesen Bescheid beruhigten sich alle Dorfbewohner, besonders schon darum, weil sie auf diese Weise ein drittes Fest im Jahre feiern konnten. Das Feuerwerk wurde wie abgemacht abgebrannt, und von einer Klage der heiligen Maria von Positano beim lieben Gott, der heilige Vinzenz habe in diesem Jahre zwei Feste bekommen und sie nur eines, ward nichts vernommen.

Mit der Entscheidung des dörflichen Priesters in himmlischen Dingen wollen wir uns hier übrigens nicht weiter befassen, wir haben mit den irdischen Dingen genug zu tun. Aber dies merke aus der Entscheidung des Priesters: Man soll dem andern nicht zukommen lassen, was dem einen zusteht; es gibt eine Ordnung auf dieser Welt, die keiner ungestraft antasten darf.

Deine Frau

(Die Frau, die dein eigen ist)
Eine Film-Idee

In seinem Hause lebt einsam ein nicht mehr junger und noch nicht alter Mann, ein Mann in den besten Jahren, die beginnen, wenn die guten vorüber sind. Er lebt in seinen verdunkelten, stillen, traurigen Räumen, die ganz erfüllt sind von der Erinnerung an seine tote Frau. Sein Leben dreht sich um sie, nur in der Erinnerung an die Tote lebt er. Für die Welt draußen ist er der erfolgreiche Kaufmann, ein wenig verschlossen, jeder Fröhlichkeit abgeneigt, aber durchaus ein Mensch, mit dem zu leben ist.

Kommt er aber abends heim in sein Haus, so wird seine Gespensterwelt lebendig. Er kramt in den Schränken, er führt sich die Kleider der Toten vor, jedes Ding, das sie einmal in der Hand gehabt hat, wird ihm zur Kostbarkeit. Er steht voll Andacht vor ihrem Bilde. Die Welt draußen, seine Erfolge bedeuten ihm nichts, die Tote ist sein Leben.

In diese zwiespältige Welt bricht ein Neffe ein, ein Maler, ein Teufelskerl, voll Lebenslust, sprühend, witzig, rasch, laut, voll unverschämter Neugierde, ein Mensch, der das Leben in allen Erscheinungen in sich hineinfressen möchte. Er quartiert sich bei dem Onkel ein, er beabsichtigt, eine Weile bei ihm zu bleiben. Der Onkel soll sich nicht um seine Ruhe sorgen, er wird bald wieder gehen, er ist ein Zugvogel!

Einem Menschen wie diesem Maler kann nicht lange das Geheimnis der Doppelexistenz des korrekten Kaufmanns verborgen bleiben, er sagt ihm seine Totenanbetung auf den Kopf zu. Und der Onkel ist nur zu bereit, sein Herz zu erleichtern, er will endlich einmal einem Menschen seine unheilvolle Geschichte erzählen. Er hat die Tote geliebt, vielleicht zu sehr, aber auch sie hat ihn geliebt. Doch womöglich wurde der jungen Frau die korrekte, stille Welt des Bürgertums zu langweilig – das Leben draußen lockte, Künstlertum, Frohsinn und Freiheit. Sie schien ihm ferner geworden, noch schlimmer: sie schien ihn nicht mehr zu lieben. Er schämte sich und doch verfolgte er voll Argwohn ihre Schritte. Die Eifersucht plagte ihn – in einem bestimmten Augenblick glaubte er seinen schlimmsten Verdacht bestätigt. Er überrascht sie in einer verfänglichen Situation. Und alles zerrinnt – er ist ein Narr seiner Eifersucht gewesen. Er bittet ab, er gelobt Besserung, und doch beginnt nach kurzer Pause das alte Spiel von neuem – bis er die eifersüchtig Geliebte tot findet, aus eigenem Entschluss gestorben. Keine Zeile von ihrer Hand; er weiß nicht, starb sie, weil seine Eifersucht sie zu Tode quälte, oder weil sie, ohne Hoffnung, je von ihm loszukommen, treulos war? Er weiß es nicht, er wird es nie wissen. Er muss sie nur immer weiter lieben.

Der Neffe nimmt diese Eröffnung nicht anders auf, als nach seinem Wesen zu erwarten ist. Er ist der Ansicht, dass die Toten ihre Toten begraben sollen, dass der Onkel aber lebt. Er zieht den Widerstrebenden mit in seine Feste hinein, und auf einem dieser Feste geschieht es, dass der Kaufmann ein junges Mädchen trifft – nein, seine tote Frau! Sie gleicht der Dahingegangenen Zug um Zug, sie hat dieselben Bewegungen, ja, die gleichen Redensarten! Er ist erschüttert, voll Schrecken flieht er sie und sucht sie doch gleich wieder. Er findet in ihr neu die nie vergessene Geliebte, er möchte ihr – noch nach ihrem Tode – ihr Geheimnis entreißen.

Der Neffe sieht dieses Spiel. Von unersättlicher Lebensneugier getrieben, bereitet es ihm Vergnügen, den Onkel immer wieder auf das junge Mädchen, das den Maler selbst nicht interessiert, treffen zu lassen. Und während der Kaufmann das Geheimnis seiner ersten Ehe wie eine Schande verbirgt, nie mit dem jungen Mädchen von seiner ersten Frau spricht, berichtet ihr der Neffe, was er vom Onkel erfahren, weckt in ihr das Interesse für den Vereinsamten, er stellt ihr die Aufgabe, ihn wieder in die Welt zurückzuführen.

Und der Kaufmann kann – trotzdem alles ihn warnt – nicht der Versuchung widerstehen: Er macht sie, die ihn schon liebt, zu seinem Weibe. Er führt mit ihr in der alten Wohnung zwischen den alten Möbeln seine neue Ehe. Sie trägt die Tücher der Toten, ihre Schuhe, ihren Schmuck: Sie ist die Tote. Und eine grauenvolle Angst packt ihn, dass sie ihm wie die Verstorbene entgleiten könnte, dass er sie in demselben Bett tot auffinden könnte, in dem seine erste Frau gestorben ist. Er kann die alten Möbel nicht mehr sehen, er lässt sie fortschaffen, aber die Angst kann er nicht fortschaffen, die bleibt.

Die junge Frau, der Neffe, sie sehen beide die Qualen des Mannes. Sie reagieren ihrer Wesensart gemäß verschieden darauf. Alles in der jungen Frau empört sich dagegen, nur das Double einer Toten zu sein. Sie sieht es ihm an, wenn sie sich vor dem Spiegel zurechtmacht, wenn sie einen Satz spricht, wenn er sie dabei mit weit aufgerissenen Augen anstarrt – sie sieht es ihm an, dass er in ihr nur die Tote sieht, dass auf seinen Lippen der Satz schwebt: »Genau wie meine erste Frau!« Sie möchte, dass er endlich diesen Satz spräche, sie meint, wenn er sich ihr einmal eröffnete, wäre der verhängnisvolle Zauber gebrochen. Aber umsonst, er schweigt.

Der Neffe sieht seinen Plan misslingen, den Onkel durch die neue Ehe ins Leben zurückzuziehen. Im Gegenteil, er hat der Totenanbetung des Kaufmanns neue Nahrung verliehen. Ihm scheint nur ein Weg offen, den Onkel durch Eifersucht zu heilen. Er macht der jungen Frau den Hof, erst nur aus seinem Plan heraus, dann fängt er langsam Feuer, verliebt sich …

Und das alte Spiel scheint von neuem zu beginnen: Die junge blühende Frau entfremdet sich ihm; wieder scheint sie ihm zu entgleiten. Wieder setzt der Argwohn ein, die quälende Eifersucht. Hundertmal hat er es auf den Lippen, sie anzuflehen: Das habe ich um die Eine gelitten, tu es mir nicht noch einmal an, Geliebte! – Aber er bringt die Worte nicht über seine Lippen, er schweigt, verfolgt voll Angst ihren Weg.

Er schweigt, er leidet – und er überwindet. Er lässt sie ihre eigenen Wege gehen, er verfolgt sie nicht mehr. Aus dem Gatten scheint ein gütiger Vater geworden, der nur das Glück der angebeteten Tochter zu wünschen scheint. Umsonst scheint das Bemühen der Frau, seine Eifersucht zur Tat anzufachen. Er lässt sie nichts merken von den Qualen, die er leidet. Nur das fürchterliche Ende von damals soll sich nicht wiederholen.

Es kommt unvermeidlich der Augenblick, da sie in die Arme des Neffen zu gleiten scheint. Er malt ihr Bild, der Kaufmann will es nicht sehen. Er will überhaupt nichts sehen. Da – in einer großen Szene – fragt sie ihn zornig, ob er sie denn gar nicht mehr liebe, da er sie kampflos preisgebe –?! Sie sei nicht seine erste Frau, die ihn nie recht geliebt haben könne, sie aber liebe ihn! Lieber sterbe sie als auf ihn zu verzichten. Bewusst sei sie die Wege der Verstorbenen gegangen, seine Liebe zu erproben. Schon als sie ihm ihr Jawort gab, habe sie alles von der Toten gewusst. Aber sie sei eine andere als jene, sie liebe ihn!

Sie zeigt ihm das vom Neffen gemalte Bild: Ist das die Tote? Sie ist es, die Lebende, eine ganz andere, die immer sein Eigen sein wird!

Und mit Staunen sieht der Kaufmann auf dem Bilde, dass dort wirklich eine ganz andere ist als die Tote, er sieht von dem Bild auf die junge Frau und wirklich: Auch sie ist eine andere, sie gleicht der Toten in nichts mehr!

Der Zugvogel zieht weiter, im alten Haus wird es wieder still. Aber es ist nicht mehr die Stille des Todes, es ist die tiefe Ruhe des erfüllten Glücks, die von der jungen Frau ausströmt. Die Wolken vergingen, die Angst wich. Sie ist eine ganz andere, sie ist die Frau, die ihn immer lieben wird!

Wie ich Schriftsteller wurde

Ich will Ihnen davon erzählen, wie ein Mensch zum Schriftsteller wird. Aber hier schon halte ich inne. Denn, frage ich mich, wird man denn ein Schriftsteller? Ist dies etwas, das man sich vornimmt, auf das man hinsteuert, zielbewusst, und das man dann schließlich mit Fleiß, mit Ausdauer, mit Glück erreicht, um es von da an zu sein –?

Ich möchte Ihnen gleich sagen, dass ich daran nicht glaube. Ich glaube nicht daran, dass man ein Schriftsteller wird, sondern dass man einer ist, vom Beginn des Lebens an. Es kann sehr lange dauern, bis man es erkennt, ich zum Beispiel war 37 Jahre alt, als ich meinen ersten richtigen Roman schrieb. Bis dahin hatte ich mich im Allgemeinen mit sehr andern Dingen beschäftigt als mit Romanen.

Die Umstände hatten es so mit sich gebracht, dass ich nicht mein Abitur machte, ich machte es nie. Ich wurde krank in der Oberprima, ich wurde aufs Land geschickt, und als ich wieder laufen und lernen konnte, stellte sich heraus, dass von meinen schon früher recht lückenhaften Kenntnissen der höheren Mathematik nichts und von meinem Griechisch nur noch sehr wenig vorhanden war. Es hätte Jahre gebraucht, um das Verlorene nachzuholen, und es waren damals noch Zeiten, in denen alles rechtzeitig zu geschehen hatte, d. h. man machte sein Abitur mit achtzehn oder neunzehn Jahren, und nicht mit zwei- oder dreiundzwanzig, das allein war in Ordnung. Alles andere war Unordnung, und Unordnung, also aus einem zu späten Abiturienten konnte nie im Leben ein richtiger Student werden! So war das damals wirklich!

Die Familientradition war nun also doch einmal durchbrochen: Ich, der älteste Sohn, konnte kein Jurist werden, wie das nun schon seit vier oder fünf Generationen in unserer Familie üblich gewesen war. Aber was konnte aus dem Jungen sonst werden? Ich weiß es nicht mehr, wer es eigentlich beschlossen hat, dass ich Landwirt werden sollte. Landwirtschaft lag ganz außer dem Familien-Üblichen. In meiner Familie war man Jurist oder Geistlicher, also Beamter in irgendeiner Form. Und nun wurde ich Landwirt – entweder weil die Ärzte die Landluft für mich zuträglich hielten oder weil ich grade damals auf dem Lande lebte und überall Güter um mich herum lagen, oder weil mein lieber Vater sonst nichts mit mir anzufangen wusste, oder vielleicht sogar weil ich's selber wollte.

Ein Gutsbesitzer, ein Herr Rittergutsbesitzer war bequem zur Hand, der bereit war, mich gegen ein gutes Kostgeld zum Eleven zu nehmen, und so stand ich denn eines Morgens um drei Uhr im Kuhstall als Oberaufseher über hundertzwanzig Kühe und etwa ein Dutzend Melker, und von dem Tage an hatte ich jeden Morgen meines Lebens um drei Uhr im Kuhstall zu stehen und darauf zu achten, dass die Kühe auch sauber ausgemolken wurden, dass die Melker nicht grob mit ihnen umgingen, dass sich nicht zu viel milchlüsterne Katzen herumtrieben – und ich war so müde!

Der Tag ging weiter, war endlich die Milch zum ersten Morgenzug geschickt, wurde ich nach kurzem Frühstück aufs Feld geschickt, zum Pflügen etwa oder zum Zuckerrübenakkord, oder, was noch immer am besten war, in den Wald. Denn da durfte ich ein bisschen für mich bummeln, ehe ich zu den Holzbauern kam, sonst hatte ich den ganzen Tag hinter Leuten zu stehen und sie zur Arbeit anzutreiben, denn nie taten die Leute nach Ansicht meines direkten Vorgesetzten, des Inspektors Schönekerl, genug. Und nie leistete ich genug im Antreiben.

War dann der Abend gekommen, die Pferde abgefüttert, war ich müde zum Umsinken, so begann mein hoher Chef mit seinen Stehkonventen. Er hatte spiegelnde Reitstiefel an und in ihnen wie ein Turm stehend begann er die Wirtschaft zu besprechen, wie er es nannte, während ich in meinen mageren Gamaschenbeinen vor Müdigkeit leise hin und her schwankte und ganz blöde im Kopfe war. Ich weiß es nicht, warum mein hoher Chef diese Besprechungen immer so lange ausdehnte, ich sah die Knechte vom Füttern nach Haus gehen, später schloss der Hofmeister die Scheunen und Böden ab, mit einem Riesen-Schlüsselbunde rasselnd, es wurde dämmrig, die Mamsell jagte das letzte Geflügel in die Ställe, es wurde dunkel, und immer noch wurde die Wirtschaft besprochen: Chilesalpeter auf den Weizen, der Mist ist zu ungleich gestreut auf Schlag 7, da muss noch mal durchgegangen werden, was ich noch sagen wollte: Auf dem Klinkecken ist mir der Boden doch zu tonig für Zuckerrüben, wenn wir stattdessen lieber noch einmal Weizen nähmen mit Luzerneuntersaat –?

Endlos, immer weiter, Tag für Tag, Jahr für Jahr. Denn wenn später auch die Güter wechselten, die Probleme blieben immer die gleichen, immer holte der Beamte nicht genug Arbeit aus den Leuten heraus, immer hatte alles Gelungene der Chef angeordnet, alles Missratene der Beamte verpatzt. Immer war der Tag zu lang, der Lohn zu gering. Sie müssen es mir zugeben, ich war damals ziemlich weit von der Schriftstellerei ab, und ich kann es Ihnen auch versichern, ich dachte auch mit keinem Gedanken an so etwas wie Bücher. Immer war ich müde, immer hatte ich Hunger (denn meist hatten meine Chefinnen auch die Neigung, uns Beamte etwas spärlich zu beköstigen), und wenn ich sonntags einen Brief nach Haus schreiben musste, seufzte ich über die Schreiberei.

Und doch habe ich all diese Zeit – das aber erfuhr ich erst Jahrzehnte später – gelernt, gelernt, für das, was ich einmal werden sollte: ein Schriftsteller. Ich war nämlich fast immer mit Menschen zusammen, ich stand hinter den endlosen Reihen der schwatzenden Frauen beim Rübenhacken, beim Kartoffelbuddeln, und ich hörte die Frauen und die Mädels schwatzen, von morgens bis abends ging das. Abends schwatzte dann der Chef, und auch die Schweizer im Kuhstall schwatzten, wie die Knechte beim Füttern im Stall. Ich konnte ja nicht anders, ich musste zuhören, ich lernte, wie sie reden und was sie reden, was sie für Sorgen haben, was ihre Probleme sind. Und da ich ein sehr kleiner Beamter war, der auf keinem Pferd herumritt, sondern höchstens der Zeitersparnis halber das Dienstrad benutzte, so hatten die Leute auch keine Hemmungen, mit mir zu reden, ich habe es damals gelernt, mit jedem Menschen zu schwatzen. Wenn man ein halbes Jahr lang fast keine Stunde von dem verdammten Zuckerrübenacker herunterkommt, so gehört man eben zur Kolonne, man mag noch so sehr aus einem behüteten stillen Bürgerhause kommen, jetzt ist man so eine Art Feldarbeiter geworden. Und wenn man auch zehnmal Beamter ist und das Kommando hat, die Leute wissen es doch, der muss ja schimpfen, oder der hat heute seinen schlechten Tag, man gehört dazu. Sehen Sie, das ist es, was mir meine Landwirtszeit eingetragen hat, dass ich aus der Vereinzelung herausgerissen wurde, dass ich mit zu allen gehörte, zu ihren Sorgen, Freuden und Nöten.

Und das war eigentlich sehr gut für mich, denn wäre ich den gewöhnlichen Weg unserer Familie über Abitur und Studiererei und Juristerei gegangen, ich wäre vielleicht nie ein Schriftsteller geworden, und das wäre schade gewesen, da ich heute noch es für das Schönste auf der Welt halte, einen Roman zu schreiben, sich vor Papier zu setzen und eine Welt zum Leben zu rufen, die vorher nicht da war, dass nicht nur ich sie sehe, das können wir alle, wenn wir träumen, sondern dass auch für andere meine Träume wirklich werden. Doch davon später.

Jetzt nur noch ein Wort über die Vereinzelung, in der ich als junger Mensch gelebt hatte und aus der mich dann mein Landwirtsdasein holte. Ich war ein kränklicher Junge gewesen und ein recht mäßiger Schüler, der oft Wochen und Wochen fehlen musste, weil er im Bett zu liegen hat. Nun, was tut man, wenn man lange im Bett liegen muss? Man liest! Mein guter Vater glaubte an den Satz von Jean Paul, dass Bücher zwar nicht gut oder schlecht, doch aber wohl den Leser besser oder schlechter machen, und weil er an diesen Satz glaubte, hielt er ein wachsames Auge auf seine Bücherschränke und teilte mir meine Lesekost genau zu. Aber Krankentage sind lang und vom Papa ausgewählte Bücher oft langweilig, so musste ich mir schon selbst helfen. Mein Vater besaß aus früheren Zeiten noch eine sehr reichhaltige Auswahl in Reclambändchen, die er der Ordnung halber in großen Kartons verwahrte und deren Fehlen er darum nicht merkte. Aus diesen Kartons stillte ich nun meinen Lesehunger, und den guten Papa wäre wohl ein Grausen angekommen, wenn er gesehen hätte, was der gute Junge da alles las: Zola und Flaubert, Dumas und Scott, Sterne und Petöfy, Manzoni und Lie, die ganze Weltliteratur kunterbunt durcheinander und in keiner Weise ausgewählt und gereinigt. Ich darf es hier wohl sagen, dass ich nicht glaube, mir mit meinem wahllosen [Lesen] irgendeinen Schaden getan zu haben, was ich noch nicht verstand, darüber las ich fort, und vieles, was ich später erst schätzen lernte, hat in meinen Jugendjahren gar keinen Eindruck auf mich gemacht.

Aber so ist es gekommen, dass ich vor der wirklichen Welt die Welt der Bücher kennengelernt habe, ehe ich noch was vom Leben wusste, lernte ich das erdichtete Leben erdichteter Gestalten kennen. Das ist keine gute Reihenfolge, und wenn ich auf diesem Wege etwa zur Literatur gekommen wäre, so hätte ich nur nach dem Muster von Büchern wiederum Bücher geschrieben, und hätte vom wirklichen Leben nichts gewusst. Es gibt ein Gedicht von Gerhart Hauptmann, ich entsinne mich nur der Zeilen: Ich bin Papier, du bist Papier, die Welt Papier, die Hand Papier, und so wäre es mir auch ergangen, wenn ich nicht durch einen Zufall, der kein Zufall war, auf den Rübenacker gestellt wurde, ins Leben geschickt wurde.

Übrigens muss ich sagen, dass ich damals, als ich auf meinem Krankenlager so unermüdlich Reclambändchen in mich fraß, mit keinem Gedanken daran gedacht habe, einmal selber solche Bücher zu schreiben. Sie fesselten mich, alle diese Romane, weil sie meinem Verstande Stoff zum Denken und meinem Herzen Gefühle gaben, aber sie riefen damals nie irgendeinen Ehrgeiz in der eigenen Brust wach. Schriftsteller zu werden – ich hätte gar nicht gewusst, wie ich das meinem Vater erzählen sollte, und er wäre wohl ebenso ratlos gewesen wie ich, wie man das denn machte, den dafür gab's ja kein Studium, keine Karriere, keine Prüfungen.

Doch, die gab es schon, aber diese Prüfungen waren draußen auf dem Acker abzulegen, auf den endlosen Feldern der großen Güter, im Zusammenleben mit den Leuten, den Kollegen, den großen Herren. Lass dir den Wind um die Nase wehen, lass dich auch mal rausschmeißen, weil du über das Essen zu sehr gemeckert hast, krieche zwischendurch etwas geschlagen daheim unter, aber dann wieder hinaus, eine neue Stellung, neue Äcker, neue Leute, neue Kollegen und Chefs, und die alte Erde, die alte Arbeit, das alte Geschwätz dabei. Denn überall sind die Sorgen der Menschen die gleichen, ihr Glück das gleiche, ihre Fehler dieselben, ihre Vorzüge unverkennbar.

So ging das eine Reihe von Jahren mit mir, bis der erste Weltkrieg diesen Weg unterbrach. Nein, ich wurde nicht Soldat oder wurde es nur für elf Tage, dann hatten sie – für den ersten und für den zweiten Weltkrieg – genug von meinen militärischen Fähigkeiten und schickten mich wieder fort. Aber der Krieg brachte es so mit sich, dass ich nach Berlin kam, an eine der damals bestehenden Kriegsgesellschaften, an die Kartoffelbaugesellschaft, und von da an hatte ich mich nur noch damit zu beschäftigen, den Kartoffelbau in deutschen Landen zu fördern und zu heben. Ich wurde ein Spezialist in Kartoffelzüchtung, in meinen besten Zeiten habe ich rund 1200 Kartoffelsorten nicht nur dem Namen nach gekannt, sondern auch nach dem Aussehen, den Augen, der Form und Farbe der Knolle zu bestimmen gewusst. Wieder nichts von der Literatur, ein Leben in den Eisenbahnen, von einem Gut zum andern fahrend,

Ratschläge erteilend, Zuchten aufbauend, altes Saatgut auswechselnd, und dazwischen die Stadt, diese Stadt, in der ich schon mal zur Schule gegangen war an dem und die allein ich als meine Heimat empfinde, wenn ich auch nicht in ihr geboren bin, wenn sie auch heute ganz zerschlagen ist. Nein, nichts von Literatur, und doch liegen an dem Ende dieser Epoche meine zwei ersten Romane. Ich kann diese Schande nicht ganz verbergen, ich habe schon 1918 und 1919 zwei Romane geschrieben und veröffentlicht, sogar bei dem Verleger, der viele Jahre später mein Verleger wurde, beim alten Rowohlt. Aber ich erkenne diese beiden ersten Kinder nicht an, ich habe sie später aufgekauft, einstampfen lassen, ich will nichts mehr von ihnen wissen, ich denke mit einem Grausen an sie zurück.

Und warum ist das so? Weil sie so schlecht sind? Nein, das ist der Grund nicht; ich habe auch später manches schwache Buch geschrieben, dessen ich mich nicht freue. Sondern ich will von diesen Kindern nichts wissen, weil es nicht meine Bücher waren, weil ich sie auf Anregung, auf Befehl fast einer ehrgeizigen Frau geschrieben habe, weil sie mir suggeriert waren, weil ich sie nicht aus eigenem inneren Antrieb geschrieben habe. Darum rechne ich diese Bücher nicht dazu, darum lasse ich sie nicht gelten, es sind ja nicht meine Kinder. Ein wirkliches Buch muss wachsen in einem, es muss nicht von außen künstlich dazu getragen werden. Gewiss, fast jeder Mensch könnte ein Buch schreiben, aber das sind nicht die Bücher, um die es geht. Man muss Bücher schreiben, weil man sie schreiben muss! Das allein sind die richtigen Bücher, und jede damals waren solche Bücher nicht! Vorbei – eingestampft und vergessen!

Dann kamen Inflation und Arbeitslosigkeit und trieben

mich wieder aus dieser großen Stadt hinaus auf das Land, in meinen alten Beruf. Aber, ach, auch mein alter Beruf war nicht mehr der alte, die wenigen Stellungen in festen Händen, ich hatte nicht wie früher die Wahl, ich musste nehmen, was ich bekam. So habe ich in diesen Jahren eine Menge von Berufen ausgeübt, um mich schlecht und recht durchs Leben zu schlagen, meist mehr schlecht als recht. [...]

Ja, da fällt mir ein, dass ich eigentlich noch eine Sache auf dem Herzen habe, eine Sache, mit der ich noch nicht klargekommen bin. Als ich noch bei der Zeitung in dem kleinen holsteinischen Nest war, erklomm ich zum Schluss eine so hohe Stufe der Berichterstattung, dass ich sogar einem endlosen politischen Prozess beiwohnen und über ihn schreiben durfte. Bauern hatten auf Finanzämter Bomben geworfen, Bauern hatten einen politischen Umzug veranstaltet, aus dem dann eine große Schlägerei geworden war – und gegen diese Bauern wurde nun verhandelt. Aber wie das nun einmal bei einer Zeitung so ist, ich durfte nicht ganz so über die Dinge berichten, wie sie mir vorkamen, ich hatte der politischen Tendenz des Blattes entsprechend zu berichten, und wie es meine städtischen Leser erwarteten, kurz, ich hatte nie das schreiben können, was ich auf dem Herzen hatte.

Das fiel mir wieder an meinen freien Nachmittagen ein. Ich hatte nun Zeit, das Versäumte nachzuholen, aber nur nachholen? Nur aufzeichnen, was damals gewesen war, was ich im Gerichtssaal vor Augen gehabt hatte? Das schien mir zu wenig, es schien mir auch, als könne das keinen Menschen so recht mehr interessieren. Ein Prozessbericht muss frisch sein, ein reiner Prozessbericht liest sich nach vier Wochen wie ein Bericht über die Neuigkeiten vor hundert Jahren. Und dazu schien mir als Drittes, als wüsste ich viel mehr, als damals im Gerichtssaal gesagt worden war, über die Dinge, die draußen auf dem Lande und in der Stadt geschehen waren, als könnte ich über das Leben der Angeklagten und der Zeugen erzählen, als könnte ich diese ganze große Sache lebendig machen, als sei sie eben erst geschehen …

Ich weiß nicht, wie lange ich damals mit diesen Gedanken herumgelaufen bin, wie sie sich in mir formten, Gestalt annahmen, bis schließlich das Wort ›Roman‹ in mir auftauchte. Ja, es stellte sich nun heraus, dass ich einen Roman schreiben wollte, ich wollte es wenigstens versuchen, denn ich hatte keine Ahnung, ob ich es konnte. Jene Bücher damals, von außen inspiriert, nur mit der eigenen lieben Persönlichkeit – du lieber Himmel, die konnte man nun wirklich nicht mit dem in Vergleich setzen, was ich nun vorhatte. Nämlich ich hatte vor, eine ganze Welt zu gestalten, Dutzende von Figuren leben und sprechen zu machen, Taten geschehen zu lassen, Folgen zu zeigen – nein, das war schon etwas sehr anderes als das, was ich einmal versucht, und dann wieder aufgegeben hatte.

Maupassant hat es einmal erzählt, wie er bei dem großen Meister des französischen Romanes, bei Flaubert, in die Schule gegangen ist, und wie er da so schreiben gelernt hat, dass er es für immer konnte. Ich hatte keinen Lehrer, ich musste mein eigener Lehrer sein, und ich musste es eben versuchen, gehe es nun gut oder schlecht. Ich bin ein so abergläubischer, so heimlicher Mensch, dass ich keinem Menschen, nicht einmal meiner Frau ein Wort von dem sagte, was ich da vorhatte: Ach du lieber Himmel, irgendwelche Schreibereien über den Prozess damals, du weißt doch noch, nicht wert, davon zu reden! Nein, ich war in diesen Tagen, da ich meine Arbeit begann (und immer sorgfältig fortschloss) besonders brummig und mürrisch, bloß damit ich nicht nach ihr gefragt wurde, dies war eine Sache, die ich ganz allein mit mir abzumachen hatte, und niemand wusste, wie es ausgehen würde …

Ach, diese herrlichen Stunden, die ich da in meinem Zimmer in der Calvinstraße verbrachte, als ich anfing, das, was in mir so lange gelebt, nun zu Papier zu bringen! Ach, diese kläglichen Stunden, da ich mit den Schwierigkeiten der Technik kämpfte, da ich nicht wusste, was zuerst zu erzählen, wie eine Handlung vorzubereiten, etwas schon früher Geschehenes dem Leser nachträglich beizubringen war. Diese endlosen Dialoge mit ihrem sagte sie, sagte er, antwortet sie, widersprach er … Wie da herauskommen? Wie mir der Kopf dampfte, wenn die Handlung sich immer mehr verwickelte, wenn kein Ende der Schwierigkeiten abzusehen war! Wie oft bin ich abends zu Bett gegangen, spät, lange schon schlief meine Frau, und wusste bestimmt: Morgen geht es aber bestimmt nicht weiter, hieraus findest du keinen Ausweg! Vertan, du jämmerlicher Nichtskönner du!

Und der Morgen kam, und ich wachte verdrossen auf, durch den Tiergarten trabte ich auf mein Büro, ordnete Kritiken, klebte sie auf, öffnete die Tür und führte berühmtere, begabtere Menschen in das Allerheiligste des Verlages – und keine Erleuchtung hatte sich gezeigt. Es gab eben kein Weiter!

Aber wie die Spinne immer wieder das immer wieder zerrissene Netz neu webt, so kehrte ich zurück zu meinen

Manuskriptblättern, ich setzte mich hin, den Kopf noch ganz dumm von Unwissen, ich fing an, irgendwas zu kritzeln, irgendein Sätzchen, das ebenso gut nicht geschrieben wurde, bloß um doch was zu schreiben ... Und plötzlich fängt die Feder an zu eilen, plötzlich weiß ich, wie alles weiterzuführen ist, plötzlich überstürzen sich die Einfälle nur so, und mein Kopf wird immer heißer, so schnell kann ich gar nicht schreiben, ich bekomme es mit der Angst, dass ich wieder vergesse, was mir eben für das nächste Kapitel eingefallen ist. Und habe doch nicht die Zeit, mir Notizen zu machen, denn ich muss erst einmal das Nächstliegende aufzeichnen, und so jage ich denn hin, Stunden und Stunden und Stunden, und wenn ich zum Abendessen gerufen werde, so komme ich wohl, aber ich sitze dabei wie nicht von dieser Welt, und ich weiß nicht, was ich esse, und ich muss meiner Frau manchmal vorgekommen sein wie ein Wahnsinniger.

Bis dann der Strom wieder abflaut, bis ich ruhiger schreibe, bis es drei oder vier Tage später wieder zu einem Halt kommt. Und bis ich mir wieder sage, diesmal weiß ich bestimmt nicht weiter.

Und so im Auf und Ab wird schließlich der Roman beendet, den ich zuerst »Ein kleiner Zirkus namens Monte« benannte, und der dann später unter dem Titel »Bauern, Bonzen und Bomben« erschienen ist. Als ich etwas zagend meinem Verleger Rowohlt das Manuskript übergab, war ich siebenunddreißig Jahre alt und dachte nicht daran, je einen zweiten Roman zu schreiben. Mit diesem einen, dachte ich, hatte ich genug getan, ich hatte mir vom Herzen geschrieben, was unerledigt es bedrückte, und damit war es genug. Aber es ist ein seltsam Ding mit dem Schreiben von Büchern, es liegt etwas Verführerisches darin. Immer in der nächsten Zeit, wenn ich herumging und nichts zu tun hatte, als eben herumzugehen, immer, wenn ich den Tisch ansah, an dem ich »Bauern, Bonzen und Bomben« geschrieben, spürte ich ein Gefühl der Leere in der Brust. Und wenn ich nachts wachend lag, und ich lag jetzt oft wach, da mein Kopf nichts mehr zu bedenken hatte, dann dachte ich, ob denn das mein Leben sein solle, in einem Hinterzimmer des Rowohlt-Verlages Kritiken auszuschneiden und auf grünes Papier zu kleben, Freiexemplare zu versenden und ihre Besprechung zu buchen? War ich darum auf dieser Welt? Es schien so wenig Sinn in all dem.

Und dann dachte ich wieder an die hohen Stunden. die ich bei der Niederschrift meines ersten Buches gehabt. Es war wie ein Rausch oft gewesen, aber ein Rausch über alle Räusche, die irdische Mittel spenden können. Noch die schlimmsten Stunden, da ich ganz und gar daran verzweifelt war, wie es weitergehen sollte, schienen mir besser als jetzt meine schönsten Freistunden. Nein, es war schon so, ich hatte von einem Gift getrunken, das ich nicht wieder loswerden konnte aus meinem Körper und Geist, und nun dürstete es mich danach, mehr von diesem Gift zu trinken, es immer zu trinken, jeden Tag, den Rest meines Lebens hindurch.

Ich weiß nicht, ob ich mich klar und verständlich genug ausdrücke. Was ich sagen will, das ist dies, dass ich nicht mehr aufhören konnte, da ich nun einmal angefangen, dass ich unter einem Zwange handelte, als ich beschloss, noch einen Roman zu schreiben, jenes Buch, das dann später unter dem Titel »Kleiner Mann – was nun?« ein Welterfolg wurde. Ich habe es gewiss nicht meiner Leser wegen geschrieben. Ich denke nie an meine Leser, wenn ich ein Buch schreibe. Ich denke nur an das Buch, an seine Gestalten, an seine Schicksale. Wenn ich außer diesen Dingen an etwas denke, so denke ich sehr eigensüchtig an mich selbst, ich hole mir das höchste Glück, das das Leben zu verschenken hat, ich hole es in Brust und Herz: Ich schreibe. Ich schreibe, ich schreibe jede Stunde des Tags und des Nachts, ob ich nun an meinem Schreibtisch sitze oder umhergehe, ob ich Briefe beantworte oder hier mit Ihnen rede, alles wird mir zum Buch, eines Tages wird es Buch geworden sein, davon ein Stückchen und dort eine Miene und hier die Stühle und Tische und Fenster. Alles in meinem Leben endet in einem Buche. Es muss so sein, es kann nicht anders sein, weil ich der bin, der ich wurde.

Ich habe Ihnen von meinem früheren Leben erzählt, es sah wirklich nicht danach aus, viele Jahre sah es nicht danach aus, dass ich ein Bücherschreiber werden würde. Ich ging umher und tat meine Arbeit auf den Feldern der großen Güter und in den Büros der großen Städte wie jeder andere. Ich wusste selbst nichts davon, dass es etwas anderes für mich zu verrichten gab. Aber als ich dann mein erstes Buch geschrieben hatte, gab es kein Aufhalten mehr für mich, und nach dem ersten kam das zweite, und ihm folgte das dritte, und so bin ich mit den Jahren das geworden, was man einen alten Bücherschreiber nennen kann, und ich habe nichts mehr als sie im Kopfe, und es ist kein Gedanke mehr daran, dass ich zu einer andern Tätigkeit zu gebrauchen wäre.

Aber ich bin den Ereignissen weit vorausgeeilt, wie man so sagt, eigentlich sind wir ja noch dort, wo ich meinem Verleger Rowohlt ein wenig zagend meinen ersten Roman in die Hände lege. Nun, er las ihn, denn er ist ein Verleger, der die Bücher seiner Autoren alle selber liest, was durchaus nicht alle Verleger tun, und sein erster Lektor las ihn und sein zweiter Lektor las ihn, und immer mehr Leute lasen ihn, lange ehe er zum Druck befördert wurde, und darüber wandelte sich mein Gefühl der Zagheit allmählich in die feste Überzeugung, dass ich einen Roman geschrieben hatte, einen richtigen Roman, und dass er imstande sein würde, die Leute zu fesseln und auch von der Kritik günstig beurteilt zu werden. Es war mir also auch ohne Lehrmeister, auch ohne die Anleitung eines Flaubert [gelungen], einen richtigen Roman zu schreiben.

Weiter gehe ich nicht, sehen Sie, weiter gehe ich nicht, denn ich muss Ihnen hier ein seltsames Geständnis machen: Es hat mich nämlich nie interessiert, was meine Leser oder was die Kritik zu meinen Büchern zu sagen hat. Ich kann es Ihnen versichern, dass mir nichts lästiger ist als jene Leute, die mir erzählen, dass sie den ganzen Fallada gelesen haben, und die mich dann mit ihren Lobpreisungen überhäufen, und geradezu verhasst sind mir jene, die mich stellen und anfangen, mir Episoden aus den eigenen Werken zu erzählen, und zu rühmen, wie köstlich diese Episoden doch seien. Und was in den Zeitungen über mich steht, sei es nun gut oder schlimm, das bekümmert mich nicht, ich lese es schon seit vielen Jahren nicht mehr, und kommt es mir doch einmal zu Auge, so geht es mich nichts an, es interessiert mich nicht, es hat nichts mit mir zu tun.

Das klingt vielleicht sehr undankbar, aber ich bin nicht undankbar. Sie haben nicht vergessen, dass ich Ihnen von dem Gifte erzählt habe, das mich seit dem Schreiben meines ersten Buches vergiftete, so dass ich immer weiter schreiben musste? Und Sie haben weiter nicht vergessen, dass ich meine Bücher nur schrieb wegen der Gestalten in ihnen, ihrer Schicksale, dass ich nie an meine Leser dachte? Sehen Sie, darin liegt schon viel begründet. Ich schreibe die Bücher ja nicht um der andern willen, nicht um meine Leser zu erfreuen, schreibe ich sie, ich schreibe sie nur mir zur Freude, mich wie ein kleiner Herrgott und Weltenschöpfer zu fühlen, darum schreibe ich sie. Ich verdiene keinen Dank und kein Lob, und so mag ich auch von Dank und Lob nichts hören. Es ist, gradeheraus gesagt, als hätte sich jemand ganz wundervoll betrunken, und nun kämen die Leute daher und dankten ihm dafür, dass er sich so bildschön die Nase begossen hat. Nein, nein, das geht doch nicht.

Und die andere Seite der Sache, die Kritik – ? Ja, es klingt vielleicht sehr überheblich, dass ich auch von Kritik nichts hören will. Aber da muss ich sagen, dass jemand, der es so ernst nimmt mit seiner Schreiberei wie ich, und meine Bücher mögen nun viel oder wenig sein, ernst nehme ich sie, dass also solch ein Buchschreiber und Romanvater sein eigen Kind am allerbesten kennt. Ich weiß genau, wo seine Schwächen sind, wo der Strom ausgesetzt hat, wo ich gepfuscht habe, das alles weiß ich nur zu gut. Stünde es in meiner Macht, ich würde es ändern, noch immer ändern, aber leider steht es nicht in meiner Macht. […]

Und der »Kleine Mann« wurde das, was man einen Welterfolg [nennt], was heißen soll, dass es in sehr viel Sprachen übersetzt wurde, dass es seinen Autor sehr bekannt machte, und dass es viel Geld einbrachte. Ich kann Ihnen nur sagen, dass ein Welterfolg nichts Angenehmes ist – wenigstens nicht für mich. Alle möglichen Leute schrieben mir plötzlich, und die meisten wollten Geld von mir, und wenn es mit einer Widmung abging, wo war es gnädig. Und ich sollte da reden, und dahin zu Besuch kommen, und dort was eröffnen, und für diese Zeitung einen Artikel schreiben, und jenem Verlage meinen nächsten Roman geben, und diese wunderbare Erfindung finanzieren, die mich unbedingt zum Millionär machen würde. Und Schlösser wurden mir zum Kaufe angeboten, und jetzt, da ich um keinen Preis mehr Landwirt sein wollte, hätte ich der Besitzer von Gütern werden können, und mir meine eigenen Beamten halten, da ich doch nichts weiter wollte, als in Ruhe weiter Bücher schreiben.

Aber dieser Ansturm, der übrigens bald wieder abflaute, und sich auf einen noch berühmteren Mann stürzte, war noch nicht das Schlimmste an dem Welterfolg. Sondern das Schlimmste war das Geld. Noch vor sehr kurzer Zeit hatte ich von einem sehr bescheidenen Einkommen leben müssen, und wir hatten kaum etwas besessen. Dann war ja mit B. B. B. ein wenig Geld in unser Haus gekommen, aber weiter als bis zu einem Häuschen mit zweiundeinemhalben Zimmer hatte es doch nicht gereicht. Jetzt aber fing das Geld an zu strömen. Es schwoll immer mehr an, es kam nicht zur aus Deutschland, es kam aus zehn, aus zwanzig Ländern, und es schien immer mehr zu werden, es schien nie enden zu wollen …

Niemandem kann ein so plötzlich erworbener Reichtum bekommen, man muss auch mit Geld umgehen lernen, und das hatte ich in meinem Leben bisher nicht gelernt. Ja, mit wenig hatten wir uns ausgezeichnet eingerichtet, das konnten wir, mit zwei-, mit dreihundert Mark im Monat konnten wir ausgezeichnet leben. Aber mit zweitausend oder mit zwanzigtausend? Konnte man sich nun eigentlich alles erlauben, die halbe Welt kaufen, oder wie war das. Ein alter weiser Bücherrevisor sagte mir damals den Satz, den ich immer für wahr [empfunden] habe: »Ja, Fallada«, sagte er, »mit wenig Geld gut auskommen, das ist gar keine Kunst, aber mit viel Geld sich einrichten, dass man all seinen Verpflichtungen gerecht wird, das können die wenigsten.« […]

Nein, von all den Geldgeschichten abgesehen: ich möchte das nicht noch einmal erleben. Denn es ist zweierlei, an seinem Schreibtisch zu sitzen und sich eine Welt erschaffen, und dann draußen zu stehen in der wirklichen Welt und sich in ihr behaupten und in ihr seinen Mann zu stellen. Das sind zwei sehr verschiedene Dinge. Und je stärker man an der ersten, nennen wir sie ruhig, an der künstlichen Welt hängt, und ich hänge sehr stark an der meinen, so stark, dass ich sie um nichts in der Welt missen möchte, umso schlechter wird man in der Welt draußen abschneiden. Ein Buch schreiben und es vor der Welt draußen repräsentieren, das verlangt ganz verschiedene Eigenschaften von einem Manne, und ich möchte sagen, je mehr man ein Schreiber ist, ein umso schlechterer Repräsentant ist man auch. Ich wenigstens habe mich erst wieder wohlgefühlt, als ich wieder in der Stille saß, der Sturm war verrauscht, weißes, säuberliches Papier lag vor mir, und ich sprach zu mir: auf ein Neues. Beginne nun dein drittes Buch!

Denn nun war ich doch so weit gekommen, dass ich es begriffen hatte, was ich durch 36 Jahre meines Lebens nicht gewusst hatte, dass es mein Beruf war, Bücher zu schreiben, und nur das, nichts wie das. Und so habe ich es denn mein Leben durch auch weiter gehalten: Ich habe mit und für Bücher gelebt, und wenn ich mit Menschen zusammen war, und Dinge erfuhr, und Taten erlebte, so wurden sie immer Stoff für mich zu Büchern. Das war nicht so, dass ich mir das etwa vornahm, dass ich den oder jenen Menschen aufs Korn nahm, ihn beobachtete und ausspionierte, mit dem festen Vorsatz, eine Gestalt in einem Buche aus ihm zu machen, nein, nichts von alledem. Aber ich habe nun mittlerweile in meinem Leben die Erfahrung gemacht, dass mir alles, was ich sehe und erlebe, Stoff zu einem Buche, oder zu einer Geschichte in einem Buche oder zu einer Gestalt in einem Buche werden *kann*. Ich weiß das nicht, ich nehme mir nichts vor. Aber plötzlich, während ich schreibe, taucht dieses oder jenes Erlebnis in mir auf, aus alten Zeiten oder auch aus den jüngsten Tagen, und ich sitze wieder in einem S-Bahn-Zug und der oder jener Mann sieht so oder so aus, und spricht dies oder das, und das muss ich nun schildern, dass es jeder sieht. Mein Hirn, mein ganzes Leben ist zu einer Speicherkammer geworden für etwas, das eines Tages geschrieben werden soll, und ich weiß nicht, was der Speicher alles enthält, so groß ist er, ich kann nicht in seine dunklen Winkel und Laden sehen, aber ich weiß, ich finde in ihm alles. […]

Zu dieser Ausgabe

Die Erzählungen, Berichte, Anekdoten und Reden der vorliegenden Ausgabe folgen den unten angeführten Druckvorlagen in der Reihenfolge ihrer Anordnung. Die Orthographie wurde auf der Grundlage der gültigen amtlichen Rechtschreibregeln behutsam modernisiert; der originale Lautstand und grammatische Eigenheiten blieben gewahrt. Die Interpunktion folgt der Druckvorlage. Offensichtliche Irrtümer und falsche Schreibweisen wurden stillschweigend korrigiert, fehlende oder in der Vorlage schwer lesbare Wörter in eckige Klammern gesetzt. Sperrungen und Unterstreichung werden einheitlich kursiv dargestellt und ungebräuchliche Abkürzungen aufgelöst.

Für die Transkription der Handschrift »Wer kann da Richter sein?« danken wir Mike Porath (Gießen) und für diejenige der Handschrift »Eine Königskrone geht auf Reisen (Die Krone von Bosambo)« Mike Porath (Gießen), Ragnit Michalicka (Kamenz) sowie Birka Siwczyk (Kamenz). Zu danken ist auch Erika Becker (Hans-Fallada-Archiv Carwitz) für die Unterstützung bei der Bereitstellung der Kopien der Texte von Hans Fallada.

I Ich übe mich im Dialog

Ich übe mich im Dialog. In: Das Leben. Die Große Welt. Der Die Das 3 (1926) Nr. 9. S. 929 f. Hans-Fallada-Archiv Carwitz. Signatur S 2386. [Februar 1926.]

Stimme aus den Gefängnissen. In: Das Tage-Buch 6 (1925) H. 1. S. 9–15. Bibliothek Hans-Fallada-Archiv Carwitz. [3. 1. 1925.]

Tscheka-Impressionen. In: Das Tage-Buch 6 (1925) H. 15. S. 522–526. Bibliothek Hans-Fallada-Archiv Carwitz. [11. 4. 1925.]

Stahlhelm-Gemüs. In: Das Tage-Buch 6 (1925) H. 33, S. 1227–1229. [15. 8. 1925. Abdruck nach Typoskript: Hans-Fallada-Archiv Carwitz. Signatur N 51. 3 Blätter.]

Was liest man eigentlich so auf dem Lande? In: Die Literarische Welt 1 (1925) H. 1. S. 4 f. [9. 10. 1925. Abdruck nach Typoskript: Hans-Fallada-Archiv Carwitz. Signatur N 51. 3 Blätter.]

II Ansehen kostet ja nichts

Liebe Ordensgeschwister. Hans-Fallada-Archiv Carwitz. Signatur N 70. [Rede auf einer Sitzung der Loge Vincelinus Nr. 167 u. a. zu Antialkoholismus. 1928. Typoskript. 12 Blätter.] – [Erstveröffentlichung.]

Die Verkäuferin auf der Kippe. In: Hamburger Echo. 17. Dezember 1928. Hans-Fallada-Archiv Carwitz. Signatur N 145.

Rache einer Hamburgerin. In: Hamburger 8-Uhr Abendblatt. 16. Dezember 1928. Hans-Fallada-Archiv Carwitz. Signatur N 145.

Eine vom Mädchenklub. In: Hamburger 8-Uhr Abendblatt. 17. Januar 1929. Hans-Fallada-Archiv Carwitz. Signatur N 145.

Wer kann da Richter sein? Hans-Fallada-Archiv Carwitz. Signatur N 55. [Handschrift. 4 Blätter.] – [Erstveröffentlichung.]

Geschlagene Pferde, gehetzte Menschen. Hans-Fallada-Archiv Carwitz. Signatur N38. [Typoskript. 1 Seite.] Erstveröffentlichung in: Hans Fallada: Lilly und ihr Sklave. Erzählungen. Hrsg. von Johanna Preuß-Wössner und Peter Walther. Aufbau 2021. S.7–27. – © Aufbau Verlage GmbH & Co. KG, Berlin 2021.

Mein Freund, der Ganove. In: Hans Fallada: Gute Krüseliner Wiese rechts und 55 andere Geschichten. Hrsg. von Günter Caspar. Berlin/Weimar: Aufbau, 1991. S. 38–42.

Der Strafentlassene. In: Hamburger Echo, 17. Dezember 1928. Hans-Fallada-Archiv Carwitz. Signatur N 145.

Otsches Fluchtbericht. Hans-Fallada-Archiv Carwitz. Signatur N 47. – [Erstveröffentlichung.]

Besuch bei Tändel-Maxe. In: Hans Fallada: Gute Krüseliner Wiese rechts und 55 andere Geschichten. Hrsg. von Günter Caspar. Aufbau 1991. S. 42–45.

Liebe Lotte Zielesch. In: Hans Fallada: Gute Krüseliner Wiese rechts und 55 andere Geschichten. Hrsg. von Günter Caspar. Aufbau 1991. S. 45–46.

Ich rate Preisrätsel. In: Hans-Fallada-Sammlung 14. Akademie der Künste Berlin. – [Erstveröffentlichung.]

Auch eine Kriegsgeschichte. In: Hans-Fallada-Sammlung 8. Akademie der Künste Berlin. – [Erstveröffentlichung.]

Bei uns, in der Kleinstadt. In: Hans-Fallada-Sammlung 6. Akademie der Künste Berlin. – [Erstveröffentlichung.]

III Das Medusenantlitz des Lebens

Vorweihnachtliche Betrachtungen. In: Schleswig-Holsteinische Verkehrs-Zeitung. 2 (1928). Hans-Fallada-Archiv Carwitz. Signatur N 145. [1.12.1928.]

Geistesgegenwart. In: Kieler Neueste Nachrichten. Das Hauptblatt Schleswig-Holsteins. 36 (1930) H. 4. Hans-Fallada-Archiv Carwitz. Signatur N 145. [30.1.1930.]

Im Auto zur Brandstätte. In: General-Anzeiger Neumünster. Nachrichten- und Tageblatt für Schleswig-Holstein 39 (1929) Nr. 100. Hans-Fallada-Archiv Carwitz. Signatur N 145. [30.4.1929.]

An der Schwale liegt ein Märchen. In: General-Anzeiger für Neumünster. Nachrichten- und Tageblatt für Schleswig-Holstein 39 (1929) Nr. 100. Hans-Fallada-Archiv Carwitz. Signatur N 153. [3.7.1929.]

Sieben Kinder spielen im Stadtpark. In: General-Anzeiger für Neumünster. Nachrichten- und Tageblatt für Schleswig-Holstein 39 (1929) Nr. 155. Hans-Fallada-Archiv Carwitz. Signatur N 145. [5.7.1929.]

Der verlorene falsche Taler. Sind die Neumünsteraner findig? In: General-Anzeiger für Neumünster. Nachrichten- und Tageblatt für Schleswig-Holstein 39 (1929) Nr. 202. Hans-Fallada-Archiv Carwitz. Signatur N 145. [29.8.1929.]

Rückschau eines Kritikers. In: Schleswig-Holsteinische Verkehrs-Zeitung 3 (April 1929). Hans-Fallada-Archiv Carwitz. Signatur N 145.

IV Der heimliche Dichter

Warnung vor Büchern. Hans Fallada-Archiv Carwitz. Signatur N 53. [Typoskript. 2 Blätter.] Erstveröffentlichung in: Hans Fallada: Junge Liebe zwischen Trümmern. Erzählungen. Hrsg. und mit einem Nachwort versehen von Peter Walther. Aufbau 2018. S. 50–52. – © Aufbau Verlag GmbH & Co. KG, Berlin 2018.

Gespräch zwischen Ihr und Ihm über Ernest Hemingway: In unserer Zeit – Rowohlt – Berlin. In: Die Literatur. Monatsschrift für Literaturfreunde 35 (1932/33). H. 2. S. 21–24. [Abdruck nach Typoskript: Hans-Fallada-Archiv Carwitz. Signatur N 94. 5 Blätter.]

Der heimliche Dichter. Hans-Fallada Archiv Carwitz. Signatur N 64. [Typoskript. 2 Blätter.]

Ich bekomme Arbeit. In: Gute Krüseliner Wiese rechts und 55 andere Geschichten. Hrsg. von Günter Caspar. Aufbau 1991. S. 105–119.

Fröhlichkeit und Traurigkeit. In: Gute Krüseliner Wiese rechts und 55 andere Geschichten. Hrsg. von Günter Caspar. Aufbau 1991. S. 151–158.

Gegen jeden Sinn und Verstand. In: Gute Krüseliner Wiese rechts und 55 andere Geschichten. Hrsg. von Günter Caspar. Aufbau 1991. S. 159–162.

Frühling in Neuenhagen. In: Gute Krüseliner Wiese rechts und 55 andere Geschichten. Hrsg. von Günter Caspar. Aufbau 1991. S. 162–166.

Wie vor dreißig Jahren. In: Gute Krüseliner Wiese rechts und 55 andere Geschichten. Hrsg. von Günter Caspar. Aufbau 1991. S. 193–196.

Christkind verkehrt. In: Gute Krüseliner Wiese rechts und 55 andere Geschichten. Hrsg. von Günter Caspar. Aufbau 1991. S. 232 f.

Eine Königskrone geht auf Reisen (Die Krone von Bosambo). Hans-Fallada-Archiv Carwitz. Signatur N 36. [23. 11. 1942. Handschrift. 14 Blätter.] – [Erstveröffentlichung.]

V Das Todeshaus formt einen Dichter

Essen und Fraß. In: Nacht-Express. Die Berliner Abendzeitung 1 (1945) H. 15. [23. 12. 1945. Abdruck nach Typoskript: Hans-Fallada-Archiv Carwitz. Signatur N 35. 2 Blätter.]

Meine Damen und Herren. Hans-Fallada-Archiv Carwitz. Signatur N 74. [Rede, gehalten in Schwerin. 8. 12. 1945. Typoskript. 6 Blätter.]

Ja! – Aber .... Nein, doch lieber nicht. Hans-Fallada-Archiv Carwitz. Signatur N 74. [Vortrag zum Thema »Gratis-Brot für alle«. 1945/46. Typoskript. 3 Blätter.] – [Erstveröffentlichung.]

Osterfest 1933 mit der SA. In: Tägliche Rundschau. Zeitung für die deutsche Bevölkerung 1 (1945) H. 170 bis H. 175. Hans-Fallada-Archiv Carwitz. Signatur S. 12. [H. 170 (28. 11. 1945); H. 171 (1. Fortsetzung: 29. 11. 1945); H. 172 (2. Fortsetzung: 30. 11. 1945); H. 173 (3. Fortsetzung: 1. 12. 1945); H. 174 (4. Fortsetzung: 2. 12. 1945); H. 175 (5. Fortsetzung und Schluss: 4. 12. 1945).]

Noch einmal Osterfest 1933 mit der SA. Hans-Fallada-Archiv. Signatur N 67. [Typoskript. 4 Blätter.]

Das Todeshaus formt einen Dichter. Hans-Fallada-Archiv Carwitz. Signatur N 24. [3. 6. 1946. Typoskript. 15 Blätter.] – [Erstveröffentlichung.]

Kalendergeschichten. In: Gute Krüseliner Wiese rechts und 55 andere Geschichten. Hrsg. von Günter Caspar. Aufbau 1991. S. 478–495. [1 Der arme Neapolitaner: S. 478 f.; 2 Der bestohlene Arzt: S. 479 f.; 3 Der Streit um das Feuerwerk: S. 481 f.]

Deine Frau (Die Frau, die dein eigen ist). Eine Film-Idee. Hans-Fallada-Archiv Carwitz. Signatur N 25. [16./17. 7. 1946. Typoskript. 4 Blätter.] – [Erstveröffentlichung.]

Wie ich ein Schriftsteller wurde. Hans-Fallada-Archiv Carwitz. Signatur N 65. [Auszüge. Typoskript mit handschriftlichen Korrekturen. 41 Blätter.]

Nachwort

Von Carsten Gansel

»Bücher sind ja überhaupt die treuesten Freunde« – Hans Fallada als Erzähler

Im Hans-Fallada-Archiv findet sich ein auf 1934 datiertes Typoskript von zwei Seiten, das mit dem Titel »Warnung vor Büchern« überschrieben ist. Über dem Titel wird der Adressat des Beitrages genannt. »Geschrieben: für: The Storch, Putnam, London« steht dort. Bei George Putnam handelt es sich um Falladas Londoner Verleger. Geschrieben hat Fallada den kurzen Text mit dem für ihn typischen Zwei-Finger-Tipp-System auf seiner »Remington Portable«, einer sogenannten Kleinschreibmaschine aus amerikanischer Produktion, die in Europa erfolgreich vertrieben wurde. Fallada liebte diese Schreibmaschine auch deshalb, weil die Typenhebel versenkbar waren und daher die Möglichkeit bestand, die Maschine in einem Tragekoffer unterzubringen, der lediglich eine Höhe von zehn Zentimetern aufwies. In dem kurzen Beitrag, der natürlich das genaue Gegenteil einer »Warnung vor Büchern« ist, nämlich ein Plädoyer für ihre Unersetzbarkeit, erinnert Fallada an seine Kindheit (139–141).[1] Er sei ein »kränkliches Kind« gewesen notiert er, und »darum ein einsames, kopfhängerisches, scheues Kind«. Geholfen habe ihm das Lesen: »Dann war

1 Texte, die in diesem Band enthalten sind, werden im Folgenden durch die Angabe der entsprechenden Seitenzahl nachgewiesen. Im Nachwort wird die Orthographie des Originals von Hans Fallada beibehalten.

die Krankheit vergessen, vergessen war Angst vor Menschen und Lehrern, es gab keine unerledigten Schularbeiten mehr, ich war in einer anderen Welt«. Die Eltern und Lehrer hätten allerdings nicht bemerkt, dass seine vermeintliche »Schlafmützigkeit« keineswegs Ausdruck einer Krankheit war, sondern schlichtweg Folge von Schlafmangel im Ergebnis »meiner Lesewut«. Die sehr private Bibliothek habe sich unter der Matratze des Bettes befunden. Es war klar, dass die auf kleinem Raum deponierten Bücher spezifische Anforderungen erfüllen mussten. Fallada bringt das so auf den Punkt:

> »Die Art der Aufbewahrung verbot von vorneherein dicke, auftragende Bände, aber in meines Vaters Schränkchen gab es viele der kleinen, handlichen Reclam'schen Bände, besonders vom ausländischen Schrifttum. So ist es gekommen, dass ich als Elfjähriger, Zwölfjähriger, Dreizehnjähriger das ganze Frankreich mit seinem Flaubert, Zola, Gautier, Daudet verschlang und dass ich ebenso gut auf der andern Seite des Kanals heimisch war mit Scott und Dickens, mit Defoe und Swift, mit Lawrence Stern und Goldsmith.« (139 f.)

Wenn Fallada von den »Reclam'schen Bänden« spricht, dann ist Reclams Universal-Bibliothek gemeint. Diese Buchreihe war 1867 begründet worden und hatte den Vorteil, dass hier deutschsprachige wie internationale Literatur zu einem ausgesprochen günstigen Preis angeboten wurde. Grundlage für das Entstehen dieser Edition war ein Gesetz des Norddeutschen Bundes, in dem festgelegt wurde, dass die Urheberrechte für Autoren, die vor 30 und mehr Jahren verstorben waren, als »gemeinfrei« galten, weswegen keine Vergütung anfiel.[2] Falladas Hinweis auf die Reclam-Bände mit französischen und englischen Klassikern sind kein Zufall. Mehrfach hat er diese und andere Autoren als seine »Ahnen« bezeichnet und beschrieben, in welcher Weise ihm Bücher zu einer »eigenen Welt« wurden, die Schutz vor dem »täglichen Leben« bot. Er sei – so erinnert Fallada rückblickend – der »menschenhassendste Einzelgänger von der Welt« gewesen. »Aber dafür«, so Fallada, »setzte ich mich, ging mir im Leben etwas schief – auf meine Robinsoninsel, herrschte über alle Schätze Aladins, ritt als siegreicher Held durch's schottische Hochland – und jeder wirkliche Mißerfolg zählte nichts.« (140)

Die Bedeutung, die Daniel Defoes Roman *Robinson Crusoe* (1719) für ihn spielte, hat Fallada mehrfach betont, nicht zuletzt in seinem Weltbestseller *Kleiner Mann – was nun?* (1932). In einer Traumvision wird offenbar, dass die Hauptfigur Pinneberg sich seit der Kindheit mit Robinson verbunden fühlt. In die Innensicht Pinnebergs wechselnd, teilt der Erzähler mit, dass Daniel Defoes Held immer dann zur Bezugsperson wurde, wenn die persönliche Situation sich zuspitzte, das »Geld knapp« war oder »die Menschen einem was [taten]«. Dann macht Pinneberg »abends das

2 Vgl. dazu ausführlich Hans-Joachim Marquardt, *Reclams-Universal-Bibliothek. Vollständiges Verzeichnis nach Bandnummern 1867 bis 1945*, Ditzingen 2018. Beim ersten Band von Reclams Universal-Bibliothek, der 1867 erschien, handelte es sich um Johann Wolfgang Goethes *Faust. Eine Tragödie. Erster Theil*, als zweiter Titel wurde *Faust. Eine Tragödie. Zweiter Theil* ediert. Der dritte Band, der ebenfalls 1867 publiziert wurde, war Gotthold Ephraim Lessings *Nathan der Weise. Ein dramatisches Gedicht*.

Licht aus und lag lange noch im Dunkeln und war Robinson«.[3] Freilich erkennt Pinneberg in seinem Tagtraum, dass eine einsame Insel nicht dauerhaft Schutz vor der Umwelt bietet. Entsprechend entwirft er eine weitere Alternative, die so etwas wie eine Utopie darstellt.[4] Es geht darum, »sich von der Welt zurückziehen, einen Schacht graben, einen Gang in die Erde und am Schluss des Ganges eine beutelartige Höhle wie ein Hamsternest. Man konnte sich das wunderschön einrichten, man war dort sicher vor jedem Zugriff, jeder Entdeckung, jedem Menschen.«[5] Was für Pinneberg der Rückzug in eine Höhle war, das waren für Fallada die Welt der Bücher und das Schreiben. Allerdings wurde Fallada schon früh bewusst, dass es das gelebte Leben ist, das die Voraussetzung für das Schreiben bildet. Es wurde schließlich ein Schreiben im Rausch und um den Preis des eigenen Lebens.

3 Hans Fallada, *Kleiner Mann – was nun?*, ungekürzte Neuausgabe mit einem Nachwort von Carsten Gansel, Berlin 2016, S. 171.

4 Vgl. Carsten Gansel, »Von Robinson Crusoe, Charlie Chaplin und den Nazis. Das wiederentdeckte Originalmanuskript von Hans Falladas *Kleiner Mann – was nun?*« [Nachwort], in: H. F.: *Kleiner Mann – was nun?* (s. Anm. 3), S. 485–552.

5 Ebd., S. 172. Die zitierte Robinson-Episode, die für die Charakteristik von Falladas Hauptfigur von nicht zu unterschätzender Bedeutung ist, findet sich allerdings in der 1932 publizierten Fassung nicht, sie wurde – wie einiges mehr – gestrichen.

»Ich denke nie an meine Leser, wenn ich ein Buch schreibe« – Fallada und das Schreiben

Der Verweis auf die Bedeutung von Reclams Universal-Bibliothek findet sich bei Fallada mehrfach. Es hat etwas Symbolisches, wenn Fallada in seinem letzten Text, den er in den Weihnachtstagen 1946 in der Berliner Charité schreiben wird, erneut auf die frühe Bedeutung des Lesens von Reclam-Büchern eingeht. »Übrigens muss ich sagen«, so Fallada, »dass ich damals, als ich auf meinem Krankenlager unermüdlich Reclambändchen in mich fraß, mit keinem Gedanken daran gedacht habe, einmal selber solche Bücher zu schreiben.« (326) Fallada hat diesen autobiographischen Text zunächst mit dem Titel »Meine lieben jungen Freunde« überschrieben. Es hängt dies damit zusammen, dass es sich um eine »Auftragsarbeit« für seinen Sohn Uli handelt, dem er das Versprechen gab, für den literarischen Klub an der Schule Einblicke in seine Schreibwerkstatt zu geben. In der handschriftlichen Korrektur formuliert Fallada einen anderen Titel, der markiert, worum es nachfolgend geht, nämlich um eine Art literarisches Vermächtnis. Mit der Überschrift »Wie ich Schriftsteller wurde« macht Fallada darauf aufmerksam, dass die Leser etwas über ihn als Autor erfahren werden und die Höhen wie Tiefen des Schreibens kennenlernen (vgl. 321). Franz Fühmann, der zu den wichtigsten Autoren in der DDR gehörte und der wie Fallada die Abgeschiedenheit zum Schreiben brauchte, hat auf einem Schriftstellerkongress davor gewarnt, »Musterschablonen« aufzustellen, also gewissermaßen vorzugeben, was Autoren zu leisten hätten. Stattdessen betont er den »individuellen Beitrag eines Schriftstellers« und das sei ebenjener, »den nur er und kein anderer leisten« könne und ebendieser Beitrag hänge von der »Gesamtstruktur der Persönlichkeit« ab. Fühmann zählt dazu Herkunft, Werdegang, emotional-geistigen Charakter, Neigung und persönliche Erfahrungen.[6]

Genau über diese Aspekte gibt Fallada in seinem letzten Essay Auskunft. Auf 36 Jahre zurückblickend, gesteht er einmal mehr ein, dass er *für* Bücher und *mit* Büchern gelebt habe. Daher seien die Menschen, mit denen er zusammen war, für ihn zum Stoff seiner Bücher geworden. Dies sei keineswegs aus Vorsatz geschehen, ausspionieren habe er sie nicht wollen. »Aber ich habe nun mittlerweile in meinem Leben die Erfahrung gemacht«, so Fallada, »dass mir alles, was ich sehe und erlebe, Stoff zu einem Buche, oder zu einer Geschichte in einem Buche oder zu einer Gestalt in einem Buche werden *kann.*« (339) Das funktioniere nicht rational, er nehme sich das nicht vor. »Aber plötzlich, während ich schreibe«, heißt es weiter, »taucht dieses oder jenes Erlebnis in mir auf, aus alten Zeiten oder auch aus den jüngsten Tagen, und ich sitze wieder in einem S-Bahn-Zug und der oder jener Mann sieht so oder so aus und spricht dies oder das, und das muss ich nun schildern, dass es jeder sieht.« (ebd.)

Neben der Bedeutung der Erfahrungen verweist Fallada auch auf das Gedächtnis. »Mein Hirn, mein ganzes Leben ist zu einer Speicherkammer geworden für etwas, das eines Tages geschrieben werden soll«, bekennt er. Er wisse zwar nicht, was der »Speicher alles enthält, so groß ist er, ich kann nicht in seine dunklen Winkel und Laden sehen«, aber

6 Franz Fühmann, »Literatur und Kritik«, in: F. F., *Essays, Gespräche, Aufsätze 1964–1981*, Rostock 1986, S. 67–81, hier: S. 76.

er wisse genau, dass er in ihm alles finden werde. (ebd.) Mit Begriffen der Gegenwart würde man sagen: Es geht Fallada hier um das Verhältnis von Funktions- und Speichergedächtnis. Aus dem »unbewohnten Gedächtnis«, dem Speicher, holt er, der Autor Fallada, Elemente in das »bewohnte Gedächtnis« zurück. Damit wird von Fallada früh eine Erfahrung fixiert, die Neurophysiologen erst um die 70 Jahre später gewonnen haben, die Überzeugung nämlich, dass wir, »so lange unser Gehirn gesund ist, nichts verlieren, wenngleich wir vieles nicht spontan abrufen können«.[7]

»Dafür gibt es eben kein Publikum« – Fallada auf der Suche nach einem Neuansatz

Es steht die Frage, wie sich Falladas Schreibkonzept, das ihn zu einem der erfolgreichsten deutschsprachigen Erzähler machen wird, ausgebildet hat. Man kann den Eindruck gewinnen, der Einschnitt liege am Ende der 1920er Jahre, in deren Folge dann die großen Romane *Bauern, Bonzen und Bomben* (1931) und *Kleiner Mann – was nun* (1932) entstehen. Denn noch im Frühjahr 1929 arbeitet Fallada an einem Text, der den irritierenden Titel »Die Kuh, der Schuh, dann du« trägt. Begonnen hatte er diese Novelle, die alle Gattungskonventionen sprengt, schon 1920.[8] Dieser avantgar-

7 Hans Markowitsch an Carsten Gansel, 29. März 2017.

8 Vgl. dazu Carsten Gansel, »Zwischen Auflösung des Erzählens und ›Präzisionsästhetik‹ – Hans Falladas Frühwerk *Die Kuh, der Schuh, dann du* und das moderne Erzählen, in: *Hans Fallada und die literarische Moderne*, hrsg. von C. G. und Werner Liersch, Göttingen 2009, S. 35–50.

distische Text ist das Gegenteil einer erzählten Geschichte, über eine Handlung im klassischen Sinne verfügt er nicht. Zwar finden sich durchaus mehrere aneinandergereihte Ereignisse mit Realitätsbezug (Angst des Kindes vor dem Alleinsein, Adoleszenzerfahrungen, Erinnerungen an Berlin), aber die Ereignisse sind nicht aufeinander bezogen. Stattdessen werden die für den Leser erkennbaren Wirklichkeitspartikel konsequent durch phantastisch anmutende Traumsequenzen und wilde Assoziationsketten eines Protagonisten überblendet, der sich – das wird erst zum Schluss so recht fassbar – zwischen Heroinentzug und -rausch befindet.[9] In einem Brief an seinen Verleger Ernst Rowohlt vom 6. Mai 1929 schreibt Fallada: »An Kuh-Schuh-Du arbeite ich weiter, aus Beharrung«, um dann aber mitzuteilen: »Sie bekommen es aber kaum zu sehen, ich weiss jetzt bestimmt, dass das Buch, so gut es ist, buchhändlerisch ganz ausgeschlossen ist, dafür gibt es eben kein Publikum.«[10] Allerdings zeigt ein Blick auf die Anfänge seines Schreibens wie auch auf jene Texte, die Mitte der 1920er Jahre erschienen sind, dass für Fallada Selbsterlebtes und Erzählen von Beginn an zusammengehören und den Stoff für seine Geschichten bilden, das Expressionistisch-Experimentelle bleibt nur eine kurze Durchgangsphase.

Die autobiographischen Skizzen *Damals bei uns daheim* (1941) beschließt Fallada mit einem Kapitel, das er »Gärung« nennt und in dem er jene »Übergangszeit« erinnert, da »meine früheste Jugend von mir Abschied nahm«. Den

9 Vgl. ebd. sowie Gansel, »Von Robinson Crusoe, Charlie Chaplin und den Nazis« (s. Anm. 4).

10 Rudolf Ditzen an Ernst Rowohlt, 6. Mai 1929, Hans-Fallada-Archiv Carwitz, Signatur N 238.

Kern bildet eine Erinnerung an die eigene Jugend. Für Fallada war das Neue, das damals in sein Leben kam, zunächst »nichts Gutes, es war etwas Quälendes«.[11] Und genau davon erzählt er in seinem Debütroman *Der junge Goedeschal* (1920). Auf die »stark ausgeprägte autobiographische Dimension« des Romans ist früh hingewiesen worden und darauf, wie Ereignisse im Leben Rudolf Ditzens Eingang in seinen Erstling gefunden haben (u. a. anonyme Briefe, Wandervogelfahrt, Selbstmordvisionen, Revolverbeschaffung).[12] Schon in seinem zweiten Roman *Anton und Gerda* (1923) verzichtet Fallada weitgehend auf expressionistische Anleihen, die sich im *Jungen Goedeschal* noch deutlich ausgeprägt finden. Im Juli 1923 wird er das erste Mal zu einer Haftstrafe ohne Bewährung verurteilt, die er am 20. Juni 1924 im Gerichtsgefängnis Greifswald antritt. Fallada nutzt die Zeit, er beobachtet und führt vom 22. Juni bis zum 2. September Tagebuch. Jahrzehnte später werden seine Aufzeichnungen unter dem Titel »Strafgefangener, Zelle 32« erscheinen.[13] Die Gefängnis-Erfahrungen verarbeitet Fallada umgehend. Am 3. Januar 1925 erscheint mit »Stim-

11 Hans Fallada, *Damals bei uns daheim. Erlebtes, Erfahrenes und Erfundenes*, Berlin 2006, S. 365. [Erstdruck 1941.]

12 Jenny Williams, *Mehr Leben als eins. Hans Fallada. Biographie*, Berlin 2004, S. 80. Zum Roman *Der junge Goedeschal* siehe ausführlich Carsten Gansel, »›Es war eine verdammte Zeit‹ – Moderne Adoleszenzkrisen als traumatische Erinnerung. Neue Überlegungen zu Hans Falladas *Frühwerk Der arme Goedeschal*«, in: *Zeit vergessen, Zeit erinnern. Hans Fallada und das kulturelle Gedächtnis*, hrsg. von C. G. und Werner Liersch, Göttingen 2008, S. 95–113.

13 Hans Fallada, *Strafgefangener, Zelle 32. Tagebuch 22. Juni – 2. September 1924*, hrsg. von Günter Caspar, Berlin 1998.

me aus den Gefängnissen« der erste von drei Texten, in denen Fallada journalistische Darstellungsweisen nutzt, in der anerkannten Wochenzeitung *Das Tage-Buch*. »Ich habe vor kurzem nahezu fünf Monate Gefängnis in einer mittleren Strafanstalt Deutschlands verbüßt« (15), so setzt der Text ein, der wie eine Reportage aufgemacht ist und davon erzählt, wie durch den Gefängnisalltag die Persönlichkeiten der Inhaftierten deformiert werden. Letztlich sei die »Gesamtheit des Strafvollstreckungsdienstes« ein »toter Körper« und ein »versteinertes Gerippe« (26), so der abschließende Befund. Literarischer kommt der zweite Text »Tscheka-Impressionen« daher, in dem erneut ein Ich-Erzähler agiert, der in diesem Fall allerdings als Beobachter über Gerichtsprozesse berichtet. Dabei liefert er ein atmosphärisches Bild dessen, was in einem Gerichtssaal abläuft. Und: Fallada entlarvt die Rolle der Presse. An Beispielen zeigt er »drei Wege der Macht«, die die Medien nutzen: »vollkommen Neues erfinden, Geschehenes verfälschen, Gehörtes unterdrücken« (32). Im dritten Text, in der Urfassung als »Stahlhelm-Gemüs« betitelt, wird aus der Sicht eines distanziert-ironischen Erzählers über die Machenschaften eines »Herrn Bomst« berichtet, eines früheren Offiziers, der Teile der ostelbischen Jugend für paramilitärische Aktionen des Stahlhelm gewinnt. Pointiert bringt der Erzähler abschließend auf den Punkt, wozu »die Jungen« in ihrer politischen Naivität fähig sind und wozu eine konservativ-rechte Einstellung führen kann: »Sie marschierten streng national in jedes Debakel. Die wissen nichts, wenn nicht dies, dass sie die andern hassen. Jene, die immer ändern wollen, die immer vorwärts wollen, die nie beharren können. Es war doch früher so schön bei uns.

[…] sie marschieren zu jedem Mord und Totschlag, sie marschieren heute noch. Und sie werden immer marschieren – gegen den Geist.« (40) Fallada zeigt sich hier als sozialer Beobachter, der durch die verschiedenen Figurenperspektiven einen kritischen Blick auf die Verhältnisse wirft und die kommenden Entwicklungen antizipiert.

Es ist zutreffend notiert worden, dass die entstehenden Texte Mitte der 1920er Jahre Falladas »Interesse für aktuelle gesellschaftliche Probleme und die Fähigkeit des genauen Beobachtens« belegen.[14] Fallada verabschiedet sich zu diesem Zeitpunkt von einem Ansatz, der an der klassischen Moderne orientiert ist und auf Formexperimente setzt. Dies bedeutet aber nicht, dass Fallada später die Form unwichtig wird, auch wenn er dies mitunter behauptet hat. »Nein, es kommt ja nicht auf die Formen an, die Formen sind unwichtig«, heißt es in einem »Zwiegespräch zwischen dem Verfasser und seiner Frau«, das am 9. Januar 1946 vom Berliner Rundfunk gesendet wird. Der Inhalt sei das Wichtige, »mit einem ganz neuen Inhalt muss ich neu beginnen«.[15]

Dahinter steht Falladas Auffassung, dass man, um etwas

14 Siehe die profunde Darstellung von Sabine Koburger, »Zum Umbruch in Falladas Werk um 1925«, in: *Hans-Fallada-Handbuch*, hrsg. von Gustav Frank und Stefan Scherer, Berlin/Boston 2019, S. 83–88, hier: S. 84.

15 Hans Fallada, *Ein Roman wird begonnen. Zwiegespräch zwischen dem Verfasser und seiner Frau*, Hans-Fallada-Archiv Carwitz, Signatur N 77, Blatt 1–14, hier: Blatt 13. In dem Typoskript finden sich handschriftliche Korrekturen (darunter auch Streichungen ganzer Passagen), die nicht von Fallada stammen, sie wurden daher nicht übernommen.

erzählen zu können, erst einmal etwas erlebt haben muss. Und dass es von der erzählten Geschichte abhängt, in welche Form man sie kleidet. Der ebenfalls aus dem Norden stammende Autor Uwe Johnson wird das Jahrzehnte später auf die vielzitierte Formel bringen: »Die Geschichte sucht, sie macht sich ihre Form selber«.[16] Fallada weiß von daher sehr wohl, dass man eine und dieselbe Geschichte (das »Was«) auf sehr verschiedene Weise (das »Wie)« erzählen kann: Chronologisch, aus der Sicht verschiedener Figuren bzw. Erzählinstanzen, mit Vor- und Rückblenden, als Bericht, als szenische Darstellung und natürlich in ganz verschiedenen Medien (Buch, Film, Comic). Und genau dies erprobt er schon seit Mitte der 1920er Jahre in der kleinen Form.

»Ich übe mich im Dialog« – Fallada und seine »Großstadttypen«

Seine humorvolle Geschichte »Ich übe mich im Dialog«, die im Februar 1926 erscheint, spielt ironisch mit der Erkenntnis, wie wichtig der Dialog für das Erzählen ist. »Ich weiß, ich kann keinen Dialog schreiben«, gesteht der Erzähler ein. »Ich möchte aber auch gern solch witzigen, überraschenden, schlagfertigen Dialog schreiben können, wie ihn alle Leute in allen Zeitungen schreiben. Ich muß mich üben.« (11) Mit der Darstellungsform des Dialoges, den ein Autor wie Theodor Fontane nicht nur in seinen

16 Uwe Johnson, *Begleitumstände. Frankfurter Vorlesungen*, Frankfurt a. M. 1980, S. 140.

Romanen *Effi Briest* (1894) und *Grete Minde* (1879) meisterhaft nutzt, schafft Fallada sich für die Zukunft die Möglichkeit, die Subjektivität der Figuren zu entfalten. Denn in dem Augenblick, da das Gespräch einsetzt, tritt der Erzähler zurück. Insofern passt der Dialog als literarisches Gestaltungsmittel in Falladas Bemühen, der »wirklichen Wirklichkeit« (Anna Seghers) erzählerisch auf die Spur zu kommen. Fallada muss von Menschen erzählen, denen man es

> »stets anmerkt, dass sie einmal in diesem Abgrund gelegen haben, dass sie in einer Stunde sich völlig aufgegeben haben, Menschen, die das Zusammenstürzen ihrer ganzen Vergangenheiten erlebt haben, Menschen, die dann leer dastanden und die ganz allmählich erst jetzt wieder anfangen, ihrem sinnlos gewordenen früheren Leben einen neuen Inhalt zu geben. Dieser Tischlermeister, der seine Tische baut, dieser Angestellte, der um jeden Preis ein Angestellter bleiben will: sie mögen noch so sehr die Augen schliessen, sie mögen es sich leugnen jede Stunde ihres Lebens: sie sind andere Menschen geworden, sie können nicht wieder sein wie früher ...«[17]

Und Fallada nennt auch Beispiele: Für ihn zählen Wirklichkeitsnähe und realistischer Wiedererkennungseffekt, und er resümiert zu Ende seines Lebens, dass es ihm letztlich darum geht, »Menschenromane zu schreiben«, also von Personen zu erzählen, »die heute leben, und die uns, die

17 Fallada, »Ein Roman wird begonnen« (s. Anm. 15).

wir heute leben, nahe und verwandt sind, Gefährten unseres eigenen Schicksals«.[18]

Es braucht Jahre, bis Fallada seine Poetik voll ausbildet, ein Schreiben, in dem der »Autor mit seinen Figuren verwickelt« ist, in denen er »mittendrin« steht und »zugleich auch ein Stück weit davon distanziert«.[19] Unterbrochen wird sein Schreiben in den 1920er Jahren mehrfach durch seine Gefängnisaufenthalte: Am 26. März 1926 wird Fallada vom Kieler Landgericht wegen Unterschlagung zu zwei Jahren und sechs Monaten Gefängnis verurteilt. Da die Untersuchungshaft von sechs Monaten auf die Strafe angerechnet wurde, verbleiben 24 Monate Haft, die er am 17. April 1926 im Zentralgefängnis in Neumünster antritt. Fallada hat den festen Entschluss, den Gefängnisaufenthalt gewissermaßen als Entzug zu nutzen und sich von seiner Alkoholkrankheit und der Drogensucht zu heilen. Und in der Tat, als er am 10. Mai 1928 entlassen wird, ist er das, was man ›clean‹ nennt; er hat für die nächste Zeit den Alkohol und die Drogen besiegt und kann neu beginnen. Für Fallada bedeutet dies, dass er zwei Entscheidungen trifft. Zum einen tritt er in Hamburg dem Guttemplerorden bei, einer international agierenden Organisation, die gegen Alkohol und Drogen auftritt. Darüber hinaus engagiert sie sich für Brüderschaft und Frieden sowie für Gleichberechtigung der Geschlechter und Rassen. Zum anderen wird er Mitglied der Sozialdemokratischen Partei Deutschlands, weil das Programm der Partei ihm zusagt.

18 Ebd.

19 Gustav Frank / Stefan Scherer, »Falladas Poetologie«, in: *Hans-Fallada-Handbuch* (s. Anm. 14), S. 172–192, hier: S. 179.

Im Guttemplerorden lernt Fallada seine spätere Ehefrau Anna Margarete Issel kennen, die man Suse nennt und die zum Vorbild für die Figur des Lämmchen im *Kleinen Mann* werden soll. Diese Entscheidungen bleiben nicht folgenlos. Im Guttemplerorden bringt Fallada sich engagiert ein und hält auf der Sitzung im Herbst 1928 eine Rede wider den Alkohol. Er bezieht sich zu Beginn auf eine Tagung der Naturforscher Mitte September 1928 in Hamburg, auf der der Verein der abstinenten Ärzte einen Vortragsabend veranstaltet habe, »an dem auch unser Grosstempler, Professor Dr. Strecker, sprach« (47). Es gab die Hoffnung, dass möglichst viele Studenten erscheinen würden. Genau darum hatte man den Vortrag »mit Vorbedacht« in das »Hamburger Studentenheim« verlegt. Da unter den »Studenten mit Verbindungs- und Korpswesen« ein Teil der »deutschen Trinksitten« seine Grundlage habe, hatte man auf rege Teilnahme gehofft. Dies umso mehr, da der Vortragsabend unter dem Thema »Alkohol und Studentenschaft« stand. Allerdings wären maßgebliche Teile der Adressaten dieser Veranstaltung ferngeblieben. Allem Anschein nach habe die »Studentenschaft – die farbentragende wenigstens – nichts davon wissen [wollen], ihre alten Trinksitten, oder richtiger Trinkunsitten, aufzugeben« (ebd.), so Fallada. Die Veranstaltung sei also ein »Fehlschlag« gewesen, allerdings »nicht der erste Fehlschlag«. Denn »Bruder Strecker« habe über einen Mann berichtet, »der schon früher den Kampf gegen das unsinnige Trinken der Studenten aufgenommen hatte und der ebenfalls nichts erreichte. Dieser Mann war der erste Rektor der 1811 gegründeten berliner Universität und war der Philosoph und Vorkämpfer der Deutschen gegen die damalige französische Bedrückung: Johann Gottlieb Fichte.« (47 f.) Fallada fragt im Weiteren, woran es liege, »dass das Interesse der breiten Öffentlichkeit, des Gebildeten wie des Einfachen, so unendlich schwer auf diese Dinge zu lenken ist? Woher kommt es, dass man immer wieder schlankweg ablehnt, uns auch nur anzuhören?« (49) Die Antwort gibt er, indem er von einigen Erlebnissen der »mutigen Vorkämpfer« berichtet. »Ich darf an dieser Stelle«, notiert Fallada, »vielleicht einen Augenblick abschweifen und eine kleine Anekdote erzählen, die der dritte Redner jenes Vortragsabends, Dr. Bornstein-Berlin, uns erzählte.« (51) Die Anekdote, die Fallada nunmehr mitteilt, nimmt sich so aus:

> »Dr. Bornstein sitzt mit irgend einem hohen Tier aus einem Ministerium in einer berliner Gastwirtschaft. Der hohe Herr hat zwei Glas Cognak bestellt und kann ganz und gar nicht begreifen, dass Dr. Bornstein den Cognak verschmäht. ›Aber mein lieber Herr Doktor‹, sagt er schliesslich, ›Cognak ist nahrhaft, Cognak hat Kalorien!‹ – ›Jawohl‹, antwortet Dr. Bornstein schlagfertig, ›und Benzin hat auch Kalorien. Ober, ein Glas Benzin für den Herrn Geheimrat!‹« (51)

Ganz offensichtlich wird, auf welche Weise Fallada in seinem Auftritt vor dem Guttemplerorden Rede- und Erzählelemente miteinander verbindet und die Zuhörer gezielt mit dem Hinweis auf die nachfolgende Anekdote darauf vorbereitet, dass sie nun die Schilderung einer witzigen Begebenheit zu erwarten haben.[20] Wie für Anekdoten

20 Vgl. dazu Carsten Gansel, »Hans Fallada und das Erzählen von Geschichten«, in: *Salatgarten* (2021) H. 1, S. 13–16.

kennzeichnend, schafft Fallada es, auf kleinstem Raum eine Charakterisierung der Personen vorzunehmen; er reduziert dabei die Begebenheit auf das Wesentliche und liefert eine abschließende Pointe. In dieser Rede ist jener Ton angeschlagen, der sich bereits in den um 1928 publizierten Anekdoten und Erzählungen abgezeichnet hat. Dazu gehören die Kurzgeschichten »Rache einer Hamburgerin« sowie »Eine vom Mädchenklub«, die am 16. und 17. Dezember 1928 im »Hamburger 8-Uhr Abendblatt« erscheinen.

Bei »Eine vom Mädchenklub« handelt es sich um eine eher anekdotische Begebenheit, in der der Erzähler aus einer dominant männlichen Perspektive von einem Klub der »Sitzengebliebenen« erzählt, dem Aenne Gich angehört. Sie ignoriert die abendlichen Anmachversuche von Männern auf dem Rückweg permanent, bis einer der Verschmähten sie wutentbrannt als »verfluchte Gans« beschimpft. Die Pointe der Geschichte ist wenig überzeugend, denn nunmehr ist es Aenne, die sich danach sehnt, von dem forschen Mann angesprochen zu werden. Aber es ist zu spät: »Sie hat ihn nie wiedergesehen. Und ist redlich unglücklich.« (70)

Gegensätzlich ist die Frauenfigur in »Rache einer Hamburgerin« entworfen. Sie kommt im Text nur im Dialog von zwei Freunden vor, dem Erzähler und seinem früheren Schulfreund Max Tredup – so wird einige Jahre später die Figur des kleinen Annoncenwerbers im Roman *Bauern, Bonzen und Bomben* (1931) heißen. Der berichtet ihm davon, wie eine ehemals »heiße Liebe«, eine junge Frau aus Hamburg, aus Rache vermeintlich sein Leben zerstört hat. Die Schlusspointe unterstreicht einmal mehr die Wertschätzung Falladas für couragierte junge Frauen, denen die labilen Männer es zu danken haben, dass sie nicht unter die Räder kommen. Der vielleicht wichtigste Text in diesem Teil trägt den Titel »Wer kann da Richter sein?« Die Geschichte liegt in Falladas sogenannter Buchhalter-Handschrift in Sütterlin vor, ist aber dennoch schwer zu entziffern. Auf Grund seines Themas ist anzunehmen, dass er in den Kontext der Erzählungen fällt, die in der Weimarer Zeit zu Ende der 1920er Jahre entstanden sind und die Problemfragen von gesellschaftlichen Teilbereichen verhandeln, in die Fallada Einblick hatte. Dazu gehören Gerichtswesen und Strafvollzug, die durch die Presse betriebene Selektion von Nachrichten und deren willkürliche Interpretation, der Umgang mit Randexistenzen oder auch Fragen der Geschlechteremanzipation.

»Wer kann da Richter sein?« bündelt die in den Texten behandelten Aspekte und ist gerade wegen seiner Kürze eine schonungslose Abrechnung mit den herrschenden Gesellschaftszuständen. Fallada nutzt hier eine Art analytisches Erzählen, denn der Text setzt auf den ersten Blick wie ein Kriminalroman mit dem Ende ein. Ein Ich-Erzähler bringt das Geschehene so auf den Punkt:

> »Nun wird sich ja wohl über kurz oder lang in Berlin jener Prozeß abspielen, in dem eine Tochter gegen ihren Vater wegen Körperverletzung, denke ich, klagen wird. Man erinnert sich gut: zwei Töchter des Kommunalbeamten Weber gingen mit einer Freundin ins Wasser, ersäuften sich, weil ihnen das Leben untragbar, schmutzig häßlich geworden schien.« (71)

Im weiteren Verlauf werden vom Ich-Erzähler mögliche Varianten des Prozesses durchgespielt. Zur Diskussion steht die Frage, was der Vater konkret getan haben mag. Möglicherweise würde sich – so die Vermutung des Ich-Erzählers – »kaum anderes finden als dieses: Scheltworte, Schläge. Irgendeinmal war es dann zu viel. Wer soll da Richter sein? Wer entscheiden, ob gerade aus des Vaters Hand der Tropfen kam, der über den Rand des Gefäßes lief?« (72) Im weiteren Verlauf spielt der Ich-Erzähler mit den verbindlichen gesellschaftlichen Werten und Normen. Diese zum Maßstab machend hat der Vater anscheinend das Recht, seine schon mündige Tochter zu züchtigen, weil sie einen »Liebhaber« hat und daher seiner Meinung nach »liederlich« ist:

> »Sie ist mündig, zweifelsohne, den Vater ging das eigentlich nichts mehr an, sicher, aber schließlich ist er doch der Vater. Das kann man am Ende verstehen, so ein Mädchen, gestern war sie unmündig, da durfte ich sie noch schlagen, heute ist sie mündig, wenn da die Hand noch einmal ausrutscht …« (73)

An diesem Punkt nun wird der Theaterkritiker und Journalist Alfred Kerr ins Spiel gebracht, der – »manches Jahr ist es schon her« – der Auffassung war, dass die »Zeiten des geschlechtlichen Alleinbesitzes« vorüber seien. In der Tat hatte Kerr diese Position schon 1905 in seiner Sammlung *Das Neue Drama* vertreten. Allerdings hat dies nichts an der Tatsache geändert, so resümiert der Ich-Erzähler, dass in der Gegenwart Richter weiterhin nach »festgesetzten Normen« urteilen würden, die nichts mit der Realität zu tun haben. »Eine irreale Welt, eine Welt, die nichts, nichts mit dem Leben gemein hat« (75), so eine der abschließenden Überlegungen des Ich-Erzählers. Fallada erweist sich nicht nur in diesem Text einmal mehr als Autor, der in der Lage ist, seine Kenntnis wie Analyse der Gesellschaft zu Geschichten zu machen. Es nimmt nicht wunder, dass seine Sicht auf die Rolle der Frau und die nicht hinzunehmenden gesellschaftlichen Begrenzungen einige Jahre später zu einer Frauen-Figur wie Lämmchen in *Kleiner Mann – was nun?* führen werden.

Michael Töteberg verweist zudem zu Recht darauf, dass Fallada sich in diesen Geschichten zunehmend auf »Alltagsbeobachtungen und die Schilderung von ›Großstadttypen‹ (verlegt)«.[21] Bei den Recherchen muss Fallada nicht weit gehen, er braucht sich nur selbst auf den Prüfstand zu stellen. Unter dem Titel »Großstadttypen« firmieren dann auch jene beiden Geschichten, die am 17. Dezember 1928 im *Hamburger Echo* erscheinen. Der erste Text trägt den Titel »Die Verkäuferin auf der Kippe«. Interessant ist, dass Fallada auch hier wiederum mit der Form der Darstellung spielt. Über ein Telefonat, das eine Trikotagen-Verkäuferin mit ihrer Freundin, Trude führt, erfahren die Leser etwas über die aktuelle Situation der jungen Frau. Die hat Probleme mit ihrem Freund und ist mit ihrer Lebenssituation so gar nicht zufrieden. Lediglich 90 Mark verdient sie als Verkäuferin, und »es bleiben keine 20 Mark für Kleidung und Schuhe und Ausgehen. Und das ewige Haarschneiden und Nackenrasieren und Ondulieren. Ja, man will sich doch

21 Michael Töteberg, »Kleiner Mann, großer Schatz«, in: *Hamburger Abendblatt*, 20. April 2011, S. 21.

auch nicht ausstechen lassen« (62). Authentisch erfasst Fallada auch hier den Lifestyle der Endzwanziger Jahre mit Mode, Musik und Vergnügungen. Wie bereits in seiner Rede vor dem Guttemplerorden nutzt Fallada in den Dialogen und Monologen spezifische Sprachvarianten, mithin entsprechende Soziolekte, die sowohl zur Figurenbeschreibung als auch zur Erfassung der jeweiligen sozialen Milieus dienen. Die kleine Geschichte um die junge Verkäuferin erscheint wie ein Vorgriff auf jenes Kapitel aus dem Berliner Nachleben, das dann in der publizierten Fassung des Welterfolgs *Kleiner Mann – was nun?* dem Rotstift zum Opfer fallen wird.

Fallada setzt mit diesen Erzählungen, die in unterschiedliche Lebenswelten der Weimarer Zeit führen, auf sein originäres Talent, das präzise (Selbst-)Beobachten und das Erzählen von Geschichten. Man kann das durchaus mit dem Begriff »neusachlich« fassen, denn als ein »darstellender Schriftsteller« ist Fallada nicht am »leidenschaftliche(n) Innenleben von Herr(n) und Frau Meier« interessiert, wie das Erich Reger auf den Punkt bringt.[22] Was die Figuren denken und wie es um ihre psychische Befindlichkeit bestellt ist, das ergibt sich aus ihren Reaktionen und Handlungen – im Fall der jungen Verkäuferin aus der monologisch-dialogischen Rede. Weitere Texte erkunden in der Spanne zwischen Zeitkritik und humorvoller Darstellung Milieus, die eher am Rande stehen. Zumeist kündigt bereits der Titel

22 Karl Westhofen [d. i. Erich Reger], »O. S. Landkarte contra Dichter«, in: *Der Scheinwerfer* 3 (1929), H. 2, S. 14, zit. nach: Sabine Becker, *Neue Sachlichkeit*, Bd. 1–2, Köln/Weimar/Wien 2000, Bd. 2, S. 85.

an, wer im Zentrum steht: »Der Strafentlassene«, »Mein Freund der Ganove« oder »Otsches Fluchtbericht«.

Fallada kann diese Texte schreiben, weil sie seinen Erfahrungen entsprechen. Er weiß, wie es einem jungen Mann gehen kann, der aus dem Gefängnis kommt und in einer Welt der sozialen Kälte in Gefahr steht, rückfällig zu werden. In diesen Texten nutzt Fallada verschiedene Erzähltechniken. Im »Strafentlassenen« steigt er mit der rhetorischen Figur der Apostrophe, also einer Leseranrede, ein (»Sagen Sie mir nicht, dass Sie ihn nicht gesehen haben« [84]). Und auch im weiteren Verlauf wird der Leser direkt angesprochen (»Vor den Aushängebogen der Zeitungen mit dem Stellenmarkt können Sie ihn jeden Tag sehen« [ebd.]). Auf diese Weise werden die Leser in eine Welt hineingezogen, die in den wenigsten Fällen die ihre ist. Das funktioniert auch in dem Fall, da der Ich-Erzähler in die Welt der Ganoven einführt. Bereits der erste Satz von »Mein Freund, der Ganove«, mit dem für Kurzgeschichten charakteristischen unmittelbaren Einstieg, verweist auf die soziale Problematik: »Ich traf ihn im Wartesaal Vierter, nach Mitternacht, gegen Morgen schon. Er sortierte aus einem Fetzen Zeitungspapier Kippen« (78), notiert der Ich-Erzähler. Auf Wertungen verzichtet er weitgehend, stattdessen wird immer wieder im Dialog zur Figurenrede gewechselt.

Günter Caspar hat diese Texte, die einen Übergang markieren und bereits im August und September 1928 entstanden sind, als »Gauner-Geschichten« bezeichnet. Treffend stellt er heraus, dass Fallada während seiner Haftzeit genau beobachtet und zugehört hat und »nun in die Rolle des Berichterstatters [schlüpft]«. Die wenigen Brocken aus der

Ganovensprache hätten allerdings mit dem, was man als Rotwelsch bezeichnet, kaum etwas zu tun, allerdings würden sie den »Eindruck der Authentizität« erhöhen.[23] Dies gilt auch für »Otsches Fluchtbericht«, der hier erstmals abgedruckt wird. Fallada hat die Geschichte später zu einer größeren Erzählung unter dem Titel »Ein Mensch auf der Flucht« ausgebaut, die im September-Heft 1931 des Magazins *Uhu* in einer Auflage von 190 000 Exemplaren ein breites Publikum erreicht.[24] In jedem Fall wird durch die Erzählweise Empathie für Schicksale erzeugt, von denen keineswegs nur Randgruppen betroffen sein können. Das zunehmende Gespür für soziale Fragestellungen hängt einmal mehr mit den eigenen Lebenserfahrungen zusammen.

»Ich sitze also tatsächlich zwischen zwei Stühlen« – Fallada und journalistisches Schreiben

Es ist zutreffend vermerkt worden, dass der Mitte der 1920er Jahre eingeleitete künstlerische Wandel in Falladas Schaffen in enger Verbindung mit seiner journalistischen Tätigkeit steht.[25] Nach seinem zweiten Gefängnisaufenthalt und der Entlassung Anfang 1928 gelingt es Fallada, mit der Unter-

23 Günter Caspar, »Hans Fallada, Geschichtenerzähler«, in: H. F.: *Gute Krüseliner Wiese rechts und 55 andere Geschichten*, hrsg. von G. C., Berlin 1991, S. 523–655, hier: S. 557.

24 Vgl. Günter Caspar, »Hans Fallada, Geschichtenerzähler«, in: H. F.: *Märchen und Geschichten. Ausgewählte Werke in Einzelausgaben*, hrsg. von G. C., Bd. 9, Berlin 1986, S. 649–781, hier: S. 696.

25 Hannes Gürgen, »Verhältnis journalistisches Werk – Rezensions-

stützung seiner Familie eine Anstellung als Abonnentenwerber und Annoncenschreiber beim General-Anzeiger von Neumünster zu finden. Neumünster, das etwa 30 Kilometer von Kiel liegt, empfindet er als »eigentlich schrecklich«, weil es ein »stupides Nest« ist.[26] Aber schon bald ist er eine Art ›journalistischer Allrounder‹, der als Lokalreporter über alle Ereignisse berichtet, die sich in einer Kleinstadt wie Neumünster ereignen: Theateraufführungen, Feste, Liederabende, Vorträge, Brände. Der berichtende Stil, an den auch Fallada sich halten muss, ist einer knappen, präzisen und sachlichen Darstellung verpflichtet. Wenngleich für die journalistische Berichterstattung Objektivität eine zentrale Rolle spielt und eine unparteiische Darstellung der Ereignisse erfolgen soll, nutzt Fallada seine Möglichkeiten, um Stimmungen aufzunehmen. Und er entwickelt eine persönliche Handschrift. In seinen »Vorweihnachtlichen Betrachtungen« etwa nimmt er eine Botschaft von *Kleiner Mann – was nun?* vorweg, dass es nämlich darum geht, das »Verantwortungsgefühl zu stärken«, denn »Wer den andern dient, dient dem Geiste der Liebe« (117).

In »Im Auto zur Brandstätte« wird zunächst aus der Sicht des Beifahrers in reportagehaftem Stil die schnelle Fahrt zum Ort des Brandes geschildert. Die Reflexion über schicksalhafte Fügungen landen dann bei Betrachtungen über das »Medusenantlitz des Lebens«. Für den Text »An der Schwale liegt ein Märchen« mag die anhaltende Eupho-

praxis – journalistische Tätigkeit«, in: *Hans-Fallada-Handbuch* (s. Anm. 15), S. 157–172, hier: S. 157.

26 Rudolf Ditzen an Johannes Kagelmacher, 21. Oktober 1928, in: *Briefwechsel Kagelmacher*, Hans-Fallada-Archiv Carwitz, Signatur 216.

rie um Charles Lindbergh motivierend gewesen sein, der es im Mai 1927 geschafft hatte, im ersten Nonstop-Alleinflug von New York nach Europa zu gelangen. Fallada jedenfalls betrachtet Neumünster aus der Vogelperspektive, was einen verfremdenden Blick erzeugt und gerade auf diese Weise zu einer emotionalen Nähe mit den ansonsten kaum wahrgenommenen Gegebenheiten der vertrauten Kleinstadt führt. Mit »Sieben Kinder spielen im Stadtpark« wird einmal mehr eine Kleinstadtatmosphäre an einem Sonntagnachmittag entworfen. Der Blick ist dabei auf sieben spielende Kinder gerichtet, an denen der Erzähler zu erkennen glaubt, welche charakterlichen Dispositionen sie bereits jetzt besitzen und was möglicherweise aus ihnen in der Zukunft werden wird.

Im Artikel »Rückschau eines Kritikers« resümiert Fallada seine Rolle als Lokalreporter in Neumünster und bringt treffend auf den Punkt, in welchem Maße die Tätigkeit als Journalist abhängig ist von jenen Gegenständen und Themen, die gewissermaßen ›von Außen‹ vorgegeben werden:

> »Der Kritiker ist am Tage abhängig von dem, was ihm geschah: vom Brief, den er am Morgen empfing, dem Gespräch, das er führte, dem Aerger, der ihn betraf. Er ist weiter abhängig von dem, was er zu tun vorhat, von seinen Absichten, seinen Hoffnungen, seinen Sorgen. Auch ein Kritiker kann nicht gerecht sein. Unsinnig, das zu leugnen.« (134)

Im beschaulichen Neumünster sind Falladas Hoffnungen auf die Großstadt Berlin und den Verleger Ernst Rowohlt gerichtet. In einem Brief vom 14. August 1929 versucht er erneut, einen Kontakt zu Rowohlt herzustellen. Er informiert über die Landvolkbewegung und schildert seine Situation als »unterer Angestellter«, der einerseits »für eine ganz rechts stehende Zeitung tätig« sei und andererseits einen zweiten Job bei der Stadt als »Angestellter des Wirtschafts- und Verkehrsvereins« habe. »Ich sitze also tatsächlich zwischen zwei Stühlen, bin vormittags gegen die Polizei und für Bürgertum und nachmittags umgekehrt«, bekennt Fallada unumwunden. Er sieht allerdings auch, dass diese Situation insofern einen Vorteil hat, als man »auf diese Weise Einblicke in das Regiment so eines Nestes« gewinnt, bei dem es um »Kämpfe um Macht, kleine Eifersüchteleien, Geldsackangst, Parteidisziplin, Geschrei, Drohungen, Lavieren« gehe.[27] Fallada sammelt letztlich in Neumünster jene Erfahrungen, die ihn in die Lage versetzen, einen Roman wie *Bauern, Bonzen und Bomben* zu schreiben und Figuren wie die des deutschnationalen Journalisten Stuff, des sozialdemokratischen Bürgermeisters Gareis und des lavierenden kleinen Anzeigenwerbers und Hilfsredakteurs Tredup zu entwerfen.

»Er ist diesmal spannend wie ein Kriminalroman« – Fallada auf der Erfolgsspur

Ein Jahr später, im August 1930, hat sich Falladas Traum erfüllt. Er lebt in Neuenhagen bei Berlin, ist verheiratet, Familienvater, bei Ernst Rowohlt im Verlag angestellt, und er

27 Rudolf Ditzen an Ernst Rowohlt, 14. August 1929, in: *Hans Fallada. Ewig auf der Rutschbahn. Briefwechsel mit dem Rowohlt Verlag*, hrsg. von Michael Töteberg und Sabine Buch, Reinbek b. Hamburg 2008, S. 54 f., hier: S. 54.

arbeitet an einem neuen Roman. Den Roman selbst kennzeichnet er im Brief an Kagelmacher vom 8. August 1930 so: »Er ist diesmal spannend wie ein Kriminalroman, sehr aktuell und gänzlich ohne Liebe. Schrieb ich ihnen schon den Titel? Bauern, Bonzen und Bomben.«[28] Der Roman *Bauern, Bonzen und Bomben* bringt den literarischen Durchbruch. Bereits nach dem Vorabdruck des Romans in der *Kölnischen Illustrierten Zeitung* im Herbst 1930 sieht man Fallada als den »Erfolgsautor des Rowohlt-Verlages«.[29] In der literarischen Szene wird die neue Stimme sofort wahrgenommen. Namhafte Kollegen wie Kurt Tucholsky, Hermann Hesse, Axel Eggebrecht loben den Roman. Dieser Zuspruch von anerkannten Kollegen stärkt Falladas Selbstbewusstsein. Fallada bezahlt nicht nur Schulden, er kauft ein kleines Einfamilienhaus von 50 Quadratmetern in Neuenhagen am östlichen Stadtrand von Berlin, das nur etwa vier Kilometer von Deutschlands größter Galopprennbahn Hoppegarten lag. Und er schreibt weiter. Zahlreiche der kurzen Erzählungen entstehen in dieser Zeit, auch Rezensionen. Fallada bleibt bescheiden und traut dem sich einstellenden Erfolg nicht. Er sieht sich als Autodidakt und nicht als Intellektueller. Gleichzeitig belegen die von ihm ab Ende der 1920er Jahre verfassten Literaturkritiken, dass er sehr wohl umfassende Kenntnisse vom Handwerk des Schreibens besitzt und schnell erkennt, auf welche Weise

28 Rudolf Ditzen an Johannes Kagelmacher, 8. August 1930, in: *Briefwechsel Kagelmacher*, Hans-Fallada-Archiv Feldberg, Signatur 216.

29 Siehe dazu den Brief von Rudolf Ditzen an Johannes Kagelmacher, 20. November 1930, in: ebd., Signatur 217.

andere Autoren ihre Figuren entwickeln, wie sie Handlungen entwerfen und Spannung aufbauen.

Mehrfach taucht dabei der Name von Ernest Hemingway auf. In dem »Gespräch zwischen Ihr und Ihm über Ernest Hemingway«, das wenige Monate nach dem Erscheinen von *Kleiner Mann – was nun?* in der Zeitschrift »Literatur« im Oktober 1932 publiziert wird, steht Hemingways Kurzgeschichtensammlung *In unserer Zeit* (1925) im Zentrum, die 1932 in der Übersetzung von Annemarie Horschitz-Horst im Rowohlt Verlag erscheint. Hemingway, um sechs Jahre jünger als Fallada, steht zu diesem Zeitpunkt noch am Anfang seiner Karriere.[30] Fallada gehört zu jenen, die früh die Bedeutung des Autors erkennen. Bei dem »Gespräch zwischen Ihr und Ihm über Ernest Hemingway« handelt es sich allerdings nicht um eine literaturkritische Betrachtung, sondern um eine fiktive Geschichte, in der zwei Hemingway-Fans sich im Dialog über die Machart der Kurzgeschichten des Autors austauschen. Dabei verteilt Fallada seine Sichtweise auf zwei Figuren, einen männlichen Leser und eine weibliche Leserin. Während die Frau sensibel erkennt, dass der Autor »ganz hinter seinen Geschichten [verschwindet]« und niemals von sich und seinen Gefühlen redet, bringt die männliche Figur die Raffinesse des Schreibens von Hemingway so auf den Punkt, wenn es im Wechsel von auktorialem Erzähler und Figurenrede heißt: »›Er ist hinterhältig, dieser Hemingway‹ überlegte er. ›Er schlägt einen immer dort, wo man es nicht erwartet. Das

30 Die erste Publikation, die Rowohlt von dem amerikanischen Jung-Star brachte, war *Fiesta* von 1926, der Roman erschien 1928 in Deutschland.

machen die Bluffkurzgeschichtenschreiber auch, aber was bei ihnen unvorbereitet kommt, bei ihm ist alles fundiert, alles vorbereitet. Man hat es nur nicht gesehen!‹« (144)

Vom Erfolgsrausch ins Dritte Reich – *Kleiner Mann – was nun?*

Wie für Falladas Leben typisch, währt das Glück nicht lange. In Folge der Weltwirtschaftskrise wird die Hausbank des Rowohlt Verlages zahlungsunfähig. Die Insolvenz kann nur dadurch abgewendet werden, dass die Brüder Ullstein zwei Drittel des Verlages übernehmen.[31] Fallada erhält im September 1931 nicht nur die Kündigung, sondern Rowohlt ist auch nicht mehr in der Lage, ihm die zustehenden Zahlungen für *Bauern, Bonzen und Bomben* zu überweisen. Der Bestsellerautor sitzt auf einem Berg von Schulden. In dieser Situation beginnt er am 19. Oktober 1931 mit dem Schreiben an seinem Roman *Kleiner Mann – was nun?*[32] Ende Oktober 1931 hat Ernst Rowohlt bereits eine erste Ahnung von Falladas neuem Roman, der die Geschichte vom »Kleinen Mann« in den *roaring twenties* erzählt. Und er ist begeistert. Sein Gespür trügt ihn nicht. Nach dem Erscheinen des Romans am 10. Juni 1932 gibt es eine wahre Flut an Leserreaktionen. Unter den Briefen sind ausgesprochen positive Rückmeldungen von prominenten Schriftstellerkollegen, dazu gehörten Thomas Mann, Hermann Hesse,

31 Vgl. dazu: *Geschichte des deutschen Buchhandels im 19. und 20. Jahrhundert*, Bd. 2: *Die Weimarer Republik 1918–1933*, Tl. 2, hrsg. von Ernst Fischer und Stephan Füssel, Berlin/Boston 2012, S. 36.

32 Vgl. dazu Gansel (s. Anm. 4).

Kurt Tucholsky, Robert Musil, Siegfried Kracauer, Bernhard von Brentano, Herbert Ihring, Alfred Kantorowicz, Peter Suhrkamp, Axel Eggebrecht oder Jacob Wassermann.

Mit dem Erfolg des *Kleinen Mannes* und der finanziellen Sicherheit ist Fallada in der Lage, eine Büdnerei im Mecklenburgischen Carwitz direkt an einem der Feldberger Seen zu erwerben. Hier glaubt er endlich jene Ruhe zum Schreiben zu finden, die er bis dahin nicht hat. Allerdings kann Fallada seinen Erfolg noch nicht einmal ein Jahr lang auskosten, dann kommen die Nazis an die Macht, und alles ändert sich, auch für Fallada. Eine Emigration schließt er zu diesem Zeitpunkt aus. In einem Brief an seine Tante Adelaide Ditzen teilt er im Juni 1933 mit, dass er hier »im Eigenen sitzen und schreiben« wolle und eines eben nicht könne, nämlich im Ausland leben, »auf irgend einem doofen Emigrantenschmollstühlchen«.[33] Wenn vom »Emigrantenschmollstühlchen« die Rede ist, dann signalisiert dies, dass Fallada – wie andere auch – verkennt, in welcher politischen Lage Deutschland sich zu diesem Zeitpunkt bereits befindet.[34] Die Bücherverbrennungen, die Reichskristallnacht wie auch die Flucht von Schriftstellerkollegen ins Ausland können Fallada nicht dazu bringen, Deutschland zu verlassen. Auch die Tatsache, dass er selbst am 12. April 1933 nach einer Hausdurchsuchung von der SA verhaftet worden war und in Folge einer Denunziation elf Tage im Amtsgerichtsgefängnis von Fürstenwalde zubringt, vermögen ihn nicht

33 Brief von Hans Fallada an Adelaide Ditzen, vom 17. Juni 1933, in: Hans-Fallada-Archiv Carwitz, Signatur S 937.

34 Siehe die Darstellung zu Fallada im ›Dritten Reich‹ bei Christian Adam, *Lesen unter Hitler. Autoren, Bestseller, Leser im Dritten Reich*, Berlin 2010, S. 185–189.

umzustimmen. Über diese Zeit wird er nach dem Ende des Zweiten Weltkrieges im November/Dezember 1945 unter dem Titel »Osterfest 1933 mit der SA« in einer Fortsetzung für die *Tägliche Rundschau* berichten (235–286).

Dass Fallada sich gegen das Exil entscheidet, hat viele Gründe. Er mag geahnt haben, dass eine Extremsituation wie das Exil ihn, den ohnehin Gefährdeten, aus der Bahn werfen würde. Für Fallada waren die Familie mit seiner Frau Suse, den beiden Söhnen sowie das Anwesen in Carwitz jene Haltepunkte, die das Schreiben ermöglichten und ihm gleichzeitig Schutz vor den einsetzenden politischen Anfeindungen boten. Fallada war kein Freund der Nationalsozialisten, und er hatte durchaus eine Vorstellung davon, mit welchen Mitteln sie die Macht ausüben würden. Diese Erfahrung hatte Fallada bereits in der Nacht des Reichstagsbrandes vom 27. zum 28. Februar 1933 öffentlich kundgetan. Die Episode findet sich in Falladas »Aufzeichnungen aus dem Gefängnis« vom Juli 1944, in der Fallada die zurückliegenden Jahre der Nazizeit beschreibt. Gemeinsam mit ihren Frauen waren Fallada und sein Verleger Ernst Rowohlt zu später Stunde in einem Berliner Lokal, in dem sie dabei waren, sich in rauschhafte Zustände zu trinken. Just in diesem Moment sei ein Kellner mit dem Ruf hereingestürzt gekommen »Der Reichstag brennt! Der Reichstag brennt! Die Kommunisten haben ihn angesteckt!«.[35] Letztlich konnten die Ehefrauen Rowohlt und Fallada die angetrunkenen Männer beruhigen. Dass bei der Einschätzung der eigenen Rolle im ›Dritten Reich‹ auch

35 Hans Fallada, »Aufzeichnungen aus dem Gefängnis. Juli 1944«, Hans-Fallada-Archiv Carwitz, Signatur N 62.

»Tricks der Erinnerung« (Uwe Johnson)[36] eine Rolle spielen, steht außer Frage. Diese Erinnerungstricks betreffen allerdings kaum das geschilderte Erlebnis in der Nacht des Reichstagsbrandes und die Distanz des Autors gegenüber den Nazis. Dieser Antipathie hatte Fallada mit der Figur des Nazi Lauterbach bereits in seinem *Kleinen Mann* Ausdruck verliehen. Dass aus dem Nazi in der Neuauflage von 1934 schließlich ein Fußballtorwart wurde, war eine Konzession, die Verlag und Autor in der Hoffnung eingingen, damit weitere Nachauflagen im Nazi-Deutschland zu ermöglichen. Fallada wird trotz der Zugeständnisse, die er macht, ein Autor bleiben, dem die Nazis mit Misstrauen gegenüberstehen.

Wenngleich er ein unerwünschter Autor bleibt und er mit seinen Texten wiederholt in die nationalsozialistische Kritik gerät, können seine Romane in rascher Folge erscheinen: *Wer einmal aus dem Blechnapf frißt* (1934), *Wir hatten einmal ein Kind* (1934), *Altes Herz geht auf Reisen* (1936), *Wolf unter Wölfen* (1937) oder *Der Eiserne Gustav* (1938). Der realistische Ansatz bleibt erhalten, wenngleich die erzählte Zeit vor der Machtergreifung durch die Nazis 1933 liegt. Da ihm das verwehrt ist, was sein Schreiben ausmacht, nämlich Wirklichkeitserkundung, wendet er sich auch zunehmend Texten für Kinder und autobiographisch grundierten Erzählungen zu.[37] Dazu gehören *Hoppelpoppel – wo bist du?* (1936) und *Geschichten aus der Murkelei*

36 Uwe Johnson, *Versuch, eine Mentalität zu erklären. Über eine Art DDR-Bürger in der Bundesrepublik Deutschland*, in: U.J., *Berliner Sachen*, Frankfurt a.M. 1975, S. 52–63, hier: S. 63.

37 Siehe dazu Christoph Deupmann / Hannes Gürgen, »Zwischen innerer Emigration und NS-Literatur: Falladas Poetik im literari-

(1938). Fallada setzt in diesen Texten etwas um, das bereits am Beginn von Erich Kästners Karriere mit *Emil und die Detektive* steht. Dieser nämlich wurde Ende der 1920er Jahre von der Verlegerin der *Weltbühne*, Edith Jacobsohn, aufgefordert, einmal nicht nur über Kinder, sondern für Kinder zu schreiben. Das Ergebnis war *Emil und die Detektive* (1929). Genau das praktiziert Fallada nun auch: Er macht selbstbewusste Kinder zu Helden, die sich in einem gleichberechtigten Verhältnis zu den Erwachsenen befinden. Es sind dabei vor allem die Vater-Figuren, die eines nicht sind, nämlich Vorbilder.

Ein weiterer Versuch von Fallada, in einer Zeit, die ihm realistisches Erzählen unmöglich macht, dennoch zu schreiben, ist die in diesem Band erstmals abgedruckte Geschichte »Eine Königskrone geht auf Reisen«. Die handschriftliche Fassung des Textes ist auf den 23. November 1942 datiert. Allein der Titel wirkt auf den ersten Blick irritierend. Aber der in Klammern gesetzte Untertitel »Die Krone von Bosambo« liefert einen Verweis auf jenen Autor, den Fallada mit Sicherheit im Auge hatte, als er seine Geschichte schrieb, nämlich Edgar Wallace. Das englischsprachige Original, das zu den sogenannten Afrika-Romanen von Wallace gehörte, war unter dem Titel »Bosambo of the river« bereits 1914 erschienen, die deutsche Übersetzung folgte 1926. Allerdings war in der Übertragung der Titel verändert worden und der Roman hieß nun »Bosambo von Monrovia«. Wallace war seit Mitte der 1920er Jahre in Deutschland durch seine Kriminalromane berühmt, von

schen Kontext des Dritten Reiches«, in: *Hans-Fallada-Handbuch* (s. Anm. 14), S. 138–147.

denen zahlreiche in Bühnenfassungen auf dem Theater gespielt wurden. Bei *Bosambo von Monrovia* handelt es sich um einen Text, in dem über die erzählte Geschichte die Rolle der britischen Kolonialmacht legitimiert wird. In Nigeria spielend erscheinen die afrikanischen Ureinwohner als »Eingeborene« in weitgehend klischeehafter Darstellung. Der Roman wurde dann 1935 mit Erfolg unter der Regie von Zoltan Korda verfilmt. Fallada allerdings übernimmt vom Wallace-Roman mit »Bosambo« nur einen Bruchteil des Titels. Von der Handlungsstruktur des Originals bleibt nichts übrig, und auch die Figuren, die Fallada entwirft, haben nichts mit dem Text, auf den angespielt wird, zu tun. Bereits der Textanfang, der einen fast märchenhaften Ton anschlägt, liefert ein Bild davon, worum es in der Geschichte geht und auf welche augenzwinkernde Weise Fallada sie erzählt: »Der Kronprinz von Anglien, einem Land voll Schnupfen, Nebel, Husten, hat sich ein wenig stark auf die leichte Seite gelegt«, notiert der die Handlung überschauende auktoriale Erzähler, der dann sofort in einer humorvoll-ironischen Erzählhaltung das Königshaus wie auch den jungen Kronprinzen einschätzt, wenn es heißt:

> »Dies würde an sich nicht den Traditionen des königlichen Hauses widersprechen, wenn der junge schwache Prinz von etwa fünfundzwanzig Jahren sich nicht ganz in den Händen einer sehr jungen, sehr hübschen, sehr energischen Dame namens Sissy befände. Sie hat nicht nur lebhafte Beziehungen zur Unterwelt, sondern ihr sogenannter Vater und Beschützer, ein Herr Brenncater,

ein Bulldogtyp, ist auch ein vorbestrafter Geldschrankknacker.« (193)

Mit diesem Textanfang ist bereits die Geschichte vorgegeben, in der die »Königskrone«, ein schwacher junger Mann und eine gleichermaßen schöne wie selbstbewusste junge Frau im Zentrum stehen. Dass mit Anglien, einem »Land voll Schnupfen, Nebel, Husten«, Großbritannien karikiert wird, das steht außer Frage. Und ebenso wird vom Erzähler die Unfähigkeit der Machthaber entlarvt, hier der Herrscher Angliens, dort König Bosambos. Allerdings findet sich in Falladas Text nichts von dem Kolonialismus wie der vermeintlichen Überlegenheit der ›westlichen‹ Zivilisation, die den Roman von Edgar Wallace kennzeichnen. Die Geschichte, die Fallada vermutlich weiterführen wollte, bricht an dem Punkt ab, da das Rätsel um die Königskrone gelöst ist. Da der Erzählkern ausformuliert ist, kann der Text durchaus auch in dieser Form bestehen.

Nach 1945 – Versuchter Neuanfang

Betrachtet man den Neuanfang für Fallada nach dem Ende des Zweiten Weltkrieges, dann stellt sich dieser in vielfacher Hinsicht als ausgesprochen kompliziert dar. Falladas Ehe wird 1944 geschieden, aber schon im Februar 1945 heiratet er Ulla Losch, eine junge Witwe, die 23 Jahre jünger als er ist. Kurzzeitig wird Fallada im Mai 1945 als Bürgermeister von Feldberg eingesetzt, er bemüht sich, ist aber nicht in der Lage das Chaos zu verwalten. Mit Hilfe von Johannes R. Becher, dem Mitbegründer des Aufbau Verlages und des

Kulturbundes zur demokratischen Erneuerung Deutschlands, finden Fallada und seine junge Frau im November 1945 eine Unterkunft in einer Villa im Stadtteil Pankow. Becher hat insofern eine besondere Beziehung zu Fallada, als es biographische Parallelen gibt. Als Sohn eines Oberlandesgerichtsdirektors hatte er – wie Fallada als 18-jähriger Gymnasiast seinen Freund Hans Dieter von Necker – ebenfalls in einem Doppelselbstmordversuch seine Freundin Fanny Fuß erschossen und dabei selbst überlebt.[38] Zudem schätzt Becher Fallada als einen herausragenden Erzähler. Er bringt Fallada mit der *Täglichen Rundschau*, der Zeitung der Sowjetischen Militäradministration, in Verbindung, die ihn als Autor gewinnt. Ab November 1945 druckt die *Tägliche Rundschau* Texte von Fallada. Es erscheinen Teile der während der Haft 1944 in der Strelitzer Landesanstalt entstandenen Erinnerungen unter dem Titel »Osterfest 1933 mit der SA« und im Dezember die Kurzgeschichte »Oma überdauert den Krieg«.

Mit diesen Texten ist der Bann gebrochen und Falladas Neubeginn eingeleitet. Und, was hinzukommt, Fallada engagiert sich mehrfach im Rahmen des Kulturbundes. Dazu gehört eine Rede im Schweriner Staatstheater zu den Nürnberger Prozessen am 8. Dezember 1945. Einen Rachegedanken gegenüber den im Nürnberger Prozess Angeklagten lehnt Fallada in dieser Rede ab. Stattdessen blickt er

38 Zu Bechers Biographie und seiner Rolle nach 1945 siehe ausführlich Carsten Gansel (Hrsg.), *Der gespaltene Dichter. Johannes R. Becher. Gedichte, Briefe, Dokumente. 1945–1958*, Berlin/Weimar 1991 sowie C. G. (Hrsg.), *Metamorphosen eines Dichters. Johannes R. Becher. Gedichte, Briefe, Dokumente 1909–1945*, Berlin/Weimar 1992.

in die Zukunft, verweist auf den notwendigen Aufbau der »zertrümmerten Städte«, auf die Erziehung der Kinder und darauf, dass es darum gehe, endlich wieder einen »würdigen Platz« einzunehmen unter den friedliebenden Völkern. Geradezu beschwörend klingt sein Appell: »Von nun an: im Hause, in der Umwelt, im Umgange unter den Völkern des Erdballes nur Gerechtigkeit, niemals wieder ein Appell an die Gewalt, ihre Demokratie im Gedanken und in der Tat.« (220) Falladas Rede ist im Duktus dem damaligen Zeitgeist verpflichtet, und er deutet durchaus eigene Defizite an.

Noch im Dezember 1945 erscheinen weitere Kurzgeschichten, darunter »Essen und Fraß«. Allerdings wird man sagen können, dass eine Reihe der Geschichten zumeist auf bereits genutzte Stoffe und Themen zurückgreift und vor allem der finanziellen Absicherung dient. Im Dezember 1945 schickt Fallada seine autobiographische Skizze »Meine Ahnen« an den Berliner Rundfunk und im Januar 1946 folgt das »Zwiegespräch zwischen dem Verfasser und seiner Frau«. Ab Mitte Februar schreibt er wieder an einem Roman und verzichtet daher auf kleinere Texte. »Fallada sucht einen Weg. Ein Krankenbericht« überschreibt er den Text, der postum mit dem Titel »Der Alpdruck« (1947) publiziert wird. Immer wieder von Zusammenbrüchen unterbrochen, macht Fallada sich an einen Text über Alfred Schmidt-Sas, der am 5. April 1943 von den Nazis in Berlin Plötzensee als Mitglied einer Widerstandsgruppe ermordet wurde. Der Text, der für den Aufbau Verlag gedacht ist, trägt den Titel »Das Todeshaus formt einen Dichter«. Fallada kannte Alfred Schmidt-Sas persönlich, der mit seiner Lebensgefährtin Marga Dietrich-Kentler in Falladas Haus in Carwitz zu Gast war. Schmidt-Sas wird vom Volksgerichtshof am 9.

Oktober 1942 zum Tode verurteilt. Etwa 180 Tage sitzt er in der Todeszelle in Plötzensee. »Am 5. April 1943, am Tage der Hinrichtung«, schreibt Fallada, »war er eigentlich zum ersten Male davon überzeugt, dass er doch begnadigt worden sei: man hatte ihm von acht Jahren Zuchthaus gesprochen. An diesem Tage fiel sein Kopf.« (292) Die Fertigstellung des Textes über Alfred Schmidt-Sas, der das Vorbild für die Figur des Dr. Reichardt, des letzten Zellengenossen von Otto Quangel aus *Jeder stirbt für sich allein* abgibt, ist auf den 3. Juni 1946 datiert.[39]

Danach schreibt er weiter. Um nicht Bekanntes aus der Konserve zu variieren, versucht er die Tradition der Kalendergeschichte von Johann Peter Hebel neu zu beleben; es entstehen zehn Texte, die im Stile von Erich Kästners »Nachdenkereien« in *Pünktchen und Anton* jeweils einen moralischen Lehrsatz enthalten (310–315). Mit »Deine Frau« entwickelt Fallada noch einmal eine Filmidee, die verfremdet die eigene verzweifelte Ehe-Situation anspricht, aber letztlich keinen Bezug zur Wirklichkeit hat. Von September bis Ende Oktober schreibt Fallada innerhalb weniger Wochen *Jeder stirbt für sich allein*. Sein letzter Text, der für seinen Sohn Uli gedacht ist (»Wie ich Schriftsteller wurde«), entsteht zu Weihnachten 1946 (321–339). Zu diesem Zeitpunkt ist Fallada bereits auf Station im Krankenhaus, der permanente Missbrauch von Rauschmitteln lässt keine andere Möglichkeit, als ihn und seine Frau einzuweisen. Die Station wird er nicht mehr verlassen, sein Herz ist zu schwach. Am 5. Februar 1947 verstirbt Hans Fallada.

39 Siehe Manfred Kuhnke, *Falladas letzter Roman. Die wahre Geschichte*, Berlin 2011.